PSYCHOLOGIE SOCIALE

PSYCHOLOGIE SOCIALE

Fabien GIRANDOLA
Christophe DEMARQUE
Grégory LO MONACO

2e édition actualisée et complétée

Cours
Méthodologie
Entraînement

DUNOD

Des ressources complémentaires sont disponibles en ligne à l'adresse :
https://www.dunod.com/sciences-humaines-et-sociales/psychologie-sociale-2

Maquette intérieure : Yves Tremblay

Composition : PCA

NOUS NOUS ENGAGEONS EN FAVEUR DE L'ENVIRONNEMENT :

PAPIER CERTIFIÉ

Nos livres sont imprimés sur des papiers certifiés pour réduire notre impact sur l'environnement.

Le format de nos ouvrages est pensé afin d'optimiser l'utilisation du papier.

Depuis plus de 30 ans, nous imprimons 70 % de nos livres en France et 25 % en Europe et nous mettons tout en œuvre pour augmenter cet engagement auprès des imprimeurs français.

Nous limitons l'utilisation du plastique sur nos ouvrages (film sur les couvertures et les livres).

11 rue Paul Bert, 92240 Malakoff

ISBN : 978-2-10-086952-7

Table des matières

Présentation de l'ouvrage

Cet ouvrage s'adresse à tous celles et ceux qui souhaitent se familiariser avec la psychologie sociale théorique et appliquée. Il ne propose pas une vision exhaustive de la discipline mais des clés pour l'acquisition d'un questionnement, d'un vocabulaire, de connaissances et de méthodes spécifiques de travail.

■ Objectif principal de l'ouvrage

Cet ouvrage vise à une présentation de la psychologie sociale théorique et appliquée. Il a pour objectif de présenter les concepts et méthodes fondamentaux de cette discipline et leurs articulations pour expliquer des phénomènes de la vie quotidienne et sociale, en les resituant autant que possible dans l'histoire du développement des idées.

Il s'agit également de présenter au lecteur les controverses théoriques, méthodologiques et éthiques actuelles.

■ Plan de l'ouvrage

Cet ouvrage présente tout d'abord ce qu'est la psychologie sociale et insiste sur ses spécificités ainsi que sur les grandes étapes de son émergence. Il introduit également les principales méthodes d'étude de la discipline **(chapitre 1)**.

Il aborde ensuite les principaux modèles de l'attribution causale, le locus of control et les biais attributifs, ainsi que la conception normative de l'internalité **(chapitre 2)**, avant de revenir sur les relations interpersonnelles en présentant les concepts et les principales théories de l'attraction, des relations amicales et amoureuses, du partage social des émotions, de l'altruisme, de la psychologie positive, de l'agression et du pouvoir **(chapitre 3)**. Par la suite, l'ouvrage introduit la question des normes sociales, leur influence et impact sur les jugements et comportements interindividuels et sociétaux, le concept de resserrement normatif et ses effets sociétaux **(chapitre 4)**. Il présente les principales théories de l'attitude et du changement des attitudes, comme les modèles de la communication persuasive et la théorie de la dissonance cognitive, les théories de la prédiction comportementale et celles du changement des comportements comme l'engagement **(chapitre 5)**. Le champ de l'influence sociale occupe le chapitre suivant, à travers une introduction aux grandes thématiques (normalisation, soumission à l'autorité, conformisme, influence minoritaire, rôles sociaux) qui ont marqué et qui marquent encore aujourd'hui l'histoire de la discipline à travers certaines controverses très récentes **(chapitre 6)**. Les processus en jeu dans la perception sociale (formation d'impression, stéréotypes) et leurs effets (discrimination) sont ensuite exposés **(chapitre 7)** avant de présenter les modèles théoriques rendant compte des relations intergroupes **(chapitre 8)**.

Enfin, le dernier chapitre est consacré à la présentation des concepts et des méthodes d'étude de la pensée sociale. Il constitue une introduction aux principales orientations (sociogénétique, structurale, sociodynamique et dialogique) de la théorie des représentations sociales et de ses outils d'analyse et de recueil de données **(chapitre 9)**.

Chaque chapitre de l'ouvrage peut se lire indépendamment, mais vous pourrez constater que des liens sont établis entre les chapitres, entre autres parce que certains concepts et certaines méthodes sont communs à l'étude de phénomènes psychosociaux différents.

■ Les niveaux d'analyse en psychologie sociale

De par les nombreux concepts abordés dans le cadre de l'ouvrage, le lecteur pourra se familiariser avec les différents niveaux d'analyse de la psychologie sociale.

La psychologie sociale ne se limite pas à l'étude de ce qui se passe au niveau strictement cognitif. Ce niveau est sous la dépendance des relations entretenues avec d'autres personnes dans le cadre des interactions interpersonnelles, des relations entre différents groupes sociaux ou encore certaines variables de nature idéologique en capacité de peser sur nos attitudes et conduites individuelles. De ce qui précède, on peut comprendre que les aspects sociaux de « moyen » (par exemple : relations interpersonnelles) ou de « haut » (par exemple : représentation, idéologie) niveaux sont très importants et régulent, le plus souvent, les activités cognitives.

■ Comment utiliser chaque chapitre ?

L'objectif de cet ouvrage est de vous permettre d'apprendre et retenir les notions clés en psychologie sociale. Chaque chapitre est structuré de la façon suivante :

- le(s) questionnement(s) à l'origine du chapitre ;
- une partie présentant les principaux concepts et cadres théoriques mobilisés ;
- une section « à retenir », reprenant certains éléments importants du chapitre ;
- une section « notions clés » proposant un rappel des définitions de certaines notions abordées dans le chapitre ;
- quelques supports conseillés (lectures, films) pour aller plus loin dans la compréhension des phénomènes en question ;
- des exercices visant à vous permettre de tester les connaissances acquises dans ce chapitre.

Ces éléments ne sont pas exhaustifs, mais visent à constituer une aide dans l'appropriation et la maîtrise des concepts abordés.

Par ailleurs, vous pourrez également retrouver des supports en ligne vous permettant d'aller un peu plus loin dans la maîtrise des notions abordées au lien internet suivant :

https://www.dunod.com/sciences-humaines-et-sociales/psychologie-sociale-2

© John M Lund Photography Inc / Getty Images

Qu'allons-nous étudier dans ce chapitre ?

- Ce chapitre introduit la psychologie sociale. Il propose des éléments de définition de la discipline et insiste sur ses spécificités.
- Dans une perspective historique, il revient sur les grandes étapes de son émergence. Ses précurseurs sont également évoqués, en lien avec les courants théoriques qui ont marqué leur époque.
- Il présente les principales méthodes d'étude de la discipline.

CHAPITRE 1

Les fondements de la psychologie sociale

PLAN DU CHAPITRE

Dans le film Seul au monde, *le personnage de Chuck Noland (incarné par Tom Hanks) se retrouve seul sur une île déserte suite au crash de son avion. Dans cette variation moderne de Robinson Crusoé, il trouve pour unique compagnon… un ballon de volley-ball sur lequel il dessine un visage et qu'il prénomme Wilson. Au fil du récit, Chuck interpelle régulièrement Wilson, lui fait part de ses réflexions intimes et, finalement, s'y attache émotionnellement. Absurde de prime abord, ce comportement traduit la nécessité vitale pour Chuck d'établir des interactions sociales, même par le biais d'un objet inanimé.*

1. Qu'est-ce que la psychologie sociale ?

Cet exemple illustre bien le caractère éminemment social de l'être humain. Pour pouvoir vivre, nous avons besoin d'**Autrui**, qu'il soit un individu ou un groupe (et que sa présence soit réelle ou symbolique, comme dans notre exemple). Tout au long de notre vie sociale, Autrui influence nos pensées, nos façons de voir le monde ou nos comportements et nous l'influençons en retour. Partant de ce constat très général, nous allons tenter de définir plus précisément la psychologie sociale, cette « **science des interactions humaines** » (cf. Bègue & Desrichard, 2013).

1.1. Éléments de définition

La psychologie est communément définie comme l'étude scientifique des **faits psychiques**.

Les faits psychiques englobent (cf. Delhomme & Meyer, 1997) :

- les **comportements** (manifestations observables de notre activité, p. ex. : *serrer la main de votre nouveau supérieur hiérarchique*) ;
- les **états mentaux** (ce qui est éprouvé par les individus et réfléchi par la conscience, p. ex : *se dire qu'il a l'air charismatique dans son costume sur mesure et qu'il est préférable de ne pas se montrer trop familier envers lui*) ;
- les **processus mentaux** (les activités mentales qui se situent à l'origine des comportements et des états mentaux, p. ex. : *la perception visuelle de ce collègue et le traitement de l'information concernant ses choix vestimentaires, dont le port d'une cravate du dernier cri*).

Au travers de l'exemple précédent, on voit qu'Autrui joue très souvent un rôle au quotidien dans l'élaboration des faits psychiques. L'ajout du qualificatif « sociale » renvoie à cette idée, que l'on retrouve dans la définition classique proposée par le psychologue social américain Gordon Allport (frère de Floyd Allport▸) :

▶ Cf. *infra*, p. 27.

La psychologie sociale consiste en « l'étude scientifique de la façon dont les pensées, sentiments et comportements des individus sont influencés par la présence réelle, imaginaire ou implicite des autres » (Allport, 1954, p. 5).

Cette définition souligne également l'importance du rôle des **dimensions symboliques** dans les relations interpersonnelles.

Quand l'habit fait le moine

Prenons le cas de votre supérieur hiérarchique et de son costume-cravate. De nombreux travaux ont montré l'influence de la tenue vestimentaire sur notre perception d'autrui et sur nos comportements à son égard. Howlett et ses collaborateurs (2013) ont ainsi observé qu'un individu était évalué plus

➡

favorablement (en termes de confiance, de succès, de revenus...) quand il portait un costume sur mesure plutôt qu'un costume prêt-à-porter. Il a également été montré que la probabilité qu'on accepte une requête augmentait sensiblement quand le demandeur portait une cravate (Green & Giles, 1973, cités par Guéguen, 2011). Dans certains contextes, les tenues vestimentaires ne sont pas neutres et symbolisent nos positions sociales.

Pour compléter cette définition, il convient de préciser que les relations interpersonnelles sont également déterminées par le **contexte** dans lequel elles prennent place.

Pour Maisonneuve (1973), les relations interpersonnelles s'inscrivent toujours dans un environnement social organisé, constitué des techniques, des règles et des valeurs qui s'appliquent aux relations humaines.

Revenons à notre exemple : dans votre vie privée, vous êtes connu comme un vrai « boute-en-train ». Mais vous ne vous êtes pas permis de familiarité avec votre supérieur car nous sommes dans un contexte professionnel, peut-être moins propice aux petites plaisanteries. Votre différence de statut hiérarchique a également influencé votre réaction. Si vous le croisez le soir dans un bar, vêtu en jeans et baskets, il est probable que vos rapports soient un peu plus détendus.

Au-delà de paramètres objectifs, chaque situation est donc également porteuse de dimensions sociales qui influencent nos relations, rendant plus ou moins saillants les statuts et les rôles des acteurs en présence et interagissant avec leurs caractéristiques personnelles.

Kurt Lewin▸ a traduit cette idée dans une équation :

▸ Cf. *infra*, p. 28.

le comportement (**B** pour Behavior) est une fonction (***f***) de la personnalité (**P**) et de l'environnement (**E**), soit de manière formalisée : **B = *f*(P,E).**

Si notre exemple initial met en scène une relation entre deux individus, la psychologie sociale étudie également les relations entre l'individu et **le groupe** mais également **les relations intergroupes**▸.

▸ Cf. chapitre 8.

En outre, la psychologie sociale s'intéresse à la façon dont les individus « incorporent » ces dimensions sociales, de façon plus ou moins consciente, dans leur façon de voir le monde ou dans leurs **représentations**▸. Comme le dit le sociologue Pierre Bourdieu, « *le corps est dans le monde social mais le monde social est dans le corps* » (1982, p. 38).

▶ Cf. chapitre 9.

Quand le social influence notre perception : l'expérience de Bruner et Goodman (1947)

Dans une expérience devenue célèbre, les psychologues Jerome Bruner et Cecile Goodman ont demandé à des enfants d'évaluer la taille d'une pièce de monnaie et celle d'un disque de carton de même surface. Les enfants avaient tendance à surévaluer la taille de la pièce de monnaie. En outre, cette surestimation était d'autant plus importante chez les enfants issus de milieux défavorisés.

Ces résultats montrent bien que la perception d'un objet ne dépend pas uniquement de ses caractéristiques objectives, mais également **de la valeur ou du sens** que nous lui accordons en fonction de nos **ancrages sociaux**.

Si la définition d'Allport (1954) constitue un point de départ intéressant pour définir la psychologie sociale, elle comporte une limite importante : l'individu serait toujours influencé unilatéralement par Autrui. Nous verrons, notamment au travers des processus d'influence minoritaire▸, que les individus peuvent également influencer Autrui en retour. Pour les psychologues sociaux, la socialisation doit être conçue comme un **processus actif**.

▶ Cf. chapitre 6.

1.2. Un positionnement original : le regard psychosocial

On pourrait objecter, à juste titre, que d'autres disciplines s'intéressent à des objets similaires à ceux de la psychologie sociale (p. ex., la sociologie et les relations intergroupes). Pour Serge Moscovici (1984), la psychologie sociale se définit moins par ses objets d'étude que par le *regard* porté sur ces objets (réel ou imaginaire, physique ou social). Selon lui, la psychologie et la sociologie ont tendance à envisager les faits selon des grilles de lecture binaire, ces dernières risquant d'engendrer une explication réductrice des phénomènes.

Serge Moscovici

Serge Moscovici (1925-2014) est un psychologue social français d'origine roumaine. Durant la Seconde Guerre Mondiale, il est contraint au travail obligatoire en Roumanie, où des lois antisémites sont en vigueur. Installé en France à la fin des années 1940, il soutient sa thèse à la Sorbonne en 1961 sous la direction de Daniel Lagache. Consacré à l'étude des **représentations sociales** de la psychanalyse, ce travail fondateur ouvre la voie à un nouveau champ de recherche en psychologie sociale▸. À partir des années 1960, il est un des principaux acteurs de la structuration institutionnelle de cette discipline en France et en Europe, notamment au sein de l'École des Hautes Études en Sciences Sociales (EHESS). Il a également été le premier président de l'Association Européenne de Psychologie Sociale. Dans les années 1970, ses travaux sur **l'influence minoritaire** ont permis de renouveler le champ de l'influence sociale▸. Auteur d'une œuvre considérable, il est en outre reconnu pour ses travaux sur l'histoire des sciences et sa contribution à l'émergence de l'écologie politique.

▶ Cf. chapitre 9.

▶ Cf. chapitre 6.

Prenons l'exemple de la consommation de tabac. La psychologie privilégiera des caractéristiques personnelles pour en rendre compte (motivations, niveau de dépendance, etc.), là où la sociologie mettra prioritairement en avant des facteurs sociaux (catégorie socioprofessionnelle, niveau de diplôme, etc.) :

Fig. 1 Les regards binaires de la psychologie et de la sociologie

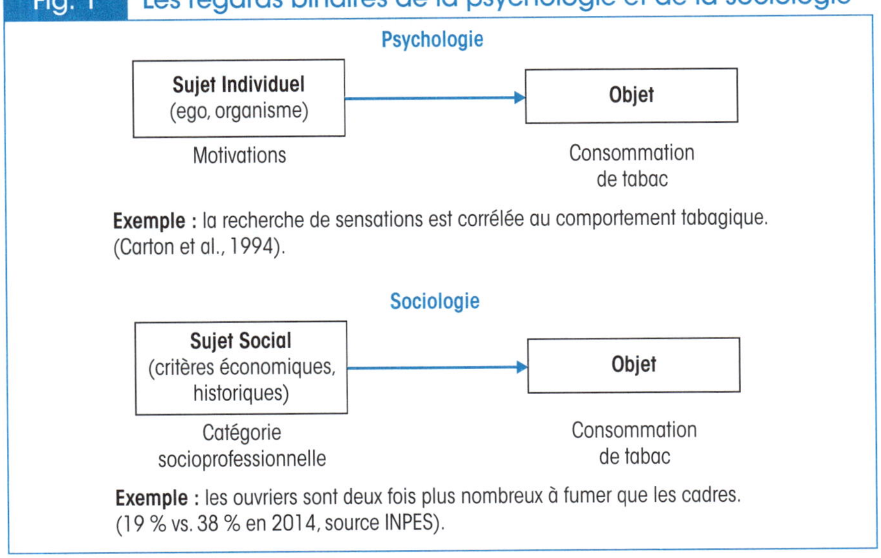

La psychologie sociale cherche, quant à elle, à expliquer les conduites humaines dans l'articulation de ces deux types de facteurs. Pour Moscovici (1984, p. 13), « le caractère original et même subversif de son regard est de remettre en question la séparation de l'individuel et du collectif, de contester le partage entre psychique et social dans les domaines essentiels de la vie humaine ». Elle tente alors d'adopter une **lecture ternaire** des phénomènes :

Sujet individuel/Ego – Sujet social/Alter – Objet.

Reprenons notre exemple. Comment expliquer de façon satisfaisante que des individus ayant une attitude favorable envers l'arrêt du tabac continuent à consommer ? En parallèle de facteurs individuels incontournables (plaisir, dépendance, échecs des tentatives d'arrêt précédentes, etc.), une analyse psychosociale de ce phénomène montre l'intérêt de prendre en compte simultanément le rôle d'Autrui (professionnels de santé, pouvoirs publics, entourage…). Falomir-Pichastor et Mugny (2004) montrent par exemple que les recommandations des experts peuvent être ressenties comme fortement contraignantes pour l'individu et, paradoxalement, renforcer son identité sociale de fumeur.

Fig. 2 Le regard psychosocial

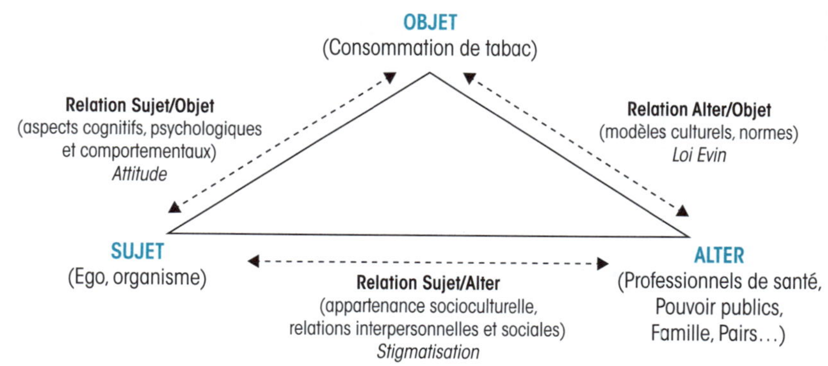

Adapté d'Apostolidis (2006), p. 9.

1.3. Différents niveaux d'analyse

La psychologie sociale se caractérise également par les différents niveaux d'analyse qu'elle peut mobiliser. Dans son ouvrage *L'explication en psychologie sociale* (1982), le psychologue social suisse **Willem Doise** en propose quatre.

Le niveau intra-individuel

Les modèles de recherche au niveau 1 se préoccupent des processus internes par lesquels les individus traitent et organisent les informations issues de leur environnement.

Doise prend entre autres exemples la théorie de la dissonance cognitive (Festinger, 1957▸), ou le processus de catégorisation sociale (Tafjel & Wilkes, 1963), qui désigne notre tendance spontanée à regrouper en catégories des stimuli qui nous paraissent semblables et à accentuer les différences entre ces catégories▸.

▶ Cf. chapitre 5.

▶ Cf. chapitre 7.

Le niveau interindividuel ou situationnel

Ce niveau s'intéresse aux effets cognitifs et comportementaux des interactions interindividuelles qui se produisent dans une situation donnée.

Doise cite ici les expériences de Bavelas (1951) sur les **structures des réseaux de communication** (p. ex. participants disposés en ligne ou en cercle) et leurs effets sur la résolution de problèmes. L'expérience de Sherif (1935) sur la **normalisation** en constitue également une illustration▸. Ces travaux ont en commun de ne pas prendre en considération les positions sociales occupées en dehors des situations expérimentales, contrairement au niveau suivant.

▶ Cf. chapitre 6.

Le niveau positionnel

Contrairement au niveau 2, les modèles de recherche au niveau positionnel intègrent les effets des différences de position sociale (en termes de statut, rôle, catégorie sociale, etc.) sur les relations interpersonnelles, les perceptions et les jugements des acteurs en présence. Plusieurs travaux dans le champ des **théories de l'attribution**▸ se situent à ce niveau. Dans une expérience de Thibaut et Riecken (1955, cités par Doise), les sujets doivent convaincre deux personnes (en réalité des complices des expérimentateurs) de donner leur sang dans le cadre d'une collecte de

▶ Cf. chapitre 2.

la Croix-Rouge. Les sujets expliquent différemment ce comportement de don en fonction du statut social du complice : quand ce dernier est présenté comme ayant un bas statut social, les sujets pensent qu'il a été réellement convaincu par leur argumentaire. Quand il est présenté comme étant de haut statut, il est considéré comme plus autonome et il aurait donc agi pour des raisons qui lui sont propres.

■ Le niveau idéologique

Il consiste à étudier l'influence des systèmes de croyances et de représentations, des normes et des modèles culturels sur les façons d'être, de voir et d'agir des individus et des groupes. Il s'agit du **niveau d'analyse le plus global**. Il repose souvent sur des interprétations *a posteriori* de résultats expérimentaux.

Doise prend ici l'exemple de la ***croyance en un monde juste*** (Lerner, 1980). Cette dernière désigne une tendance largement répandue à croire qu'on obtient ce qu'on mérite et qu'on mérite ce qu'on obtient. Cette croyance générale peut influencer notre façon d'évaluer les situations. Dans l'expérience de Lerner (1965), les sujets observent deux participants, Bill et Tom (complices de l'expérimentateur), en train de réaliser une tâche rémunérée (résoudre des anagrammes). Les sujets apprennent en cours d'expérience que seul un des deux participants sera rémunéré, suite à un tirage au sort, du fait de restrictions budgétaires à l'université. En parallèle, ils doivent évaluer lequel des deux a fourni l'effort le plus important (en réalité, ils ont fourni strictement la même quantité de travail). Quand Bill est tiré au sort, c'est lui qui est perçu comme ayant le plus contribué à la réalisation de la tâche.

Le niveau idéologique rend également compte de différences interculturelles, par exemple dans les conduites de conformisme (Berry, 1967).

Afin d'expliquer au mieux les processus étudiés, Doise suggère d'articuler autant que possible ces différents niveaux d'analyse.

2. Brefs repères chronologiques

La psychologie sociale est une discipline récente, apparue à la fin du XIXe siècle. Il ne s'agit pas ici d'en dresser une histoire exhaustive mais de proposer aux lecteurs un bref tour d'horizon, nécessairement schématique et partial, des étapes marquantes de sa constitution. Certains aspects liés à l'émergence d'un cadre théorique ou d'un champ d'étude particulier seront davantage développés au début des chapitres qui composent l'ouvrage.

2.1. Fin du XIXe siècle jusqu'aux années 1930 : la difficile émergence de la psychologie sociale

C'est seulement au milieu du XIXe siècle que la psychologie commence à se constituer comme discipline scientifique et à s'émanciper progressivement de la philosophie. Les premiers laboratoires de psychologie se développent. Un des plus influents reste celui de **Wilhelm Wundt** (1832-1920), fondé en 1879 à l'Université de Leipzig en Allemagne.

Se démarquant des philosophes de l'époque, Wundt développe une psychologie physiologique et préconise l'utilisation de la méthode expérimentale et des statistiques pour étudier les processus psychologiques élémentaires▸. Il contribue à faire de la psychologie une science empirique. Un nombre important de psychologues européens et nord-américains séjournent dans son laboratoire, ce dernier ayant une grande influence sur le développement des sciences humaines et sociales alors naissantes. Méfiant envers l'introspection comme seul moyen d'investigation des états internes, il n'en exclut cependant pas l'étude.

▶ Voir aussi *Psychologie cognitive*, chap. 1, dans la même collection.

Wundt et la psychologie sociale

Bien qu'il reste célèbre avant tout comme pionnier de la psychologie expérimentale, Wilhelm Wundt se centre sur l'étude de la « psychologie des peuples » dans la seconde partie de sa carrière (cf. son ouvrage *Völkerpsychologie* paru en 1920). Il s'y intéresse aux fondements socioculturels et aux lois psychologiques générales qui régissent le développement du langage, de la religion, des mythes et des mœurs, dans une perspective de psychologie collective.

La fin du XIXe siècle marque ainsi le début de l'institutionnalisation de la psychologie. Des revues scientifiques consacrées à la discipline apparaissent, en parallèle des premiers congrès internationaux (le premier

Émile Durkheim (1858-1917) : il est considéré comme le fondateur de la sociologie moderne. Influencé par le positivisme d'Auguste Comte, il propose une méthodologie d'étude systématique des « faits sociaux » (p. ex. le suicide ou la religion). Fondateur d'une revue (*L'Année sociologique*) et du premier département de sociologie en France, il a fortement contribué à l'institutionnalisation de cette discipline.

▶ Cf. *infra* p. 26.

est organisé à Paris en 1889). On assiste également à la dissémination de laboratoires et de chaires en Europe et aux États-Unis.

Dans ce contexte, la psychologie sociale – discipline « carrefour » – peine toutefois à émerger comme une spécialité clairement identifiée, entre la psychologie physiologique marquée par le modèle physicaliste (Pétard, 2007) et la sociologie, s'institutionnalisant plus efficacement (en France notamment, sous l'impulsion décisive d'**Émile Durkheim**).

L'émergence de la psychologie sociale est donc un lent processus, dont on trouve toutefois plusieurs traces significatives à partir de la fin des années 1800. À titre d'exemples, en France, **Gustave Le Bon** publie *Psychologie des foules* en 1895, un des ouvrages fondateurs de la discipline, tandis que paraissent les *Études de psychologie sociale* de **Gabriel Tarde**▸ en 1898. La section de « psychologie sociale et criminelle » est créée lors du Congrès international de Paris en 1900 (Delouvée, 2013). Aux États-Unis, les deux premiers ouvrages explicitement consacrés à la psychologie sociale sont publiés la même année, en 1908, respectivement par le sociologue Edward Ross et le psychologue William McDougall.

Behavior = comportement.

Dans les années 1920, la psychologie sociale est dominée par le **béhaviorisme**, lui-même influencé par la **philosophie positiviste** d'Auguste Comte.

Le béhaviorisme : une manifestation du positivisme en psychologie

Le **positivisme**, courant philosophique fondé par **Auguste Comte** (1798-1857) au XIXe siècle, postule que les connaissances scientifiques ne doivent reposer que sur des faits observables empiriquement, au travers de l'observation et de la méthode expérimentale. Le positivisme exclut également l'étude des causes pour s'en tenir à l'étude des relations entre phénomènes.

En psychologie, le **béhaviorisme** repose sur des fondements épistémologiques positivistes dans la mesure où il propose de se centrer uniquement sur les comportements objectivement observables, excluant toute étude de la conscience ou de l'esprit (notamment par l'introspection).

▶ Cf. *infra* p. 27.

La publication en 1924 de *Social Psychology* de **Floyd Allport**▸ illustre bien cette influence. En parallèle, une psychologie sociale davantage inspirée par les travaux sociologiques se développe, bien que minoritaire. On en retrouve les principales traces à l'Université de Chicago. Par exemple, le sociologue **William Isaac Thomas** (1863-1947) accorde une grande importance à la subjectivité. Il considère la psychologie comme l'étude scientifique des attitudes sociales, ces dernières constituant le versant subjectif de la culture. Une des contributions de l'École de Chicago est également méthodologique, avec le développement de méthodes d'investigation innovantes, telle que **l'observation participante**▸.

▶ Cf. *infra* p. 31.

2.2. L'après-guerre jusqu'aux années 1970 : l'âge d'or de la psychologie sociale ?

L'arrivée au pouvoir d'Adolf Hitler en 1933 en Allemagne marque, indirectement, un tournant dans le développement de la psychologie sociale. Plusieurs psychologues allemands et autrichiens vont émigrer aux États-Unis à cette période. Ces derniers, dont **Fritz Heider**▸ ou **Kurt Lewin**▸, vont orienter la psychologie sociale vers une psychologie sociale plus cognitive, très influencée par le **gestaltisme** et, plus largement, par la **philosophie phénoménologique** (Farr, 1993).

▶ Cf. chapitre 2, p. 40.
▶ Cf. *infra* p. 28.

On retrouvera cette influence après-guerre chez certains psychologues sociaux américains éminents, comme par exemple **Solomon Asch** et ses travaux sur la formation d'impression▸.

▶ Cf. chapitre 7, p. 200 *sq*.

Le gestaltisme

Le gestaltisme (de l'allemand ***gestalt***: forme) désigne un courant en psychologie né en Allemagne à dans les années 1920. À partir de leurs travaux sur la perception, ses fondateurs (Max Wertheimer, Kurt Koffka et Wolfgang Kohler) proposent une ***psychologie de la forme*** selon laquelle nous traitons les informations issues de notre environnement en les réorganisant spontanément comme des formes signifiantes pour nous (p. ex. dans la figure ci-dessous, nous verrons spontanément un visage souriant). Ainsi, « le tout est différent de la somme des parties » et les informations prennent toujours sens dans un certain contexte.

Ces principes gestaltistes vont influencer les psychologues sociaux. Par exemple, pour Kurt Lewin, un groupe ne peut être réduit à la somme des individualités qui le composent.

Le saviez-vous ?

Dans son acception la plus large, la **phénoménologie** désigne un courant philosophique qui se centre sur l'étude de l'expérience vécue par un sujet et ses contenus de conscience.

Durant la Deuxième Guerre mondiale et les années qui suivent, la psychologie sociale apparaît comme une discipline capable d'apporter des éléments de compréhension à différentes questions sensibles et se développe comme **une discipline appliquée**. Sous la direction de Carl Hovland (1912-1961) de l'Université de Yale, l'étude expérimentale de la communication de masse donne lieu à un grand nombre de travaux▸.

▶ Cf. chapitre 5.

En parallèle, une génération talentueuse de chercheurs émerge, notamment au Massachussetts Institute of Technology (MIT). On y retrouve par exemple **Leon Festinger**▸ (1919-1989), élève de Kurt Lewin et père de la théorie de la dissonance cognitive. En France, la première licence de psychologie est ouverte en 1947 à la Sorbonne par le psychiatre et psychanalyste **Daniel Lagache** (1903-1972) et comprend notamment un certificat de *psychologie de la vie sociale*. Lagache crée également en 1952 le Laboratoire de psychologie sociale de la Sorbonne. L'association européenne de psychologie sociale est créée en 1966, sous l'impulsion (entre autres) de Serge Moscovici et Henri Tajfel.

▶ Cf. chapitre 5.

De nombreuses expériences marquantes de la psychologie sociale datent de cette période. Ces dernières, parfois controversées, contribuent à la reconnaissance de la psychologie sociale auprès du grand public et auprès des institutions. Nous les retrouverons tout au long de cet ouvrage.

2.3. Des années 1970 à nos jours : une discipline toujours vive malgré les crises

Comme toute discipline scientifique, la psychologie sociale connaît régulièrement des crises. Les années 1970 voient ainsi apparaître un certain nombre de critiques. Les plus vives portent d'abord sur l'éthique. Dans le cadre des expériences sur la soumission à l'autorité ou sur le conformisme▸, il est reproché aux psychologues sociaux d'infliger une souffrance psychologique disproportionnée aux participants. En outre, il est fréquent que les expérimentateurs soient contraints de dissimuler l'objet véritable de leurs expériences dans un premier temps, ce qui pose la question du consentement libre et éclairé (pour un aperçu des débats à ce sujet, cf. Beauvois, 2005). Pour Joule (2006), ces critiques pourraient aussi refléter une forme de défiance du grand public envers la psychologie sociale. En effet, les connaissances issues de cette discipline

▶ Cf. chapitre 6 sur l'influence sociale.

renvoient parfois une image de l'homme difficilement acceptable (p. ex. le fait que deux tiers des sujets aillent au bout de l'expérience princeps de Milgram sur la soumission à l'autorité).

La psychologie sociale – à l'instar d'autres disciplines – connaît également depuis quelques années une **« crise de la reproductibilité »**. Le fait de reproduire plusieurs fois un résultat est important dans toute démarche scientifique. Or, une étude parue en 2015 dans *Science* a montré que, parmi 100 recherches parues dans des revues de psychologie de référence en 2008, le taux de reproduction des résultats initiaux était seulement de 36 %. Face à ces difficultés, les psychologues sociaux tentent de renouveler leurs pratiques, par une exigence accrue de transparence des procédures mobilisées et des données recueillies.

3. Quelques précurseurs

Identifier des précurseurs est une entreprise périlleuse (Pétard, 2002). Il ne s'agit en aucun cas de présenter ici une histoire exhaustive de la psychologie sociale mais simplement de donner quelques repères au lecteur, forcément partiels et schématiques, la pensée d'un auteur évoluant au cours de son parcours académique. En outre, nous circonscrirons ce panorama à la France et aux États-Unis. Nous retrouverons par ailleurs au fil de l'ouvrage la plupart des auteurs qui ont marqué la discipline.

3.1. En France

■ Gustave Le Bon (1841-1931)

Médecin de formation, Le Bon est l'auteur d'un des textes fondateurs de la psychologie sociale, *Psychologie des foules* (1895). L'œuvre de Le Bon est à resituer dans le contexte socio-politique de l'époque : la France du XIXe siècle connaît plusieurs périodes d'instabilité gouvernementale et de soulèvements populaires (révolutions de 1830 et 1848, révolte des Canuts à Lyon en 1831, Commune de Paris en 1871).

Le Bon propose de se centrer sur le comportement des foules pour rendre compte de ces événements. Pour lui, une foule est à distinguer d'un simple agrégat d'individus et posséderait une « âme collective ». Il met ainsi en évidence que le comportement d'individus réunis dans une foule n'est pas le même que lorsque les individus agissent ou raisonnent de manière isolée. Une fois fusionnés au sein d'une foule, les individus deviendraient très suggestibles (disparition de la conscience individuelle au profit du collectif). En parallèle, la foule est marquée par une « contagion » rapide (les affects et les comportements des individus vont être dirigés dans la même direction, vers le même objectif). Ce phénomène permettrait d'expliquer, selon lui, l'influence des meneurs et certaines conduites collectives qui peuvent paraître irrationnelles. Ses idées vont être reprises et discutées par de nombreux auteurs, comme Sigmund Freud dans son ouvrage *Psychologie collective et analyse du Moi* (1921).

> **Le saviez-vous ?**
> Au XIXe siècle, les défenseurs de la **physiognomonie** supposaient que cette méthode permettait de déduire le caractère ou la personnalité d'un individu par l'observation de son apparence physique et, en particulier, des traits de son visage. Sans fondements scientifiques solides, cette méthode fut progressivement abandonnée.

Gabriel Tarde (1843-1904)

Sociologue et psychologue social français, Tarde est juriste de formation (il exercera comme juge d'instruction pendant près de vingt ans) et un des premiers penseurs de la criminologie. Il s'illustre dans ce domaine par son opposition aux théories sur les origines biologiques du crime portées par Cesare Lombroso (basées notamment sur la **physiognomonie**). Avec d'autres sociologues, Tarde met quant à lui en avant l'influence du milieu social.

Tout au long de sa carrière, Tarde cherche à identifier les lois générales qui régissent les sociétés humaines. En 1890, il publie ***Les Lois de l'imitation***, son ouvrage le plus célèbre. Il y défend l'idée que les groupes sociaux se constitueraient à partir de liens d'imitation. Cette dernière serait une tendance générale des individus à adopter les idées, les affects et les comportements de modèles (comme par exemple dans le développement des modes, des coutumes ou encore des communications de masse). C'est donc ce processus d'imitation qui est à la base de l'intégration sociale. En opposition avec Émile Durkheim, Tarde va s'attacher à prendre les individus et leurs interactions comme point de départ de son analyse du social, à travers la notion d'**interpsychologie**. Pour lui, ce sont des interactions entre des consciences individuelles que naissent les réalités sociales, ce qui en fait un précurseur de la psychologie sociale en France. Signe de reconnaissance du milieu académique, il occupe la chaire de philosophie moderne au Collège de France de 1900 jusqu'à sa mort en 1904.

3.2. Aux États-Unis

■ George Herbert Mead (1863-1931)

Philosophe, sociologue et psychologue américain, Mead est un pionnier de la psychologie sociale aux États-Unis puisqu'il y enseigne cette discipline au Département de philosophie de l'Université de Chicago dès 1900. Ses travaux se centrent sur **les rapports entre individu et société**. Dans le prolongement de **Charles H. Cooley**, Mead considère ces deux entités comme inséparables et interdépendantes. Leur compréhension respective passe donc par une analyse des rapports qu'elles entretiennent. Mead accorde ainsi une très grande importance au rôle de la socialisation. Pour lui, la conscience de soi d'un individu naît des interactions quotidiennes et se développe à partir des jugements d'autrui. Au fil de ces interactions, l'individu comprend et intériorise une grande diversité de rôles sociaux (p. ex. quand les enfants prennent différents rôles au cours d'un jeu). Ses principales idées sont développées dans son ouvrage majeur *L'esprit, le soi et la société* (1934), paru à titre posthume. Il est un des inspirateurs de **l'interactionnisme symbolique**.

Charles Horton Cooley (1864-1929) : sociologue américain. Il a développé l'idée de « *looking glass self* » selon laquelle l'individu se construit à travers ses expériences personnelles mais aussi à travers l'image de soi réfléchie par autrui.

L'interactionnisme symbolique

L'interactionnisme symbolique est un courant sociologique initialement développé à Chicago par **Herbert Blumer**, ancien élève de Mead, dans les années 1930. Ce courant accorde une place centrale aux interactions sociales et aux significations que les individus leur attribuent, aux interprétations qu'ils en font.

Afin d'accéder à ce sens, l'interactionnisme symbolique privilégie l'**approche ethnographique** et l'**observation participante**.

■ Floyd Allport (1890-1979)

Floyd Allport est considéré comme un des fondateurs de la psychologie sociale expérimentale aux États-Unis, notamment au travers de ses travaux sur la **facilitation sociale**. Soucieux de donner des bases scientifiques à cette discipline, il est fortement influencé par le béhaviorisme, courant dominant en psychologie dans les années 1920. Il n'exclut cependant pas totalement l'étude de la conscience et s'attache à développer des méthodes de mesure des attitudes individuelles ou l'émergence de l'opinion publique. Ses principales conceptions sont développées dans son

Facilitation sociale : étude de la façon dont la présence d'autrui influence les performances des individus.

ouvrage *Social Psychology* paru en 1924, qui va jouer un rôle important dans le développement de la psychologie sociale aux États-Unis. Il affirme notamment son souhait de se démarquer fortement de la sociologie. Défenseur d'un **individualisme méthodologique**, il souhaite centrer la psychologie sociale sur l'étude des comportements individuels, qu'il conçoit comme des adaptations à l'environnement.

Le saviez-vous ?
Pour les tenants de **l'individualisme méthodologique** en sciences humaines et sociales, l'explication des phénomènes collectifs passe par l'étude des propriétés, des actions, ou des croyances des individus. Cette conception s'oppose au **holisme**, selon lequel les faits sociaux ne sont pas réductibles à une somme de phénomènes individuels.

Cela se reflète dans ses études sur la facilitation et la conception du groupe qu'il y développe. Pour lui, le groupe n'est « *rien de plus que la somme des actions de chacun [de ses membres] prises séparément* » (Allport, 1924, p. 5). Il se distingue en cela des psychologues sociaux venus d'Autriche et d'Allemagne dans les années 1930 et influencés par le gestaltisme, tel Kurt Lewin.

Kurt Lewin (1890-1947)

Lewin est un psychologue social américano-allemand. Après des études de médecine et de biologie, il s'intéresse à la théorie de la Gestalt à son retour de la première guerre mondiale, auprès de Max Wertheimer et Wolfgang Kohler. Il enseigne d'abord à l'Université Humboldt de Berlin avant de s'exiler aux États-Unis en 1933 lors de l'arrivée au pouvoir d'Hitler, comme plusieurs intellectuels de confession juive (il obtient la nationalité américaine en 1940). Au plan théorique, Lewin développe une **théorie du champ**. Pour lui, le champ psychologique est défini par les relations dynamiques qui s'instaurent entre le milieu, l'environnement et la personne, ce qui constitue une **approche écologique** de la situation. Les **variables** faisant partie du champ sont celles qui ont un effet démontrable sur le comportement (idée d'un champ de forces reprise aux sciences physiques), qu'elles soient internes (besoins, motivations, idéaux, etc. de l'individu ou du groupe) ou externes (normes culturelles, environnement de travail...).

Variable : « toute caractéristique concernant les participants, le matériel ou la procédure, que l'on est susceptible de voir varier au cours de l'expérience ».

▶ Voir le chapitre 2 de *Psychologie cognitive* dans la même collection.

Suite à son exil, il développe un intérêt particulier pour la résolution des problèmes sociaux. Il forge alors le terme de **recherche-action**, qui désigne une pratique de recherche visant explicitement la transformation de la réalité et la résolution de problèmes de terrain tout en produisant de nouvelles connaissances. Pour Lewin, « rien n'est plus pratique qu'une bonne théorie ». Il appliquera cet axiome à ses travaux sur la dynamique des groupes, dont il est un des pionniers. D'inspiration gestaltiste, il applique aux groupes l'idée selon laquelle « *le tout est plus que la somme de ses parties* ». En parallèle, Lewin initie également l'étude de l'influence des styles de leadership sur les performances auprès de groupes d'enfants. Jusqu'à son décès en 1947, il défend une pratique de recherche ancrée dans la compréhension et la résolution des problématiques sociétales.

4. Les méthodes en psychologie sociale

4.1. La méthode expérimentale

La psychologie sociale est une discipline dominée par la **méthode expérimentale**▸.

▶ Voir également le chapitre 2 de *Psychologie cognitive* dans la même collection.

La méthode expérimentale est une **démarche scientifique** qui consiste à tester **empiriquement** la validité d'une **hypothèse** (généralement, une relation de causalité entre deux phénomènes), c'est-à-dire en la mettant à l'épreuve des faits au travers d'**expériences**. Les données obtenues permettront de valider ou d'invalider l'hypothèse initiale. Une situation expérimentale vise donc à mesurer, avec le moins d'ambiguïté possible, l'effet d'une (ou plusieurs) variable manipulée sur une (ou plusieurs) variable mesurée.

L'exemple d'une des premières expériences réalisées en psychologie sociale (Triplett, 1898)

Prenons l'exemple d'une des premières expériences réalisées en psychologie sociale par Norman Triplett en 1898. Ce dernier faisait l'hypothèse suivante : **la présence d'autrui aurait pour effet d'améliorer les performances** des individus lors de la réalisation d'une tâche.

Afin de tester cette hypothèse, Triplett réalise une petite expérience en laboratoire. Il demande à des enfants d'enrouler une bobine de fil de pêche le plus rapidement possible. Dans un premier groupe, les enfants sont seuls. Dans un second groupe, les enfants réalisent cette tâche en duo. Ici, la variable manipulée est donc *la présence* vs *l'absence d'autrui*. La variable mesurée est quant à elle *la vitesse avec laquelle les enfants enroulent la bobine*. Triplett valide son hypothèse : les enfants du second groupe ont réalisé la tâche plus rapidement. Les autres paramètres de la situation étant par ailleurs identiques, il semblerait bien que la différence de performance entre les deux groupes soit causée par la présence d'un autre enfant dans le second groupe.

En psychologie sociale, les expériences peuvent être réalisées en laboratoire, comme dans l'exemple précédent. L'avantage du laboratoire est de permettre un contrôle rigoureux de tous les paramètres de la situation. À l'inverse, on lui reproche parfois son réductionnisme. De nombreuses expériences sont également réalisées en milieu naturel (p. ex. dans la rue). Dans ce cas, on observera le plus souvent les comportements des sujets à leur insu. Cela permet de renforcer la **validité externe** de ces expériences mais pose en même temps les questions de la **validité interne** et du consentement.

Validé interne *versus* validité externe : un double objectif parfois difficile à atteindre

La **validité interne** renvoie au degré auquel des différences dans les résultats observés peuvent être attribuées sans ambiguïté à l'effet de la variable manipulée par l'expérimentateur et non pas à l'effet d'autres facteurs non contrôlés ou neutralisés (p. ex. une différence de matériel ou un effet des attentes de l'expérimentateur). Plus la validité interne d'une expérience est élevée, plus les conclusions tirées seront fiables.

La **validité externe** renvoie, quant à elle, à la généralisation d'un résultat obtenu à d'autres situations et/ou d'autres populations. Elle est satisfaisante quand la situation expérimentale se rapproche d'une situation réelle (ce qu'on appelle également la validité écologique) et quand la représentativité des sujets est assurée (l'échantillon sélectionné est un reflet suffisamment fidèle de la population parente).

4.2. Autres méthodes mobilisées en psychologie sociale

La méthode expérimentale n'est pas la seule à être mobilisée en psychologie sociale. Parmi les autres méthodes, on distingue généralement des méthodes quantitatives et des méthodes qualitatives.

■ Méthodes quantitatives

Comme leur nom l'indique, les méthodes quantitatives visent à quantifier les phénomènes étudiés par le biais de variables mesurables. En psychologie sociale, il est fréquent d'avoir recours à des échelles psychométriques administrées dans le cadre d'enquêtes par questionnaire. Il existe de très nombreuses échelles renvoyant à une grande diversité de phénomènes psychosociaux (la croyance en un monde juste, l'optimisme comparatif, la désirabilité sociale, etc.). Si ces enquêtes permettent d'observer d'éventuelles corrélations entre les variables étudiées (c'est-à-dire l'intensité de leur liaison), elles ne permettent pas d'établir de relations de causalité, contrairement aux expérimentations.

■ Méthodes qualitatives

Les méthodes qualitatives se centrent davantage sur l'expérience singulière et les représentations des individus et des groupes. Pour cela, les chercheurs étudient les discours, le plus souvent par le biais d'entretiens individuels ou collectifs. Il est également possible de se baser sur des observations de terrain systématiques. L'**observation participante** en est un exemple. Initialement proposée par l'anthropologue Bronislaw **Malinowski** (1884-1942) et reprise par les autres sciences humaines et sociales, l'observation participante consiste à s'immerger pleinement dans le groupe ou la société humaine que l'on souhaite observer. Ici, le chercheur n'est plus extérieur à son objet d'étude.

Un exemple d'observation participante en psychologie sociale : *L'échec d'une prophétie* (1956)

Dans leur ouvrage *L'échec d'une prophétie* (1956), Leon Festinger, Stanley Schachter et Henry Riecken relatent une expérience d'observation participante au sein d'un groupe d'individus convaincus de l'imminence de la fin du monde. À proximité de Chicago, une certaine Mademoiselle Keech aurait reçu des messages de provenance extraterrestre l'alertant d'une gigantesque inondation à venir le 21 décembre 1954. Elle convainc un groupe de personnes de la véracité de cette prophétie apocalyptique. Elle prédit également aux membres du groupe qu'ils seront sauvés par la venue d'une soucoupe volante. Le groupe s'organise alors en conséquence, certains allant jusqu'à démissionner ou à se séparer de leurs biens. Le 21 décembre, la catastrophe annoncée ne se produit pas.

Les auteurs se sont particulièrement intéressés à la réaction du groupe face à ce démenti de leur conviction par les faits. Mademoiselle Keech explique au groupe qu'elle a reçu un nouveau message extraterrestre : ce sont les prières des

➡

▶ Cf. chapitre 5.

membres du groupe qui ont évité la catastrophe ! Si certains quittent le groupe à cette occasion, d'autres voient leurs convictions renforcées et vont chercher activement à convertir de nouveaux adeptes. Pour Festinger et ses collaborateurs, il s'agit ici d'un exemple de gestion de la **dissonance cognitive**▸.

Loin d'être antagonistes, ces différentes méthodes peuvent se compléter afin d'accéder à une meilleure compréhension de l'objet d'étude.

À RETENIR

- La psychologie sociale s'intéresse à la façon dont **autrui** (qu'il soit un individu, un groupe, une institution, etc.) influence les pensées, les façons de voir le monde et les comportements des individus et comment ces derniers l'influencent en retour.
- Au carrefour de la psychologie et de la sociologie, cette discipline se distingue par son regard et sa **lecture ternaire** (Sujet – Objet – Alter) des phénomènes. Les modèles de recherche en psychologie sociale peuvent se situer à **quatre niveaux** d'analyse différents (intra-individuel, interindividuel, positionnel et idéologique), parfois articulés entre eux.
- Apparue à la fin du XIXe siècle, son émergence s'est faite difficilement, entre la psychologie physiologique et la sociologie. D'abord marquée par le béhaviorisme, elle évolue progressivement vers des modèles **sociocognitifs** (notamment sous l'influence de la phénoménologie et du gestaltisme). Elle se développe aussi comme une **discipline appliquée**, mobilisée pour la résolution de problèmes sociaux.
- La psychologie sociale est dominée par la **méthode expérimentale**. D'autres méthodes sont également utilisées, qu'elles soient quantitatives (utilisation d'échelles psychométriques) ou qualitatives (entretiens, observations).

NOTIONS CLÉS

- **Allport Floyd** (1890-1979) : un des fondateurs de la psychologie sociale expérimentale aux États-Unis, fortement influencé par le béhaviorisme.
- **Béhaviorisme** : courant proposant de limiter la psychologie à l'étude des éléments objectivement observables (modèle Stimulus – Réponse).
- **Gestaltisme** : courant d'étude des phénomènes perceptifs qui propose une psychologie de la forme (*Gestalt* en allemand), selon laquelle le tout est différent de la somme des parties.
- **Le Bon Gustave** (1841-1931) : auteur de *Psychologie des foules* (1895), un des textes fondateurs de la psychologie sociale.
- **Lewin Kurt** (1890-1947) : d'inspiration gestaltiste, il développe la recherche-action et les travaux sur la dynamique des groupes.
- **Mead George Herbert** (1863-1931) : pionnier de la psychologie sociale aux États-Unis et un des inspirateurs de l'interactionnisme symbolique.
- **Méthode expérimentale** : méthode visant à mettre des hypothèses théoriques à l'épreuve des faits, dans le cadre de situations standardisées en laboratoire ou en milieu naturel.

- **Positivisme** : courant philosophique selon lequel les connaissances scientifiques ne doivent reposer que sur des faits observables empiriquement.
- **Regard psychosocial** : lecture ternaire des phénomènes observés prenant en compte simultanément le Sujet, l'Objet et Autrui.
- **Tarde Gabriel** (1843-1904) : pionnier de la psychologie sociale en France, il introduit les concepts d'imitation et d'interpsychologie.
- **Wundt Wilhelm** (1832-1920) : fondateur du premier laboratoire consacré à la psychologie physiologique, s'est également intéressé à la psychologie collective.

POUR ALLER PLUS LOIN

Moscovici, S. (1981). *L'âge des foules*, Paris : Fayard.

Pétard, J.-P., Kalampalikis, N., & Delouvée, S. (2001). « Les histoires de la psychologie sociale dans ses manuels », *Les cahiers internationaux de psychologie sociale, 51-52*, 59-80.

Ressources

Vidéos d'introduction à la psychologie sociale :
https://www.hacking-social.com/

Exercice 1

Complétez les mots croisés.

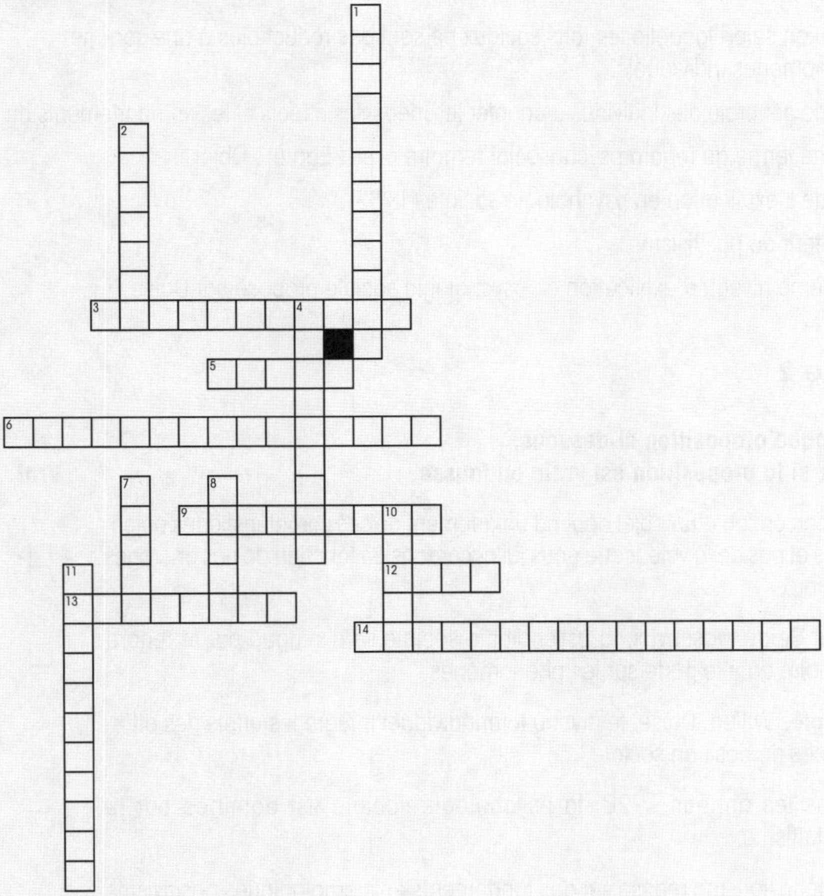

Horizontal

3. Psychologie de la forme.

5. Psychologue américano-allemand à l'origine de la théorie du champ.

6. Méthode visant à mettre des hypothèses théoriques à l'épreuve des faits, dans le cadre de situations standardisées.

9. Psychologue social français d'origine roumaine, à l'origine de la théorie des représentations sociales.

12. Un des inspirateurs de l'interactionnisme symbolique.

13. Fondateur de la sociologie moderne.

14. Capacité d'une situation expérimentale à produire des résultats semblables lors de mesures répétées dans des conditions identiques.

Vertical

1. Paradigme en psychologie se centrant uniquement sur les comportements objectivement observables.

2. Conception selon laquelle les faits sociaux ne sont pas réductibles à une somme de phénomènes individuels.

4. Tendance générale des individus à adopter les idées, les affects et les comportements de modèles.

7. Troisième terme du regard psychosocial ternaire avec l'Ego et l'Objet.

8. Auteur de L'explication en psychologie sociale (1982).

10. Fondateur du positivisme.

11. Quatrième niveau d'explication en psychologie sociale proposé par Doise.

Exercice 2

Pour chaque proposition ci-dessous, indiquez si la proposition est vraie ou fausse.	**Vrai**	**Faux**
1. La perception d'un objet dépend uniquement de ses caractéristiques objectives et pas de la valeur que nous lui accordons en fonction de nos ancrages sociaux.	☐	☐
2. Pour Serge Moscovici, la psychologie sociale se distingue par le regard ternaire qu'elle porte sur les phénomènes.	☐	☐
3. D'après Willem Doise, le niveau interindividuel intègre les effets des différences de position sociale	☐	☐
4. Dans les années 1920, la psychologie sociale est dominée par le gestaltisme.	☐	☐
5. Le béhaviorisme repose sur des fondements épistémologiques positivistes dans la mesure où il propose de se centrer uniquement sur les comportements objectivement observables.	☐	☐
6. On peut résumer ainsi un des grands principes du gestaltisme : « le tout est égal à la somme des parties ».	☐	☐
7. Pour Gustave Le Bon, une foule est à distinguer d'un simple agrégat d'individus et posséderait une « âme collective ».	☐	☐
8. Émile Durkheim considère que les réalités sociales naissent des interactions entre des consciences individuelles.	☐	☐

9. La recherche-action désigne une pratique de recherche visant explicitement la transformation de la réalité et la résolution de problèmes de terrain tout en produisant de nouvelles connaissances. ☐ ☐

10. La psychologie sociale est une discipline dominée par les méthodes qualitatives. ☐ ☐

11. La validité interne renvoie au degré auquel des différences dans les résultats observés peuvent être attribuées sans ambiguïté à l'effet de la variable manipulée par l'expérimentateur. ☐ ☐

12. Les enquêtes par questionnaire permettent d'observer d'éventuelles corrélations entre les variables étudiées mais pas d'établir de relations de causalité. ☐ ☐

© pict rider / Fotolia

Qu'allons-nous étudier dans ce chapitre ?

- Ce chapitre vise à présenter les principales théories développées à propos des attributions dans le champ de la psychologie sociale.
- Il s'agit d'une introduction portant sur les principaux modèles de l'attribution causale et sur le locus of control mettant en évidence les principales différences qui les caractérisent.
- Ce chapitre aborde également les biais attributifs et la conception normative de l'internalité à travers un exposé autour de la norme d'internalité.

CHAPITRE

2 Attributions

PLAN DU CHAPITRE

Introduction

Tout un chacun a fait l'expérience au cours de sa vie quotidienne de devoir donner ou trouver des explications aux événements auxquels il ou elle a été confronté(e). Toute personne, vous, comme nous, a ressenti le besoin de comprendre ce qui lui est arrivé ou ce qui est arrivé à une ou plusieurs autres personnes. Pourquoi telle personne ne nous a plus adressé la parole du jour au lendemain ? Pourquoi nous avons échoué à cet examen alors que nous pensions réussir ? Pourquoi notre petit(e) ami(e) est-il(elle) parti(e) avec un(e) autre ? Pourquoi Sébastien a-t-il réagi aussi violemment hier en réunion ? Tous ces événements de la vie quotidienne rendent compte à quel point il est important pour les êtres sociaux que nous sommes d'expliquer ce qui leur arrive et ce qui arrive aux autres.

La psychologie sociale tente d'apporter des éclairages à ces questions depuis les années 1950. Ce sont les théoriciens de l'attribution ont en effet tenté de comprendre ces mécanismes attributifs en proposant plusieurs modèles qui ont évolué avec le temps. Ces modèles ont été créés dans le but de répondre à des questions lancinantes et incontournables dans le paysage de la vie sociale. Les auteurs se sont donc posé les questions renvoyant à « pourquoi faisons-nous des attributions ? » et à « quand les faisons-nous ? ». Ces questions peuvent paraître très basiques de prime abord et il est somme toute assez clair que si on les pose, les personnes interrogées pourront imaginer un certain nombre de réponses mais, on va le voir, aussi simples puissent-elles paraître, ces questions cachent une réalité bien plus complexe qui a occupé les chercheurs.

Fritz Heider (1896-1988) : psychologue à la double nationalité autrichienne et américaine. Inscrivant ses recherches dans le cadre de la psychologie de la forme, il s'intéresse aux attributions causales et aux relations interpersonnelles. Il développe une théorie de **l'équilibre cognitif** qui reste aujourd'hui un des développements théoriques majeurs en psychologie sociale. Par ailleurs, son essai *Ding und Medium* (publié en 1927) et traduit en français (*Chose et médium*, 2017) est aujourd'hui considéré comme un des textes fondateurs d'une théorie des médias.

On doit les premières propositions théoriques au psychologue **Fritz Heider**, considéré comme le père fondateur des recherches portant sur l'attribution causale.

Heider s'est interrogé à propos de nos besoins en terme de maintien d'une vision du monde. Selon cet auteur, nous sommes motivés pour acquérir une connaissance qui nous permettra justement de maintenir stable cette vision du monde. Il ajoutera que cette connaissance est équilibrée et qu'elle est causale. À partir de ces deux considérations il développera la **théorie de l'équilibre** (Heider, 1946) qui s'inscrira parmi les autres théories de la consistance, d'une part. D'autre part, il développera un ensemble de propositions autour de la question de l'attribution causale en considérant comme fondamentale l'étude du sens commun en lien avec un **modèle inférentiel** dans lequel les individus sont motivés à inférer, c'est-à-dire à **déduire des causes** à partir des événements qu'ils observent. Selon cet auteur, lorsque nous sommes confrontés à une situation ou à un événement, lorsqu'il nous arrive quelque chose ou que l'on apprend ce qui est arrivé à autrui, nous avons besoin de donner du sens aux choses. Pour donner ce sens qui nous permet de maintenir une certaine **stabilité** perçue de notre environnement physique et social, nous tentons de trouver des explications. Alors, il est entendu que ces explications sont particulièrement faciles à trouver lorsque nous sommes confrontés directement à la situation ou que l'on assiste à l'émission du comportement par un individu donné. En revanche, lorsque nous apprenons ce qui est arrivé à autrui ou que, de manière générale, nous n'étions pas physiquement présents lors de l'événement en question, nous pourrons toujours trouver des explications.

Cela soulève une question intéressante : *comment pouvons-nous trouver et fournir des explications aux événements auxquels nous n'avons pas assisté et comment l'élaboration de ces explications fonctionne-t-elle ?*

Le **processus d'attribution**, selon Moscovici (1972, p. 60), « consiste à émettre un jugement, à inférer "quelque chose", une intuition, une qualité, un sentiment sur son état ou sur l'état d'un autre individu à partir d'un objet, d'une disposition spatiale, d'un geste, d'une humeur ».

L'attribution consiste à **donner du sens** à quelque chose d'observable en allant au-delà de celui-ci. Cela consiste donc à dépasser la simple observation du comportement pour trouver l'explication de sa production. L'intérêt porté à l'attribution causale par les psychologues sociaux tient à plusieurs raisons. Tout d'abord les explications formulées relativement aux événements que nous rencontrons impactent notre façon de penser et d'agir à l'endroit de ces événements. Il y a donc un effet assez clair des attributions causales que nous émettons sur nos attitudes et nos comportements. De plus, les explications données par les individus se font le témoin de leur vision du monde. En accédant donc aux attributions causales, on capte de manière indirecte leur façon de se représenter le monde. Par ailleurs, saisir et comprendre comment fonctionne l'explication causale et donc étudier les processus en jeu permet d'appréhender les stratégies employées par les individus.

L'étude de l'explication causale a donné lieu à plusieurs théorisations. C'est ainsi que plusieurs auteurs se sont investis dans ce que l'on appelle **les théories de l'attribution**.

De manière commune et convergente, les théories de l'attribution se rejoignent sur une conception de **l'homme actif dans le cadre de l'organisation de son univers quotidien**. Cette organisation vise avant tout la compréhension et le contrôle de l'environnement physique et social.

L'attribution constitue donc un processus dont la finalité réside dans l'appréhension de la réalité, la prédiction des événements, le tout dans un but de **maîtrise du monde**.

1. Les grands modèles théoriques de l'attribution

1.1. La conception heiderienne de l'attribution

On doit à Heider (1946) la première théorisation de l'attribution. Influencé par le courant **gestaltiste**▸, Heider considère le comportement humain comme un tout sans le réduire à une somme de réactions entretenant une relation d'indépendance entre elles. Pour le dire autrement, pour Heider le comportement doit être vu comme un tout et non comme une série d'actions.

▶ Cf. chapitre 1, encadré sur le gestaltisme, p. 23.

Gestalt : théorie de la forme qui considère que le tout ne se réduit pas à la somme des parties.

L'originalité de Heider tient à sa conception de l'être humain. Il considère en effet l'homme comme un scientifique spontané (ou encore intuitif, ou naïf) qui développerait une psychologie naïve ou de sens commun qui n'aurait presque rien à envier à la psychologie scientifique ou académique. Le développement de cette psychologie lui permettrait d'inférer les causes des événements.

Chose importante, sinon capitale, dans la conception heiderienne, l'analyse naïve de l'action renvoie à la liaison d'un comportement observable à des causes inobservables. Toutefois, l'attribution causale n'interviendrait selon lui uniquement lorsque les individus perçoivent une incohérence dans le déroulement des événements. En effet, seules les situations inhabituelles ou surprenantes seront susceptibles de déclencher la recherche de causes. Dans un tel cas, le processus d'attribution causale consisterait, à partir des effets provoqués d'un événement, à remonter la chaîne causale afin de rendre compte de la cause qui a provoqué les effets.

Concrètement, **la recherche attributionnelle** (la recherche des causes possibles) commence par l'observation de ce qui se passe ou de ce qui s'est passé lorsqu'on accède à l'information par le biais d'une communication (on a entendu dire que…). L'observation des actions réalisées par soi-même ou par une autre personne constitue donc le point de départ de l'attribution de cause. S'ensuit alors une phase de déduction des facteurs qui ont été présents ou qui ont dû être présents pour que cette action ait pu avoir lieu.

Analyse factorielle : analyse autorisant l'agrégation de plusieurs termes (p. ex., opinions, causes, attitudes) en des dimensions englobantes. Il s'agit de rassembler plusieurs éléments allant dans une direction identique.

Cette notion de causes possibles recouvre selon Heider une pluralité de facteurs de causalité que l'on peut classer en deux grandes catégories : ceux qui renvoient aux forces personnelles comme la motivation et l'habileté et ceux qui renvoient aux forces environnementales comme par exemple la difficulté de la tâche, les contraintes temporelles. Dans sa conception de l'attribution, Heider considère que l'interprétation du monde social et l'attribution de causes sont réalisées suivant une sorte d'« **analyse factorielle implicite** ».

Selon l'auteur, certains facteurs sont regroupés sur une dimension qui dénote l'établissement d'une cause liée aux personnes elles-mêmes, d'autres s'agrègent sur une dimension en lien avec l'environnement de ces personnes.

On parlera alors d'**attributions internes** (causes renvoyant à la personne, à ce qu'elle est) et d'**attributions externes** (causes renvoyant à l'environnement, ce qui se situe en dehors de la personne elle-même).

Dans l'analyse des relations interpersonnelles proposée par Heider, le principe posé par l'auteur consiste en ce que les individus possèdent une psychologie naïve qui leur permet de développer une vision stable et cohérente de leur environnement. Selon l'auteur, la recherche de cette vision stable et cohérente traduit la recherche **d'un équilibre cognitif.** L'atteinte de cet équilibre passe par le processus d'attribution. Mais tout d'abord on peut se demander à quoi renvoie cette idée d'équilibre cognitif ?

Comme on peut facilement le déceler, l'équilibre cognitif met en jeu un ensemble de cognitions. C'est ainsi qu'avant de détailler ce que Heider entend par équilibre cognitif, il apparaît important d'être au clair sur la notion de **cognition**.

Selon Leon Festinger (1957, p. 3), une cognition est « une connaissance, une opinion, une croyance concernant le milieu, soi-même ou son propre comportement » ▸.

▶ Voir chapitre 5.

Illustration de l'équilibre cognitif dans le cadre des relations interpersonnelles

Imaginons les trois cognitions suivantes : Marie s'entend bien avec Pauline, Pauline entretient de bonnes relations avec Jessica et Marie aime bien Jessica *(cas 1)*. Pour le dire autrement, les amis de mes amis sont mes amis. Ici la triade est équilibrée.

Un autre cas de triade équilibrée peut tenir en ces termes, Marie s'entend bien avec Pauline, Pauline entretient de mauvaises relations avec Jessica et Marie n'aime pas Jessica (*cas 2*). Malgré l'orientation négative de certaines relations entretenues entre certaines personnes présentées cette triade est également équilibrée. À nouveau, pour le dire différemment, les ennemis de mes ennemis sont mes amis.

La triade sera en revanche déséquilibrée si Marie ne s'entend pas avec Pauline, que Pauline entretient de bonnes relations avec Jessica et que Marie aime bien Jessica (*cas 3*).

Autre cas de triade déséquilibrée : Marie ne s'entend pas avec Pauline, Pauline entretient de mauvaises *relations* avec Jessica et Marie n'aime pas Jessica *(cas 4)*.

En fait, pour Heider, les seules triades équilibrées sont celles dont le produit des signes est positif (voir figure 1). Ce produit positif est présent pour les triades 1 et 2 mais ce n'est pas le cas pour les triades 3 et 4. Pour Heider, en lien avec la psychologie de la forme (*gestalt*), les triades déséquilibrées ne constituent pas une bonne forme pour l'esprit. Lorsqu'un tel déséquilibre est présent, l'individu ressent le besoin de réorganiser les choses de manière à ce que cet équilibre soit rétabli. Afin de retrouver l'équilibre, il doit modifier soit son environnement, soit certaines croyances et d'opinions en lien avec cet environnement.

Fig. 1 Illustration des 4 triades

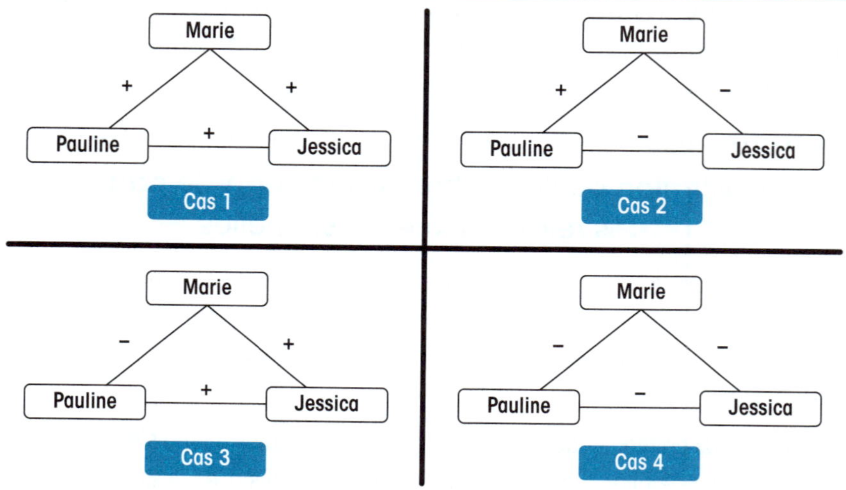

1 et **2** : équilibrées ; **3** et **4** : déséquilibrées.

Pour Heider, l'attribution causale interviendrait essentiellement lorsqu'il y a une incohérence dans le déroulement des événements. L'individu va par conséquent se livrer à une recherche des causes pour expliquer les situations inhabituelles, les situations surprenantes. Le processus d'attribution causale consisterait, à partir des effets provoqués d'un événement, à remonter la chaîne causale afin de rendre compte de la cause qui a provoqué les effets.

L'attribution de causes commence toujours par l'observation d'un comportement. S'enclenche ensuite un processus attributif dont la fonction est d'envisager un ensemble de causes possibles qui sont, comme nous l'avons vu, la plupart du temps non observées et donc inférées. C'est que l'on nomme **l'inférence attributive**. Cette inférence peut prendre deux directions :

- soit elle conduit à l'attribution de causes liées à l'acteur (causes internes) comme sa personnalité par exemple,
- soit elle engage la personne qui se livre à une attribution dans l'établissement de causes liées à l'environnement (causes externes) comme les conditions physiques et matérielles de réalisation du dit comportement.

Suivant ce processus attributif, on comprend que deux types de causes sont donc attribuables. Toutefois, on peut légitimement se demander dans quelles circonstances ou bien quelles sont les raisons qui nous poussent à établir un lien de causalité entre le comportement réalisé par l'acteur et l'acteur lui-même. L'attribution de cause n'a donc pas besoin de se nourrir d'éléments directement observés, au contraire, c'est parce que l'information n'est pas directement disponible, ou encore ambiguë, ou incertaine, que l'on va se livrer à une recherche des causes possibles afin de pouvoir expliquer ce qui nous arrive et ce qui arrive à autrui.

Comment peut-on déduire que la cause est liée aux caractéristiques d'une personne et non à des facteurs circonstanciels et donc situationnels ?

Fig. 2 Intention et responsabilité comme conditions à l'attribution interne

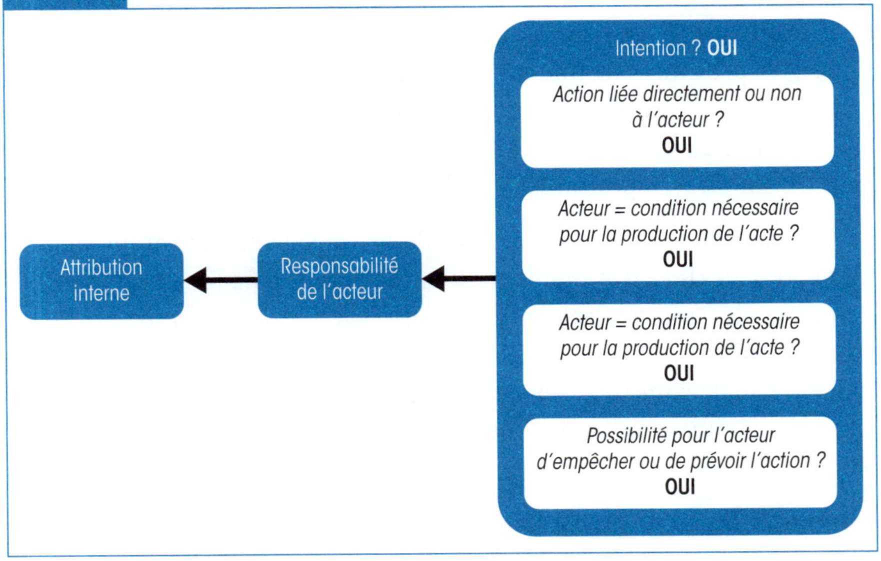

Selon Heider, la **responsabilité de son acte** est attribuée à un acteur si on peut déduire l'intention de le réaliser (voir figure 2 pour illustration schématisée). La notion d'**intention** directement liée à celle de

responsabilité est donc primordiale chez l'auteur pour déduire un poids causal situé au niveau de l'acteur lui-même. Cette intention est elle-même déduite à partir de plusieurs aspects.

Tout d'abord, il faut que l'action puisse directement ou indirectement être associée à l'acteur. Ensuite, l'acteur doit être envisagé comme une condition nécessaire à la production de l'acte en question. Il faut que l'on puisse également déterminer si l'acteur avait la possibilité d'empêcher ou de prévoir l'action réalisée. Enfin, de manière plus globale, il est indispensable de se demander si l'action a été commise intentionnellement ou non.

1.2. Le modèle des « inférences correspondantes » de Jones et Davis (1965)

Hétéro-attributions : attributions formulées à partir du comportement d'autrui.

Auto-attributions : attributions formulées par soi par rapport à soi.

Directement issu des théorisations formulées par Heider, un nombre important de propositions théoriques vont ensuite suivre parmi lesquelles celle que l'on doit à Jones et Davis. Ces auteurs vont proposer un modèle dit des inférences correspondantes centré sur la question des **hétéro-attributions**. Ce modèle ne traite donc pas des **auto-attributions.**

À proprement parler, le modèle de Jones et Davis (cf. figure 3) se lit de la droite vers la gauche au sens où c'est partir des effets (p. ex. un état d'ébriété) produits par une action (p. ex. une pratique d'alcoolisation) que plusieurs conditions dont la satisfaction vont permettre d'établir une causalité en lien avec les caractéristiques dispositionnelles de l'acteur (p. ex. c'est un irresponsable).

Ces conditions tiennent aux faits de savoir si l'acteur avait préalablement connaissance des effets produits par ce type d'action et s'il présente des aptitudes à la réalisation de ces effets. La satisfaction de ces deux conditions permet de déduire l'intention, facteur clé dans le cadre de ce modèle dont la confirmation de la présence entraîne alors une attribution aux caractéristiques dispositionnelles.

L'idée majeure de ce modèle théorique est donc de considérer que le comportement d'une personne est causé par ses caractéristiques dispositionnelles. Les auteurs mettent donc en avant un postulat en termes de déterminisme psychologique des conduites selon lequel les observateurs d'un comportement se centrent sur l'évaluation des conduites d'autrui en les attribuant à des caractéristiques internes.

Fig. 3 Illustration de l'inférence correspondante (Jones & Davis, 1965)

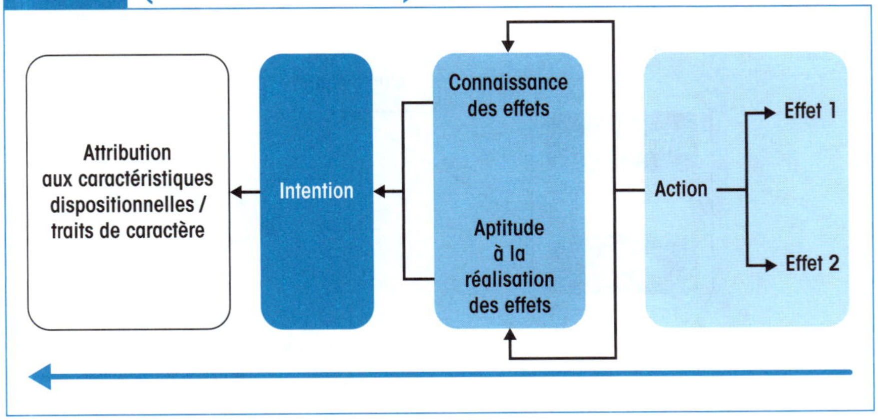

■ Le paradigme action-attribution (Jones & Davis, 1965)

À partir de leur modèle, Jones et Davis insistent sur deux autres notions sur lesquelles va reposer l'attribution. Ces deux notions complètent le modèle et vont conduire les auteurs à proposer un paradigme.

Tout d'abord, Jones et Davis insistent sur le fait que l'acteur doit être **libre dans ses choix**. Pour ce faire il faut qu'il puisse choisir et donc que plusieurs choix soient possibles. La deuxième notion consiste à considérer qu'**un acte peut avoir plusieurs effets différents** mais que **plusieurs actes peuvent avoir des effets communs**. Pour attribuer l'intention, l'observateur fondera son attribution de cause sur les effets **non communs** aux actes. Nous allons voir cela en détail dès à présent dans la partie qui va suivre.

Prenons un exemple : Julien a toujours voulu faire des études. Pour lui, en effet, les études sont intéressantes au sens où elles donnent accès à un diplôme et elles permettent d'acquérir des connaissances. Il hésite entre plusieurs formations que ce soit en Master ou en BTS, or ces deux types de formations se distinguent de par leur durée en terme de nombre d'années d'études.

Dans ce que nous venons d'énoncer et comme l'illustre la figure 4, certaines caractéristiques sont partagées entre ces deux types de parcours. Par exemple, le Master et le BTS garantissent l'accès à un diplôme et permettent d'acquérir des connaissances. Toutefois, si ces formations partagent ces aspects, elles se distinguent de par le nombre d'années à investir pour arriver à leur terme.

Fig. 4 Illustration des effets spécifiques et non spécifiques dans le cadre du paradigme action-attribution

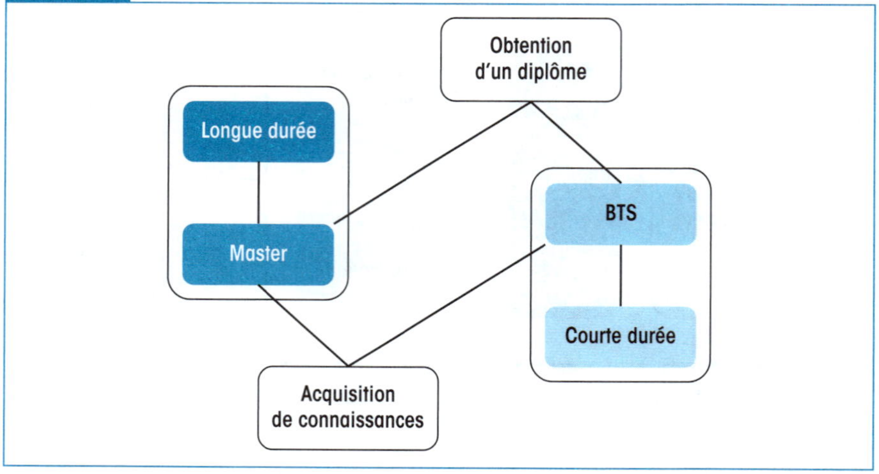

On parlera donc de critères spécifiques et de critères non spécifiques. Partant, si Julien choisit une formation, dans notre exemple, seul le nombre d'années sera en capacité de nous renseigner sur le pourquoi du choix de telle ou telle formation. Il s'agit de ce que Jones et Davis qualifient d'**effets discriminants**. Ainsi, si Julien choisit le BTS c'est qu'il est davantage enclin à s'investir dans une formation courte, alors que s'il choisit le master c'est qu'il est davantage prêt à s'investir sur le long terme.

1.3. Kelley (1967) : le modèle du cube attributionnel

Inspiré des propositions de Heider, **Kelley** va proposer un modèle capable de rendre compte à la fois des attributions **dispositionnelles** (comme le modèle des inférences correspondantes de Jones & Davis, 1965) et des attributions **situationnelles**. C'est ainsi que ce modèle du cube attributionnel ou appelé également **modèle de la covariation** semble plus complet et plus en phase avec la conception de l'attribution de cause énoncée au départ par Heider.

De plus, Kelley propose un modèle qui dépasse celui de Jones et Davis (1965), au sens où son modèle permet de rendre compte à la fois de l'hétéro-attribution (attributions effectuées à partir du comportement d'autrui) et de l'auto-attribution (attributions effectuées quant à son propre comportement) quand le modèle des inférences correspondantes permet de travailler uniquement sur les hétéro-attributions.

Tout comme pour Heider (1946), selon Kelley (1967, p. 194), tout se passe comme si l'individu était motivé à atteindre la maîtrise cognitive de la structure causale de l'environnement. Afin de pouvoir atteindre une telle maîtrise, il faut que l'individu ait une connaissance des éléments composant l'environnement. L'individu considérera alors la personne (celle qui va produire le comportement), le stimulus (ce sur quoi a porté la réaction de la personne) et les circonstances (conditions dans lesquelles le comportement a été émis). La prise en compte de la personne va permettre de déduire le consensus, ce qui revient à se poser la question de savoir si la plupart des gens auraient pu se comporter de la même manière que cette personne. Le stimulus sera ensuite considéré comme distinctif ou non (la distinctivité du stimulus). Il s'agit concrètement ici de se demander si seul ce stimulus provoque cette réaction chez cette personne. Enfin, les circonstances permettront d'envisager si ce comportement est consistant ou non selon les occasions et les contextes où potentiellement ce comportement peut s'exprimer.

Harold Kelley (1921-2003) : psychologue américain. Diplômé du M.I.T. et de l'université de Berkeley, il a été assistant à l'université de Yale et a développé ses recherches ensuite à l'U.C.L.A. (Université de Californie à Los Angeles) et à l'Université du Michigan. Il est connu et reconnu pour ses travaux sur la persuasion en collaboration avec Carl Hovland et Irving Janis mais il a également proposé avec John Thibaut la théorie de l'interdépendance dans le cadre de l'étude des relations interpersonnelles et s'est investi dans l'étude des attributions causales, dans laquellel il a joué un rôle majeur.

Fig. 5 Illustration du cube attributionnel de Kelley

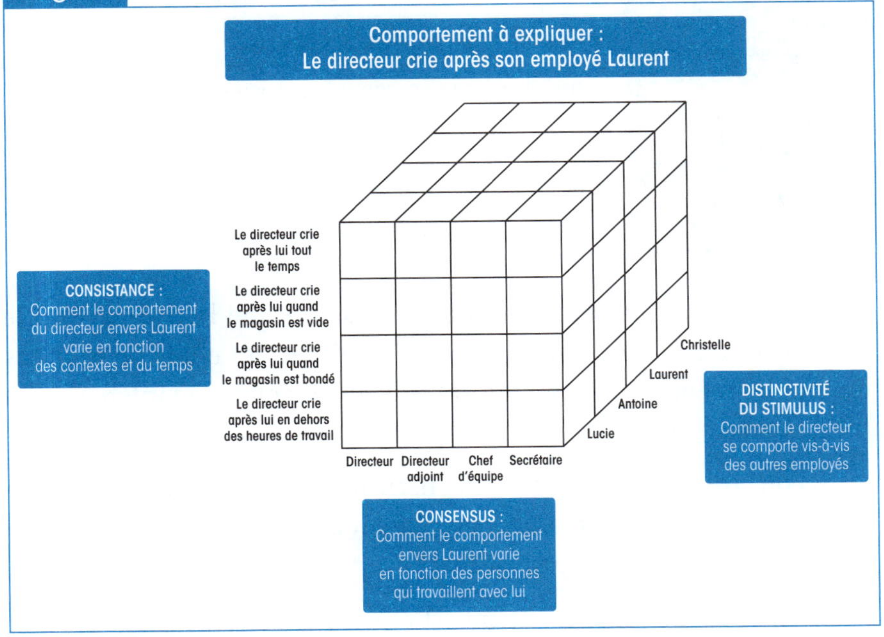

Dans la lignée de Heider qui considère l'homme de la rue comme un statisticien intuitif capable de réaliser des analyses factorielles implicites, Kelley (1967) va considérer que pour établir une cause, il faut que l'effet covarie avec elle. Par exemple, si à chaque fois que vous portez votre chemise bleue préférée les têtes se retournent sur vous, c'est bien que le fait de porter cette chemise vous rend plus attractif. L'effet (les personnes qui vous remarquent) covarie avec la cause (le fait de porter votre chemise bleue). C'est ainsi que si la cause covarie avec un effet, alors on attribue cet effet à cette cause.

En lien avec la figure 5, il est possible de préciser certains aspects. En effet, dans le cadre du cube attributionnel, on peut distinguer plusieurs cas possibles selon que la consistance, la distinctivité du stimulus et le consensus sont forts ou faibles (voir tableau 1).

Tableau 1 Exemples de variations de comportements en fonction de la distinctivité du stimulus, de la consistance du comportement et du consensus

	Le directeur crie après son employé Laurent
Distinctivité forte	Le directeur crie uniquement après Laurent
Distinctivité faible	Le directeur crie après tous ses employés
Consensus fort	L'ensemble des responsables crient après Laurent
Consensus faible	Seul le directeur crie après Laurent
Consistance forte	Le directeur crie tout le temps après Laurent
Consistance faible	Le directeur crie après Laurent très peu souvent

La lecture du tableau 1 montre que selon que la distinction, le consensus, ou la consistance est forte ou élevée, les effets ne sont pas du tout les mêmes et ne conduiront probablement pas à l'inférence des mêmes causes.

Si l'on croise la distinctivité, le consensus et la consistance selon leurs deux modalités (forte *vs* faible), on obtient 8 cas différents. Chaque cas permet de construire un petit scénario.

Le croisement que l'on obtient est répertorié dans le tableau 2.

Tableau 2 Combinaisons obtenues suite au croisement des valeurs forte et faible de la distinctivité du stimulus, de la consistance du comportement et du consensus

Consensus fort (CO+)				Consensus faible (CO-)			
Distinctivité forte (D+)		Distinctivité faible (D-)		Distinctivité forte (D+)		Distinctivité faible (D-)	
Consistance forte (C+)	Consistance faible (C-)	Consistance forte (C+)	Consistance faible (C-)	Consistance forte (C+)	Consistance faible (C-)	Consistance forte (C+)	Consistance faible (C-)
CO+/D+/C+	CO+/D+/C-	CO+/D-/C+	CO+/D-/C-	CO-/D+/C+	CO-/D+/C-	CO-/D-/C+	CO-/D-/C-
1	2	3	4	5	6	7	8

Par exemple, le cas 1 se traduit comme suit: l'ensemble des responsables crient après Laurent, le directeur ne crie qu'après lui, et ce, de manière régulière.

Comme a pu le réaliser McArthur (1972), à la suite de la présentation de ces scenarii, les participants devaient attribuer un nombre de croix pour indiquer si selon eux cette situation était due au directeur (donc à la personne), au stimulus (donc Laurent) ou enfin aux circonstances.

Les résultats (une synthèse est présentée dans le tableau 3) obtenus par McArthur (1972) révèlent qu'une attribution au stimulus est réalisée lorsque les participants sont exposés à un scénario présentant un stimulus fortement distinctif, une forte consistance et un fort consensus comme nous avons pu le présenter dans notre exemple précédent.

Tableau 3 Combinaisons obtenues suite au croisement des valeurs forte et faible de la distinctivité du stimulus, de la consistance du comportement et du consensus

Attribution	Distinctivité	Consistance	Consensus
Au stimulus	Forte	Forte	Fort
À la personne	Faible	Forte	Effet négligeable
Aux circonstances	Forte	Faible	Effet nul

En revanche, une attribution à la personne (le directeur) sera réalisée en cas de faible distinctivité (le directeur crie sur tous les employés) et une forte consistance (le directeur crie tout le temps), l'effet du consensus étant négligeable, les deux autres critères étant suffisants. Enfin, une attribution aux circonstances interviendra en cas de forte distinctivité (il ne crie que sur Laurent) et de faible consistance (le directeur crie de manière exceptionnelle), l'effet du consensus étant nul, les deux autres critères étant suffisants.

1.4. Les schémas causaux de Kelley : vers une théorisation moins idéalisée

Force est d'admettre, et d'ailleurs Kelley (1972) l'a admis lui-même, que ce modèle est éminemment complexe et qu'il est idéalisé. En effet selon Kelley (1972), il est rare que l'on se livre à une analyse causale complète. Pour le dire autrement, le modèle de Kelley, aussi intéressant et pertinent soit-il, ne permet pas de réellement traduire la manière dont les attributions sont réalisées dans la vie quotidienne. Cela pour au moins deux raisons. La première tient au fait que la vie de tous les jours ne nous donne pas forcément accès à toutes les informations que réclame ce modèle pour émettre une attribution causale. La seconde renvoie au fait que l'individu peut manquer de temps ou d'éléments dans le cadre de la situation. Imaginez-vous sur un périphérique, une voiture est en travers sur le côté et un scooter est couché par terre, vous inférerez immédiatement un scénario et donc une cause à ce qui vient de se passer sans pour autant avoir à votre disposition le temps et l'information nécessaire pour vous livrer à une analyse causale complète comme le réclame le modèle de Kelley.

Les **schémas causaux** correspondent à une conception générale que possède un individu sur la façon dont interagissent un certain nombre de causes pour produire un effet spécifique. Chaque schéma peut être décrit comme une matrice hypothétique de données qui synthétise les croyances de la personne, ainsi que les attentes sur la façon dont les effets peuvent être déduits de la combinaison de certains facteurs causaux (Kelley, 1972, p. 153).

Afin de remédier à ce problème, Kelley (1972, 1973) va proposer la notion de **schémas causaux.** Nous entendons par schémas causaux des raisonnements courts et rapides qui permettent de procéder à des attributions dans des contextes où l'information est peu disponible et le temps restreint.

Plusieurs schémas et principes ont été proposés par Kelley en fonction notamment de la rareté ou non de l'événement qui survient, des principes d'élimination, d'économie et de l'augmentation (voir figure 6).

Fig. 6 Rareté de l'événement et application des schémas causaux et principes attributionnels

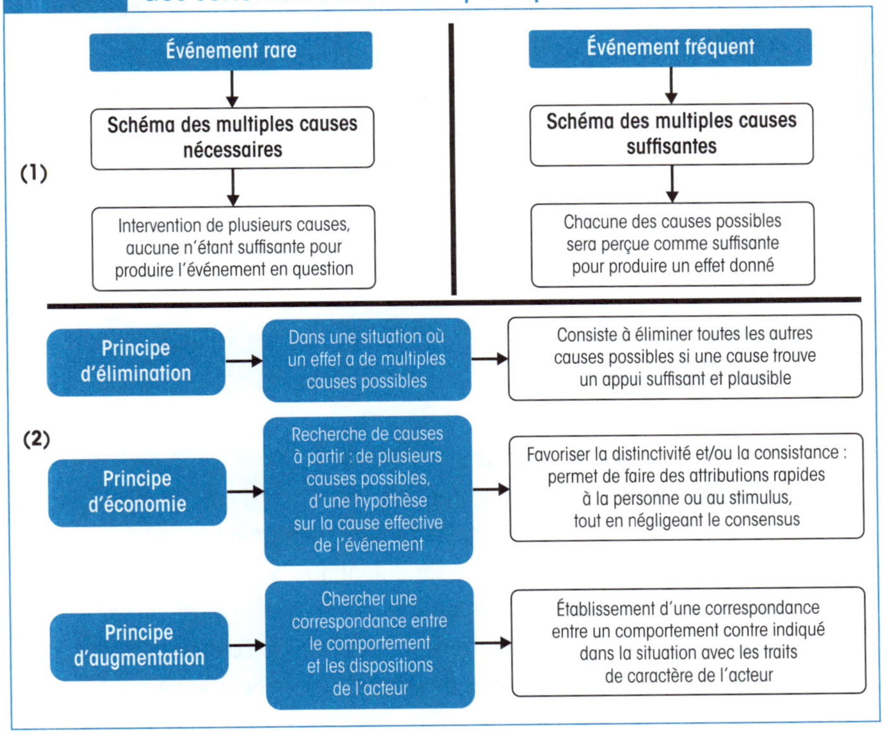

La théorie moderne de l'attribution (Malle, 1999, 2004)

Malle en 1999 a développé une théorie des explications. Le modèle proposé par cet auteur va quelque peu à l'encontre des théories classiques portant sur l'attribution en raison selon l'auteur de leur caractère trop cognitif qui confine dans une forme de réductionnisme de l'impact du facteur social. Selon cette perspective, il propose de dépasser les attributions internes et externes et propose de diviser les comportements en deux catégories portant sur le caractère intentionnel : **comportement intentionnel** *versus* **comportement non intentionnel**. Dans la théorie formulée par Malle (1999, 2004) il y aurait plusieurs modalités d'explication pour chaque catégorie de comportement. Considérons par exemple le comportement suivant : Sébastien révise toute la journée pour son examen de psychologie sociale.

Les modalités d'explication portant sur l'intention vont prendre en compte (1) les raisons du comportement, (2) l'histoire causale de la raison, (3) le facteur facilitant la réalisation du comportement.

Suivant l'exemple des révisions de Sébastien, en terme d'intentionnalité, on pourra établir les explications suivantes :

- Les raisons du comportement du Sébastien tiennent au fait qu'il veut faire de son mieux pour cet examen.
- Sébastien est quelqu'un qui fait preuve d'une grande réussite scolaire et universitaire.
- Sébastien a pris des stimulants caféinés pour tenir toute la journée.

À présent, on peut également détailler les modalités non intentionnelles des explications causales.

Le caractère non intentionnel renvoie pour Malle (1999, 2004) à des causes qui se situent en dehors de la conscience de l'acteur, des causes auxquelles il n'a pas directement accès. La famille de Sébastien peut très bien exercer une pression importante sur lui sans pour autant qu'il s'en rende compte. Le caractère insidieux de cette pression sociale et non conscientisé a d'ailleurs fait l'objet d'une critique ailleurs par Terry et Hogg (1996) à propos des normes subjectives dans le cadre des théories de l'action raisonnée (Fishbein & Ajzen, 1975) et du comportement planifié (Ajzen, 1991). Pour aller plus loin, Malle nous indique que le choix de telle ou telle modalité dépend de trois facteurs. Ces facteurs renvoient à :

1) l'information dont nous disposons (la connaissance des faits, du contexte, etc.),

2) les caractéristiques du comportement que nous souhaitons expliquer (la difficulté perçue de celui-ci, son caractère intentionnel ou non, etc.),

3) les buts pragmatiques poursuivis (la volonté de se conformer ou de générer une impression particulière vis-à-vis d'autrui par exemple).

Malle ajoute que les gens ne s'arrêtent évidemment pas là. Une fois qu'ils ont décidé que le comportement était intentionnel ou non, ils cherchent par la suite des causes plus spécifiques, plus précises en capacité d'expliquer le comportement.

Comme l'indiquait Heider dès le départ, on ne se livre pas à une recherche attributionnelle tout le temps, des conditions bien précises comme un état d'incertitude lié à une situation ambiguë ou peu familière favorise la mise en route d'une telle recherche de causes. On peut également faire une attribution lorsqu'on nous demande quelle est notre perception des causes à un comportement, une situation qui se déroule, un événement qui se produit. Toutefois, en dehors de cette condition bien précise que nous venons tout juste d'énoncer, un psychologue américain du nom de Weiner précise que trois facteurs entrent en jeu dès lors qu'il s'agit de mettre en route une recherche d'information de manière spontanée, c'est-à-dire sans que l'on ait eu besoin de nous demander de le faire. Revenant à la conception heiderienne princeps, Weiner (1985) affirme que **l'incertitude** est un facteur prépondérant quant au déclenchement de la recherche attributionnelle. La recherche d'information en de telles circonstances permet à l'individu de réduire son état de doute et lui permet de mieux appréhender la situation. Au premier facteur renvoyant à l'incertitude, Weiner, dans la droite ligne des propositions énoncées par Heider, ajoute celui de **l'inattendu**. La recherche attributionnelle intervenant uniquement dans les cas où les événements ne se déroulent pas comme d'habitude, c'est-à-dire lorsqu'ils ne sont pas conformes à ce à quoi on peut s'attendre, l'inattendu constitue un facteur clé dans le déclenchement de la recherche d'information en vue de la formulation d'une explication causale. Enfin, le troisième facteur renvoie à **l'échec**, car il est somme toute plus fréquent de tenter d'expliquer l'échec que la réussite. La recherche attributionnelle est alors déclenchée afin de comprendre ce qui a pu provoquer l'échec et de contrôler, voire d'anticiper les conditions qui l'ont produit dans le but de pouvoir le prédire pour les situations à venir.

1.5. La théorie attributionnelle de la motivation à l'accomplissement de Weiner

Reprenant les concepts de Heider renvoyant au pouvoir, au fait d'essayer, à la difficulté et à la chance, Weiner va s'intéresser aux situations d'échec et de réussite et en proposer une analyse en terme d'attribution causale. Ces quatre facteurs sont considérés comme étant explicatifs et prédictifs du résultat de l'accomplissement de la tâche.

Concrètement, et à la fois en termes d'auto- et d'hétéro-attribution, il s'agit d'examiner comment les individus envisagent leur capacité et celle d'autrui à réaliser la tâche, la quantité d'effort, la difficulté attribuée à la tâche et l'évaluation d'un facteur chance.

Comme on peut le voir dans le cadre de la figure 7, ces quatre facteurs sont répertoriés en fonction de trois directions renvoyant à la stabilité de la cause (qui évalue la perception du caractère permanent ou mouvant de la cause), le lieu de causalité (la cause est envisagée comme étant interne ou externe) et la possibilité de contrôle perçue (la perception du degré de contrôle que l'individu estime avoir sur la cause).

Fig. 7 Possibilités explicatives de l'échec ou de la réussite obtenues par le croisement des quatre facteurs avec les trois directions

	Lieu de causalité	Stabilité	Contrôlabilité
Capacités	Interne	Stable	Incontrôlable
Efforts	Interne	Instable	Contrôlable
Difficulté de la tâche	Externe	Stable	Incontrôlable
Chance	Externe	Instable	Incontrôlable

Les quatre facteurs : « capacités », « efforts », « difficulté » et « chance ».
Les trois directions : « lieu de causalité », « stabilité » et « contrôlabilité ».

Les trois directions présentées dans le cadre de la figure 7 constituent trois dimensions qui ont des répercussions importantes sur le plan psychologique. Par exemple, en cas d'échec, une attribution interne (lieu de causalité) peut affecter l'estime de soi, le sentiment de confiance, l'évaluation de ses compétences. Penser qu'un échec est quelque chose qui se produit fréquemment et se reproduira en d'autres occasions (stabilité) est en capacité de conduire la personne à formuler des doutes quant à ses capacités et cela jouera un rôle important dans ses attentes face à des situations similaires dans le futur.

2. Le *locus of control* (lieu du contrôle)

L'ensemble des modèles que nous venons d'exposer dans le cadre de l'attribution causale sont en lien avec les explications que l'on formule

a posteriori à propos des événements ou des actions réalisées par soi-même ou autrui. Dans le cadre de cette partie, nous allons présenter le *locus of control* (LOC dans la suite du texte) qui renvoie aux attentes en terme de causalité formulées *de facto* ***a priori***, c'est-à-dire en l'absence de la réalisation effective d'un comportement ou de l'occurrence d'un événement particulier.

On doit les premiers travaux sur les travaux sur le LOC à **Rotter** (1966) qui produira d'ailleurs, et nous le verrons plus loin, une échelle de mesure dédiée à la notion.

L'idée du LOC est née de l'observation de patients en psychiatrie, ces patients étaient suivis par Phares, un psychiatre américain. Certains patients de Phares **n'établissaient aucun lien entre leurs comportements et les renforcements positifs ou négatifs qu'ils recevaient**. Ils ne pouvaient donc rien en déduire, ni apprendre de leurs succès ou de leurs échecs. Par exemple, ils ne s'attribuaient ni le manque d'investissement qui présidait à l'obtention d'une mauvaise note à un examen, ni même, le fait qu'ils puissent être des personnes attractives dès lors qu'une personne acceptait un rendez-vous galant. Pour le dire autrement, ils n'établissaient aucun lien entre ce qui leur arrivait et leur personne, établissant systématiquement un lien avec des facteurs extérieurs à leur personne et incontrôlables, comme la chance ou la malchance par exemple.

Le LOC peut être considéré comme une **variable générale de la personnalité**. À ce titre, les chercheurs ont donc cherché à établir des différences entre les individus établissant des liens de cause à effet entre le **renforcement** reçu (échec ou réussite) et certaines caractéristiques de l'individu (p. ex., capacité à travailler de manière soutenue, ou incapacité à travailler régulièrement), et d'autres individus qui au contraire privilégient les facteurs qui échappent à leur contrôle en tant qu'explications (p. ex., le hasard, la malchance, des circonstances peu favorables).

L'étude portant sur le LOC renvoie aux recherches qui se sont intéressées aux anticipations et aux attentes que les individus formulent en ce qui concerne les facteurs qui peuvent déterminer ce qui va leur arriver ou ce qui va arriver aux autres.

On s'en doute, mais c'est bien la perception ou non du renforcement qui compte dans le cadre de l'explication de ce qui nous arrive ou de ce qui arrive aux autres. Pour le dire autrement, si on ne perçoit pas les

Julian Rotter (1916-2014) : psychologue américain qui a exercé dans les universités de l'Iowa et du Connecticut. Julian Rotter a développé la théorie de **l'apprentissage social** et il a été reconnu pour ses travaux portant notamment sur le **locus of control,** travaux qui ont connu un immense succès. Il a été président de la section « Psychologie sociale et psychologie de la personnalité » de la société américaine de psychologie.

Pour Rotter, un **renforcement** renvoie à ce qui a un impact sur la production d'un comportement. Le renforcement peut être entendu comme un facteur qui augmente la probabilité d'émission d'un comportement. Le renforcement peut être positif (p. ex., récompense, compliment) ou négatif (p. ex., punition, critique négative).

renforcements qu'ils soient positifs ou négatifs, on se trouve donc dans l'incapacité de tirer leçon des événements qui se sont produits.

Par exemple, si nous n'établissons pas de lien entre le fait de ne pas être recruté (renforcement négatif) et une mauvaise prestation lors d'un entretien de recrutement (comportement), il sera très compliqué de s'attendre à ne pas être recruté en faisant de preuve de telles prestations dans l'avenir. La perception d'une relation de causalité entre nos comportements et les renforcements subséquents est donc d'une importance capitale. Rotter proposera donc que le contrôle interne-externe du renforcement corresponde à la **représentation que le sujet a du rapport entre sa conduite et le renforcement.**

Tableau 4 Définitions des contrôles interne et externe

Contrôle interne	Contrôle externe
La relation causale est perçue. L'origine du renforcement est attribuée par la personne à ses capacités ou à ses caractéristiques personnelles.	La relation causale n'est pas perçue. L'origine du renforcement est attribuée à des facteurs incontrôlables (hasard, chance).

Il apparaît évident dans les situations que nous venons d'énoncer à titre d'exemples que le LOC n'est pas apte à constituer un facteur explicatif total. D'autres facteurs peuvent intervenir comme : la situation, la valeur du renforcement pour l'individu, l'expérience antérieure…

Dans la mesure où le LOC a été considéré dès le départ comme une variable de la personnalité, en tant que variable, elle peut donc être mesurée. L'idée de mesurer le LOC a donné naissance à une échelle très célèbre créée par Rotter lui-même : l'échelle ROT I-E.

Échelle ROT I-E

Rotter (1966) a créé une échelle permettant de mesurer une anticipation générale de contrôle dans le cadre de situations différentes.

Cette échelle comporte **18 anticipations de renforcements positifs et négatifs**. Toutes les anticipations offrent deux possibilités de positionnement opposées du point de vue de la perception du contrôle. À chaque fois, le participant a le choix entre une option qui traduit une orientation interne (efforts, aptitudes, intentions, ou traits de caractère) et une orientation externe (la chance, le destin, le hasard ou la malchance). Le participant doit donc formuler un choix entre une orientation interne et une orientation externe.

Voici quelques exemples extraits de cette échelle :

Exemple 1 :

- Quand je fais des projets, je suis presque sûr de les mettre en œuvre.
- Il n'est pas toujours prudent de faire des projets trop lointains parce que, de toute façon, beaucoup de choses dépendent de la bonne ou mauvaise chance.

Exemple 2 :

- Dans mon cas, obtenir ce que je veux n'a rien ou presque rien à voir avec la chance.
- Souvent, nous pourrions tout aussi bien prendre une décision en jouant à pile ou face.

Exemple 3 :

- La plupart des gens ne réalisent pas l'importance des événements fortuits qui contrôlent leur vie.
- En réalité, la « chance » n'existe pas.

Exemple 4 :

- Obtenir un succès est le résultat d'un travail assidu ; la chance étant minime ou nulle pour l'obtenir.
- Pour obtenir une bonne situation, il s'agit surtout de se trouver au bon endroit au bon moment.

Exemple 5 :

- Les citoyens moyens peuvent avoir de l'influence sur les décisions gouvernementales.
- Ce monde est dirigé par quelques personnes au pouvoir, ce ne sont pas des « petites gens » qui peuvent faire quelque chose.

Exemple 6 :

- Finalement les gens obtiennent le respect qu'ils méritent.
- Malheureusement, la valeur d'un individu est souvent méconnue malgré ses efforts.

En guise de résumé, voici dans le tableau 5 ci-dessous, les principales différences que l'on peut établir entre attributions causales et locus of control.

Tableau 5 Trois distinctions fondamentales entre attribution causale et Locus of Control

1re distinction	2e distinction	3e distinction
LOC : une anticipation générale, une attente *a priori* indépendante du renforcement obtenu dans une situation précise Attribution : une explication, un jugement porté, une inférence faite *a posteriori* sur un événement bien précis.	Le LOC renvoie à la perception (contrôle interne) *versus* non-perception (contrôle externe) de l'existence d'un lien entre un comportement ou une caractéristique personnelle de l'acteur et un renforcement. Alors que le concept d'attribution renvoie au lieu de causalité. La question est de déterminer si les causes sont perçues comme internes à l'individu (attribution interne) ou extérieures à lui (attribution externe).	Le LOC concerne les renforcements (succès et échec) alors que l'attribution causale renvoie aux comportements ou aux états émotionnels.

3. Les biais attributifs

Après avoir vu les principaux modèles de l'attribution causale et quelques éléments relatifs au locus of control, il est nécessaire de rappeler que la littérature produite dans le cadre des attributions a permis également de mettre en évidence un certain nombre de biais. La liste des biais exposée n'est pas exhaustive et nous renvoyons le lecteur à des ouvrages spécialisés pour approfondir.

3.1. Le biais d'auto-complaisance

Le biais d'auto-complaisance renvoie aux différences d'attributions entre les explications à fournir dans le cadre des événements négatifs et positifs.

Donnons-nous les mêmes explications lorsqu'on réussit un concours de recrutement ou bien lorsqu'on échoue ?

Le biais d'auto-complaisance traduit cette tendance que nous avons à expliquer nos succès au moyen d'explications internes et nos échecs au moyen d'explications externes. Pour le dire autrement, on aurait donc tendance à prendre la **responsabilité** des événements positifs et à attribuer l'issue de ces événements à nos caractéristiques personnelles. En revanche, dans le cas des événements négatifs, on aurait tendance à fournir des explications qui ne renvoient non plus à nos caractéristiques personnelles mais bien à des facteurs qui sont hors de notre contrôle, des facteurs sur lesquels nous n'avons aucune prise et qui nous dégagent de fait de toute responsabilité.

Concrètement la réussite au concours de recrutement nous conduira à mobiliser des explications qui vont dans le sens des efforts que nous avons fournis pour préparer l'entretien, sur notre posture adéquate et sur notre bonne compréhension des attentes de la part du recruteur, voire même sur notre attitude sympathique et notre posture en terme d'ouverture qui a mis l'interlocuteur en confiance relativement à notre candidature.

À l'inverse, lorsque nous ne sommes pas retenus, nous invoquons davantage des explications en lien avec la malchance ou allant dans le sens du fait que de toute façon les jeux étaient déjà faits à l'avance, et/ ou bien que nous avons servi de faire-valoir pour donner l'impression d'un véritable recrutement alors même que le choix était déjà fait avant même que les entretiens ne débutent ou encore que l'interlocuteur était très désagréable, etc.

3.2. Le biais acteur-observateur

Dans le cadre du **biais acteur-observateur**, les travaux de recherche réalisés par Jones et Nisbett (1972) se sont intéressés à la différence entre la manière dont un acteur explique son propre comportement et la manière dont il explique le comportement réalisé par autrui. Il s'agit donc d'un biais qui renvoie **aux différences entre auto-attributions et hétéro-attributions**.

Toutefois, dans le cas des attributions effectuées sur nous-mêmes, nous aurons davantage tendance à nous référer à des aspects situationnels que lorsque nous attribuons des causes au comportement d'autrui.

Par exemple, lorsque nous sommes amenés à réaliser un comportement où nous ne sommes pas à l'aise (p. ex., prendre la parole en public), nous allons avoir tendance à attribuer une mauvaise performance ou une mauvaise prestation à des **facteurs situationnels**. Chose intéressante, lorsqu'il s'agit d'expliquer les mêmes comportements mais cette fois-ci pour autrui, nous aurons tendance à solliciter des explications d'ordre **dispositionnel** (p. ex., ses aptitudes, ses capacités, ses compétences).

Pour le dire autrement, le biais acteur-observateur prévoit dans le cas des auto-attributions des attributions plus situationnelles que dispositionnelles, et il prévoit l'inverse dans le cas des hétéro-attributions.

3.3. Le biais de confirmation d'hypothèses et l'effet Pygmalion

Le biais de confirmation d'hypothèse consiste à privilégier les informations confirmant ses propres idées ou ses hypothèses (sans prêter attention au caractère fondé ou non de ces informations) et/ou à accorder moins de poids aux hypothèses et informations jouant en défaveur de ses idées formulées *a priori*.

Robert Rosenthal (1933-...) : psychologue américain, professeur à l'université de Californie à Riverside et membre de l'Académie des Arts et des Sciences. Robert Rosenthal est connu notamment pour sa célèbre expérience sur l'effet Pygmalion réalisée en collaboration avec Lenore Jacobson.

Afin d'exposer le biais de **confirmation d'hypothèse**, nul ne peut omettre de rapporter l'expérience conduite par **Rosenthal** et Jacobson (1968) à propos de **l'effet Pygmalion**, une expérience particulièrement probante et qui a fait date.

Une première expérience réalisée sur des rats a donné lieu par la suite à une expérience impliquant des élèves d'école primaire.

L'expérience se déroulait comme suit. Les élèves passaient en début d'année scolaire un test d'épanouissement intellectuel (temps 1). À la suite de cette passation, l'institutrice était informée du fait que pour certains élèves, il fallait s'attendre à un épanouissement intellectuel alors que pour d'autres rien n'était dit à ce sujet.

Un deuxième temps de passation eut lieu à la fin de l'année (temps 2). Le même test était donc proposé aux élèves.

Rosenthal et Jacobson (1968) ont ensuite calculé la différence de scores entre le test passé en début d'année (temps 1) et le test passé en fin d'année (temps 2).

Les résultats montrent que pour les élèves à propos desquels on avait informé l'institutrice qu'il fallait s'attendre à un bon épanouissement intellectuel, leurs capacités s'étaient plus développées comparativement aux élèves pour lesquels rien n'avait été dit.

Concrètement, cette expérience permet de mettre en évidence que lorsque l'enseignant pense qu'un élève est plus enclin à s'épanouir intellectuellement, lorsqu'il soupçonne qu'un élève est doué, il se montre plus encourageant que lorsque l'élève se trompe. Il est plus indulgent de manière générale, il l'aide ou bien on lui laisse davantage de temps pour répondre et réfléchir.

3.4. L'erreur fondamentale d'attribution

Ross va avancer l'existence d'une **erreur fondamentale d'attribution**. Cette erreur consiste en une surestimation du poids causal de l'acteur lorsqu'il s'agit de rendre compte de ses conduites, et ce au détriment du rôle du stimulus, des circonstances, de la situation. Autrement dit, on surestime le poids des facteurs internes dans l'explication et on minimise celui des facteurs externes.

En guise d'illustration, rappelons les travaux conduits par Ross, Amabile et Steinmetz (1977).

L'expérience commence par un tirage au sort qui désigne qui sera le questionneur et le questionné.

Le questionneur a pour consigne de formuler 10 questions en direction du questionné. Il a 15 minutes pour poser ces questions.

Le questionneur a donc pour consigne de poser les questions de son choix au questionné en présence d'observateurs (comme un public, en somme). Le rôle du questionneur consiste donc à poser des questions qu'il a choisies, à valider les réponses correctes et corriger les réponses incorrectes en donnant la bonne réponse.

À la suite de cette phase, les observateurs doivent évaluer le niveau de culture générale du questionneur et du questionné. De plus, le questionneur doit s'autoévaluer et évaluer le questionné et il en est de même pour le questionné qui doit lui aussi s'autoévaluer puis évaluer le questionneur. La mesure va de 0 (très faible niveau de culture générale) à 100 (excellent niveau de culture générale).

Les auteurs ont également créé une condition contrôle dans laquelle les questions étaient choisies et imposées par l'expérimentateur.

En dehors de la condition contrôle, les résultats permettent de se rendre compte que les observateurs évaluent la culture générale du questionneur comme étant meilleure que celle que questionné. Les résultats montrent également que les évaluations sont plus positives lorsque les questionneurs s'évaluent eux-mêmes que lorsqu'ils évaluent les questionnés et que les questionnés évaluent leur niveau de culture générale comme étant plus faible que celui des questionneurs.

Dans la condition contrôle les effets que l'on vient de rapporter ne sont pas aussi clairs. En effet, le seul résultat convergent dans cette condition renvoie à l'évaluation plus positive des questionneurs à leur propos comparativement à l'autoévaluation des questionnés.

Ce qui est frappant dans cette expérience, c'est que rien ne permet de s'assurer d'un niveau de culture générale plus important chez le questionneur. À l'évidence, le questionneur a les réponses aux questions qu'il pose lui-même et qu'il a lui-même choisies, il ne fait que valider ou corriger les réponses du questionné en ayant les réponses correctes sous les yeux, il lui suffit donc de lire. En aucun cas, les éléments manipulés dans le cadre de cette expérience permettent de se dire que le questionneur dispose d'un bon niveau de culture générale, aucune évaluation de ce niveau est en effet attestée et présentée au public. Aucun test préalable n'est réalisé également, test permettant aux questionneurs de s'estimer comme étant meilleurs ou moins bons que les questionnés et il en est de même pour les questionnés. Chose également importante à rappeler : le rôle de questionneur et de questionné est tiré au hasard au début de l'expérience !

Pour tenter d'expliquer l'erreur fondamentale d'attribution, on peut avoir recours à **l'heuristique d'ancrage et d'ajustement**. Concrètement, on doit à Gilbert (1989) le modèle des 3 « C ». Ce modèle prévoit un fonctionnement selon trois phases (cf. figure 8) :

Fig. 8 Illustration du modèle des 3 «C» (Gilbert, 1989)

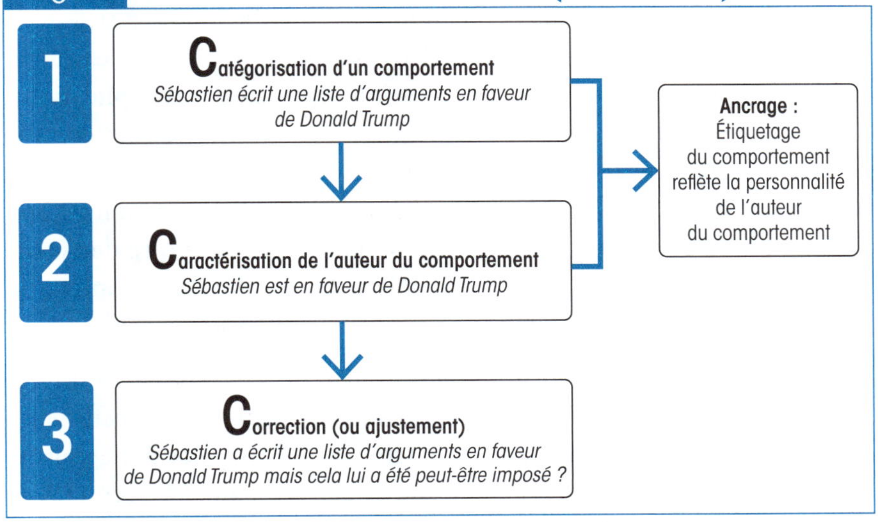

Ce serait donc une correction ou ajustement insuffisant qui provoquerait l'apparition de l'erreur fondamentale d'attribution. On comprend aisément cette carence en matière d'ajustement lors des épisodes de la vie quotidienne. En effet, dans la vie de tous les jours, nous ne disposerions pas de toutes les ressources cognitives suffisantes pour mener à terme la phase de correction. On émet le plus souvent un jugement sur nous ou sur autrui en faisant ou en pensant à d'autres choses, ce qui peut expliquer ce manque de ressources.

4. De l'explication causale à la norme d'internalité

Le travail proposé par Beauvois dès 1984 consiste à opérer un passage entre une **conception en termes d'erreurs et de biais** à une **conception normative**.

En partant de Heider (1946) jusqu'à Ross (1977), on constate que les individus ont une tendance plus marquée pour solliciter davantage les explications internes au détriment des explications externes.

Ces explications internes semblent être plus valorisées socialement. C'est ainsi que lorsqu'on nous demande d'expliquer pourquoi nous avons fait telle ou telle chose, pris telle ou telle décision, pourquoi nous avons échoué à cet examen, nous avons tendance à satisfaire ce qui semble être attendu des autres en matière d'attribution. Toutefois, si les autres semblent être en attente d'une orientation interne de nos explications, c'est qu'au fond ils partagent la valorisation de l'internalité tout comme nous. Ce partage, et ce n'est pas la seule raison, traduit l'existence d'une **norme sociale**. Cette norme tendrait donc à nous dicter ce qu'il est bon de faire ou de dire et ce qu'il n'est pas bon de faire ou de dire dans telle ou telle situation. Elle est donc prescriptive des conduites à adopter afin d'être en phase avec les attentes de notre environnement social.

▶ Voir chapitre 4 sur normes sociales.

D'un point de vue théorique, selon Beauvois et Dubois (1988), on valoriserait socialement davantage les explications internes. Et cette valorisation sociale de l'internalité serait le témoin de l'existence d'une norme sociale. Notons que les travaux conduits par Jellison et Green (1981) donnaient déjà quelques indices, puisque ces auteurs montraient, entre autres, que lorsqu'on nous demande de répondre en donnant une bonne image de nous-même on sollicite davantage les explications internes alors que lorsqu'on nous demande de volontairement donner une mauvaise image de nous-même, on opte plus pour des explications externes. De plus, lorsqu'on doit juger quelqu'un ayant complété l'échelle de locus of control (Rotter, 1966), on valorise davantage une personne ayant donné des réponses internes comparativement à une personne ayant donné des réponses externes. Ces quelques propos renvoient respectivement aux paradigmes de **l'auto-présentation** et au **paradigme des juges** utilisés par Jellison & Green et repris de manière très conséquente par la suite (voir Gilibert & Cambon, 2003 pour une synthèse exposant un troisième paradigme nommé « de l'identification »). Selon Beauvois (1984), c'est le **besoin de contrôle** qui constituerait le fondement de cette norme. En définitive, cela peut se comprendre aisément car en favorisant et surestimant le poids de l'acteur dans le cadre de l'attribution des causes à son comportement, l'individu traduirait le refus d'estimer que ce qu'il fait ou ce qui lui arrive serait dû à des facteurs externes, hors de son contrôle (comme la chance ou le hasard).

▶ Cf. p. 58.

C'est ainsi qu'en érigeant l'internalité au rang de **norme sociale** et ainsi en parlant de la norme d'internalité, les auteurs souhaitent rendre compte du fait que les explications internes, loin d'être possiblement réduites à des biais ou des erreurs d'interprétation, sont en réalité

▶ Voir chapitre 4.

construites socialement. En qualifiant l'internalité en tant que telle, il est alors possible d'entrevoir le fait que ces explications internes sont valorisées socialement. En effet, en conférant le statut de norme à l'internalité Beauvois et Dubois ont dans le même temps doté l'internalité des caractéristiques propres à une norme sociale. C'est ainsi que déroger à une telle norme nous expose à la sanction sociale.

À RETENIR

- Les travaux de **Fritz Heider** (1946) constituent le point de départ de toute une série de travaux autour de l'attribution causale.
- L'attribution causale a été abordée et précisée à partir de **plusieurs modèles théoriques.**
- L'attribution causale repose sur un **processus d'inférence attributive**.
- Le **Locus of control** correspond à une anticipation générale, une attente *a priori* indépendante du renforcement obtenu dans une situation précise alors que l'attribution renvoie à une explication, un jugement porté, une inférence faite *a posteriori* sur un événement bien précis.
- Le **biais d'auto-complaisance** traduit la tendance à expliquer nos succès au moyen d'explications internes et nos échecs au moyen d'explications externes.
- Le **biais acteur-observateur** traduit l'idée selon laquelle dans le cas des attributions effectuées sur nous-mêmes, nous aurons davantage tendance à nous référer à des aspects situationnels que lorsque nous attribuons des causes au comportement d'autrui.
- Le **biais de confirmation d'hypothèse** a été travaillé autour de ce que l'on appelle l'effet Pygmalion.
- L'**erreur fondamentale d'attribution** consiste à surestimer le poids causal des facteurs internes dans l'explication du comportement d'un acteur et à minimiser celui des facteurs externes.
- La **norme d'internalité** rend compte du fait que les explications internes, loin d'être possiblement réduites à des biais ou des erreurs d'interprétation, sont en réalité construites et valorisées socialement.

NOTIONS CLÉS

- **Biais acteur-observateur :** renvoie à la différence entre la manière dont un acteur explique son propre comportement et la manière dont il explique le comportement réalisé par autrui. Dans le cas des attributions effectuées sur nous-mêmes, nous aurons davantage tendance à nous référer à des aspects situationnels que lorsque nous attribuons des causes au comportement d'autrui.
- **Biais d'auto-complaisance :** tendance que nous avons à expliquer nos succès au moyen d'explications internes et nos échecs au moyen d'explications externes.
- **Biais de confirmation d'hypothèse :** consiste à privilégier les informations confirmant ses propres idées ou ses hypothèses (sans prêter attention au caractère fondé ou non de ces informations) et/ou à accorder moins de poids aux hypothèses et informations jouant en défaveur de ses idées formulées *a priori*.

- **Échelle ROT I-E :** échelle proposée par Rotter qui permet de mesurer une anticipation générale de contrôle dans le cadre de situations différentes. Cette échelle comporte 18 anticipations de renforcements positifs et négatifs. Toutes les anticipations offrent deux possibilités de positionnement opposées du point de vue de la perception du contrôle.
- **Erreur fondamentale d'attribution :** consiste en une surestimation du poids causal de l'acteur lorsqu'il s'agit de rendre compte de ses conduites, et ce au détriment du rôle du stimulus, des circonstances, de la situation.
- **Inférence attributive :** l'attribution de cause commence toujours par l'observation d'un comportement. S'enclenche ensuite un processus attributif dont la fonction est d'envisager un ensemble de causes possibles qui sont la plupart du temps non observées et donc inférées.
- **Intention :** cette notion est directement liée à celle de responsabilité et elle est primordiale dans la pensée de Heider pour déduire un poids causal situé au niveau de l'acteur lui-même. Cette intention est elle-même déduite à partir de plusieurs aspects.
- **Locus of control :** proposé par Rotter (1966), cela renvoie aux attentes en terme de causalité formulées *de facto a priori*, c'est-à-dire en l'absence de la réalisation effective d'un comportement ou de l'occurrence d'un événement particulier.
- **Modèle des inférences correspondantes :** ce modèle que l'on doit à Jones et Davis (1965) est centré sur la question des hétéro-attributions. Il pose que c'est partir des effets produits par une action que la satisfaction de plusieurs conditions va permettre d'établir une causalité en lien avec les caractéristiques dispositionnelles de l'acteur.
- **Modèle du cube attributionnel :** ce modèle que l'on doit à Kelley (1967) est capable de rendre compte à la fois des attributions dispositionnelles et des attributions situationnelles. C'est ainsi que ce modèle du cube attributionnel ou appelé également modèle de la covariation implique la prise en compte de trois facteurs dont le croisement permet de définir 8 cas possibles, ces facteurs renvoient à la personne, au stimulus et aux circonstances.
- **Norme d'internalité :** rend compte du fait que les explications internes, loin d'être possiblement réduites à des biais ou des erreurs d'interprétation sont en réalité construites et valorisées socialement.
- **Paradigme action-attribution :** toujours en lien avec le travail de Jones et Davis (1965), ce paradigme consiste à considérer qu'un acte peut avoir plusieurs effets différents mais que plusieurs actes peuvent avoir des effets communs. Pour attribuer l'intention, l'observateur fondera son attribution de cause sur les effets non communs aux actes.
- **Processus d'attribution :** consiste à émettre un jugement, à inférer « quelque chose », une intuition, une qualité, un sentiment sur son état ou sur l'état d'un autre individu à partir d'un objet, d'une disposition spatiale, d'un geste, d'une humeur.

- **Recherche attributionnelle :** renvoie à la recherche des causes possibles. Cette recherche commence par l'observation de ce qui se passe ou de ce qui s'est passé. S'ensuit alors une phase de déduction des facteurs qui ont été présents ou qui ont dû être présents pour que cette action ait pu avoir lieu.
- **Schémas causaux :** on doit les schémas causaux à Kelley (1972). Chaque schéma peut être décrit comme une matrice hypothétique de données qui synthétise les croyances de la personne, ainsi que les attentes sur la façon dont les effets peuvent être déduits de la combinaison de certains facteurs causaux.
- **Théorie attributionnelle de la motivation à l'accomplissement :** théorie formulée par Weiner (1985) dans laquelle quatre facteurs sont considérés comme étant explicatifs et prédictifs du résultat de l'accomplissement de la tâche. Il s'agit d'examiner comment les individus envisagent leur capacité et celle d'autrui à réaliser la tâche, la quantité d'effort, la difficulté attribuée à la tâche et l'évaluation d'un facteur chance.
- **Théorie moderne de l'attribution :** modèle proposé par Malle (1999, 2004) qui va quelque peu à l'encontre des théories classiques portant sur l'attribution en raison selon l'auteur de leur caractère trop cognitif qui confine dans une forme de réductionnisme de l'impact du facteur social. Selon cette perspective, ce modèle propose de dépasser les attributions internes et externes et propose de diviser les comportements en deux catégories portant sur le caractère intentionnel : comportement intentionnel *versus* comportement non intentionnel.

POUR ALLER PLUS LOIN

Beauvois, J.-L. (1984). *La psychologie quotidienne.* Paris : Presses Universitaires de France.

Bègue, L., & Desrichard, O. (2013). *Traité de psychologie sociale.* Bruxelles : De Boeck.

Deschamps, J.-C., & Beauvois, J.-L. (1996). *Des attitudes aux attributions.* Grenoble : Presses Universitaires de Grenoble.

Exercice 1

Parmi les trois propositions suivantes, quelle(s) est (sont) celle(s) qui est (sont) équilibrée(s) du point de vue de la théorie de l'équilibre cognitif ?

1. Marie aime Jean, Jean aime Lucie et Lucie n'aime pas Marie.
2. Sébastien n'aime pas Magali, Magali n'aime pas Eva et Sébastien aime Eva.
3. Matthieu aime Antoine, Antoine aime Grégory et Matthieu aime Grégory.
4. Arthur aime Charlie, Charlie aime Lucile et Arthur aime Lucile.

Exercice 2

Reliez les notions aux auteurs :

1. Heider
2. Kelley
3. Jones et Davis
4. Beauvois
5. Ross
6. Rotter

a. Paradigme action-attribution
b. Le cube attributionnel
c. Les inférences correspondantes
d. La norme d'internalité
e. Les schémas de causalité
f. L'équilibre cognitif
g. Le biais acteur-observateur
h. Le locus of control

© Mediteraneo / Fotolia

Qu'allons-nous étudier dans ce chapitre ?

- Ce chapitre est dédié aux relations interpersonnelles principalement sur les concepts d'attraction, de relations amicales et amoureuses, du partage social des émotions, de l'altruisme, de l'agression et du pouvoir.
- Des recherches expérimentales et corrélationnelles sont présentées pour chacun de ces concepts.

CHAPITRE

3 Les relations interpersonnelles

PLAN DU CHAPITRE

Elaine et Arthur Aron, deux universitaires américains, étudient en 1997 les processus à l'origine de l'intimité entre deux individus. Ils élaborent une liste de 36 questions plutôt personnelles. Ils demandent ensuite aux élèves, en binôme, d'y répondre chacun à leur tour. Tout juste après la passation du questionnaire, deux élèves tombent amoureux l'un de l'autre. En 2015 le New York Times *publiait un article : « Pour tomber amoureux de n'importe qui, faites ceci ». Une enseignante, Mandy Len Catron, dans un article grand public, raconte l'avoir elle-même expérimenté un été avec un inconnu croisé dans une salle de sport… Elle tombe amoureuse de lui, et réciproquement, et depuis ils partagent leur vie. Cette liste de questions est considérée comme une recette pour tomber amoureux… Quelles sont ces questions ? Vous les trouverez à la fin de ce chapitre▸.*

▸ Cf. p. 96.

Essayez de répondre à ces questions en compagnie !

De Vogler-Ebersole et Ebersole (1985) ont mené une série de recherches sur les facettes de l'existence qui lui donnent du sens. Quel que soit l'âge, ce sont systématiquement les relations interpersonnelles qui arrivent très largement en tête…

1. L'attraction

1.1. Comment définir l'attraction ?

L'attraction interpersonnelle peut être définie comme une attitude positive, réciproque ou non, d'une personne à l'égard d'une autre personne. En psychologie sociale, l'attraction interpersonnelle est définie comme un « *processus préférentiel, réciproque ou non, intervenant dans les groupes sociaux avec une intensité et une durée variable selon les individus et les situations* » (Maisonneuve & Lamy, 1993, p. 82). L'attraction pourrait donc être unilatérale à la différence de l'affinité qui implique un attrait mutuel entre les personnes. Michinov (2001) envisage l'attraction comme prenant des formes différentes selon le contexte d'interaction notamment personnelle et sociale. Cet auteur propose de reconsidérer l'attraction interpersonnelle comme un processus d'adaptation sociale.

Un exemple, lors d'une discussion avec des ami(e)s, illustrera cette conception de l'attraction (cf. Michinov, 2001). Imaginons que filles et garçons s'opposent et que deux avis apparaissent : celui des filles et celui des garçons. Dans ce cas, on se situe non plus au niveau interindividuel mais au niveau des relations intergroupes (caractéristiques prototypiques du groupe d'appartenance, c'est-à-dire l'attraction sociale). Les relations peuvent, par conséquent, évoluer en fonction des changements de niveau de catégorisation de soi et des autres. Il est, dès lors, difficile de prédire les relations interpersonnelles dans les groupes. Ainsi « *la dynamique de l'attraction correspond à un processus psychologique et social complexe dans lequel à la fois les données collectives et individuelles sont intriquées* » (Oberlé, 1995, p. 71, cité par Michinov, 2001). L'attraction ne résulte pas des seules propriétés intrinsèques des participants mais est indissociable du contexte social, des rôles et statuts de l'individu (Michinov & Monteil, 2003).

▶ Cf. chapitre 8.

1.2. Qu'est-ce qui provoque l'attraction ?

Sur un plan plus interpersonnel, quelques théories sont susceptibles d'expliquer le comportement d'attraction. Ces théories ont chacune drainé de nombreuses recherches dans le cadre des relations interpersonnelles :

- la **théorie de l'interdépendance** (Thibaut & Kelley, 1959) : les individus définissent leurs relations en fonction de ce que chacun croit pouvoir attende de ses relations. On peut attendre ou pas beaucoup des autres et cela détermine la satisfaction de chacun selon ce qu'il obtient ;
- la **théorie de l'échange social** (Blau, 1964 ; Homans, 1961) : ce que les individus pensent de leurs relations dépend de la perception des récompenses reçues et des coûts engagés. Les individus possèdent

des attentes à la fois sur leurs relations et sur le degré de satisfaction qu'ils en tirent ;

- la **théorie de l'attribution** (Jones & Davis, 1965) : explore, par exemple, la relation entre satisfaction des couples et attribution. Les couples heureux imputent les fautes de leur partenaire à des causes externes, ceux malheureux à des causes internes ou à un agissement délibéré ;
- la **théorie de l'équité** (Walster, Walster, & Berscheid, 1978) : le déterminant le plus important de la satisfaction est le niveau d'équité dans la relation car profiter d'autrui sans contrepartie déclenche un sentiment d'injustice.

La proximité

Belin-Michinov & Monteil (2001) ont montré que le concept de proximité est associé à ceux de familiarité, d'attraction et de similitude.

Historiquement, on doit à Festinger, Schachter & Back (1950) d'avoir, les premiers, étudier le concept de proximité (« *Westwood West Study* »). Ces auteurs distinguent la **proximité physique** de la **proximité fonctionnelle** :

- la première renvoie à la distance physique ou géographique,
- la seconde à la probabilité de se contacter en fonction de la configuration de l'espace ou de l'environnement.

Les auteurs montrent que la formation de liens et contacts dépend de ces deux formes de proximité mais surtout de la proximité fonctionnelle. Se croiser en prenant les mêmes escaliers, fréquenter des lieux partagés, augmentent des contacts plus approfondis et, au-delà, la possibilité de se faire des ami(e)s (cf. Fisher-Lokou, 2014, p. 30).

De plus, la **théorie de la simple exposition** (Zajonc, 1968) montre que nous apprécions davantage les individus auxquels nous sommes plus fréquemment exposés. Il se peut, par conséquent, que certains individus soient plus attirés par ceux souvent rencontrés. Dans ce sens, la littérature sur l'attraction interpersonnelle a montré que la ressemblance entre les personnes conduisait à de l'attraction. En se rencontrant souvent, les individus s'aperçoivent de leurs ressemblances physiques, voire psychologiques, et leurs affinités communes contribuent à accentuer cette proximité.

■ La similarité

Il existe deux types de similarité, causes puissantes d'attraction et de sympathie :

- d'une part, la **similarité de groupe** se caractérisant par des données sociodémographiques similaires : âge, sexe, couleur de peau ;
- d'autre part, la **similarité attitudinelle** ayant trait aux valeurs et opinions communément partagées. Selon Byrne (1971), l'attractivité à l'égard d'une personne est positivement liée à la proportion d'attitudes similaires qu'on partage avec elle. Cette similitude d'attitudes représenterait, pour les individus, une source d'équilibre. Ce modèle se fonde sur une conception néo-behavioriste selon laquelle l'attractivité est le résultat d'un renforcement positif émanant de la similitude.

Similitude et persuasion

Diverses études ont testé l'effet de similarité sur la persuasion.

Étude de Brock (1965)

Ainsi, dans une recherche de Brock, un vendeur (en fait l'expérimentateur) tentait de persuader des clients potentiels d'acheter des pots de peinture. Dans la condition de similarité, le vendeur avouait connaître peu la peinture mais disait l'avoir acquis récemment pour les mêmes travaux que ceux prévus par le client. Dans la condition de non-similarité, le vendeur se disait expert en peinture et en avoir acheté beaucoup par le passé. Les résultats montrent que les clients achètent plus la marque de peinture recommandée lorsque le vendeur se déclare similaire au client (64 %) que lorsqu'il déclare sa différence (39 %).

Étude de Cantor, Alfonso, et Zillman (1976)

Cantor, Alfonso et Zillman donnaient à leurs étudiantes un message en faveur de la contraception. Pour certaines étudiantes, le message émanait d'une collègue du même âge (forte similarité), pour d'autres, d'une femme de trente-neuf ans (faible similarité). Au final, les étudiantes exposées au message émanant de la source fortement similaire se déclarent plus en faveur de la contraception que celles exposées au message émanant d'une source faiblement similaire.

Par ailleurs, de nombreux travaux montrent qu'une personne imitant nos comportements verbaux ou non verbaux est évaluée similaire, plus positivement et influente. L'**imitation** faciliterait les relations interpersonnelles entre personnes ne se connaissant pas ou désireuses de renforcer leurs liens. Une similarité fortuite (par exemple : même date d'anniversaire, même prénom, voire mêmes empreintes digitales) entre deux personnes peut même induire plus d'imitation du comportement non verbal. Pour Lakin et collaborateurs, l'imitation servirait véritablement de « *glue sociale* » en liant et soudant les individus entre eux (Chartrand & Lakin, 2013 ; Lakin, Jefferis, Cheng, & Chartrand, 2013).

L'attractivité physique

Une personne ou source séduisante pèsera-t-elle plus dans la balance qu'une source moins séduisante ? Tout porte à croire que oui. Les exemples, sur ce point, sont particulièrement nombreux.

L'impact de l'attractivité physique sur les jugements et les comportements

Certains chroniqueurs donnent pour exemple les débats télévisés de la campagne présidentielle américaine. Le 21 octobre 1960 passe à la télévision américaine le dernier des quatre débats télévisés opposant Kennedy à Nixon dans la course à la Maison-Blanche. L'institut de sondage Gallup les donne à égalité : 49,9 % d'intention de vote pour chacun. Ce débat va décider du scrutin. Au final, Kennedy gagne l'élection avec 118 000 voix d'avance sur Nixon. De l'avis des analystes, c'est la prestation des candidats, plus que leurs discours, qui a été déterminante. Nixon est apparu épuisé par une longue campagne électorale, pas vraiment sûr de ses réponses, contraint de justifier les actes de sa vice-présidence et surtout ne possédant pas autant d'attrait ou de séduction que Kennedy. Autant de faiblesses qui peuvent expliquer son manque de persuasion. Le débat politique n'est pas un concours de beauté, mais l'attrait exercé par Kennedy sur les téléspectateurs contribua à sa victoire.

Dans un contexte expérimental, Landy et Sigall (1974) donnaient à leurs étudiants, de l'Université de Rochester, un texte soi-disant écrit par une étudiante de l'Université d'Ohio, Marylin Thomas. Ils avaient pour tâche d'évaluer la qualité du texte et la capacité d'écriture de Marylin. Par le biais d'une photographie attachée au texte, un tiers des étudiants était amené à croire que Marylin était physiquement attrayante, l'autre tiers qu'elle ne l'était pas, le dernier tiers ne recevant pas de photo. La moitié des étudiants lisait une version du texte de Marilyn bien écrite, l'autre moitié une version mal écrite. Les résultats montrent que les étudiants ont évalué le travail le plus favorablement lorsque Marilyn est apparue physiquement attrayante. De plus, l'impact de l'attrait sur l'évaluation du travail est nettement plus prononcé lorsque la qualité du travail est relativement pauvre.

2. Les relations amicales et amoureuses

La contribution psychosociale est indispensable à l'étude de formes finalement plus intimes de l'attraction interpersonnelle comme, par exemple, les relations amicales ou amoureuses. Les relations intimes constituent un domaine très important en psychologie sociale que ce chapitre ne saurait résumer (par exemple : Erber & Erber, 2017 ; Fletcher, Simpson, Campbell, & Overall, 2013 ; Maisonneuve & Lamy, 1993). Le lecteur intéressé peut prendre connaissance, en français, des ouvrages de Guéguen (2014), Lamy (2007, 2008, 2012), Maisonneuve et Lamy (1993) sur le thème de la psychologie de l'amitié et de l'amour.

2.1. Les relations amicales

Selon Goffman (1952), les individus partageant des attributs sociaux (par exemple : apparence physique) similaires s'engageraient dans une relation amicale plus durable. Pour Maisonneuve (1966), l'attrait amical ou amoureux s'accompagne de trois processus cognitifs :

- l'**idéalisation**,
- la **présomption de réciprocité**,
- la **présomption de similitude**.

Ces processus teintent la perception de l'autre : idéalisation de la personne aimée, conviction que la personne aimée aime en retour, persuadée que cette personne partage nos goûts, opinions, valeurs.

Pour Fawcett et Markson (2010), la similarité produit une attraction entre les individus lorsqu'elle repose sur une caractéristique de catégorie superficielle (par exemple : goûts musicaux, préférences alimentaires) mais est à l'origine d'une amitié durable lorsqu'elle repose sur une catégorie plus profonde (par exemple : événements de vie). Par ailleurs, les relations interpersonnelles font de plus en plus souvent l'objet d'une médiation lorsque la communication a lieu sur des réseaux sociaux, de rencontre en ligne, SMS ou n'importe quel autre type de communication (Okdie & Ewoldsen, 2018 ; Trepte, Masur, & Scharkow, 2018).

Selon Rubin (1973), l'amitié est composée d'une perception de l'autre comme similaire à soi ou partageant plusieurs ressemblances. Holt-Lunstad, Smith et Layton (2010), puis Adams, Santo et Bukowski (2011), par exemple, ont montré que le fait d'avoir un réseau social faible ou insatisfaisant peut conduire l'individu à ressentir davantage d'émotions négatives et être plus vulnérable aux maladies. Ainsi, ces derniers auteurs montrent que la présence d'un(e) meilleur(e) ami(e) sert à se protéger d'événements ressentis comme négatifs ayant un impact la fois sur sa santé mentale (son Soi) et sur la sécrétion de cortisol (hormone du stress). Il semble que la profondeur, la qualité de la relation ainsi que la présence d'échanges intimes au sein des relations amicales soient parmi les meilleurs facteurs de protection contre le sentiment de solitude et d'isolement (Rubin, 1973). Inversement, de mauvaises relations, la déviance, l'exclusion, sont susceptibles d'engendrer du stress et/ou certaines maladies, voire même l'activation de régions du cerveau impliquées dans la douleur physique. En somme, l'amitié contribuerait à la bonne santé physique et psychologique des individus.

2.2. Les relations romantiques et amoureuses

Les relations amoureuses font partie intégrante de nos vies. Il existerait deux sortes d'amour : le compatissant (sentiments d'intimité qui ne s'accompagnent pas d'un désir intense et de l'excitation), le passionné (sentiments d'intimité qui s'accompagnent d'un désir et d'une excitation intense).

La **théorie triangulaire de l'amour** est une théorie de l'amour développée par **Sternberg** (1986). Cette théorie repose sur trois dimensions :

- l'intimité : composante émotionnelle et affective de l'amour. Elle concerne les sentiments de proximité, d'attachement et peut s'exprimer par le besoin de la présence de l'autre ;

– la passion : composante motivationnelle de l'amour attirance. Elle conduit à l'état amoureux et à l'attirance physique. La passion implique un fort niveau d'excitation physiologique ;
– la décision/engagement : composante cognitive de l'amour qui peut s'exprimer sur le court terme (décision d'aimer quelqu'un) et le long terme (décision de maintenir cet amour).

Sternberg parle d'amour achevé lorsque ces trois composantes sont présentes à un niveau d'intensité suffisant.

La **théorie d'Averill** (1985) propose plutôt **l'amour comme une construction sociale** dépendante de l'ambiance ou des paradigmes socioculturels dominants (Averill, 1984 ; Averill & Boothroyd, 1977). Averill distingue quatre composantes dans l'expérience de l'amour romantique idéal. L'organisation de ces composantes en un ensemble cohérent est déterminée par les paradigmes socioculturels :

– l'idéalisation de l'être aimé,
– le caractère soudain et imprévu du commencement,
– l'excitation physiologique,
– l'obligation envers l'être aimé, la volonté de faire des sacrifices pour lui.

Ainsi, du point de vue psychosocial, les situations conduisant à l'amour sont basées sur un schéma culturel, acquis par l'intermédiaire de la socialisation et éminemment scénarisées. Le vécu émotionnel serait irrémédiablement imbriqué dans le social (Apostolidis, 2019). Par exemple, le potentiel amoureux d'un couple au fil du temps serait aussi déterminé, évalué, voire anticipé par les individus comme fonction de la combinaison d'un certain nombre de paramètres socialement marqués (Apostolidis & Deschamps, 2003) :

– la typologie du partenaire (avec qui ?),
– le lieu de rencontre (où la rencontre a-t-elle été faite ?),
– les modalités de la relation (comment la rencontre s'est-elle faite ?).

Les réponses données sont interprétées selon un filtre de conformité à la culture d'appartenance. On montre aussi la normativité de l'amour, la valorisation sociale de l'amour et ses variations dans des conditions socialement normées (Cannas, Jaubert, Fonte, Graziani, Bisiacchi, & Apostolidis, en cours).

L'amour comme cause : un renversement de perspective : deux expérimentations

Dans une nouvelle approche de l'amour, **Lamy** (2010) présente une série d'études en opérant un renversement de perspective. Cet auteur considère l'amour comme une **variable indépendante** (une **cause**) et non plus seulement comme une variable dépendante (une conséquence, une mesure) comme dans les recherches passées. Ainsi, expérimenter sur l'amour devient-il possible en focalisant l'analyse sur les conséquences de l'amour et non plus sur ses causes.

1. L'auteur induisait sémantiquement l'idée de l'amour pour faciliter l'expression de comportements prosociaux :

- dans une condition, un passant était sollicité pour répondre à quelques questions pour la revue *Amours et sentiments* : on lui proposait de se souvenir d'une histoire d'amour qui avait beaucoup compté pour lui ;
- dans une autre condition, un passant était sollicité pour répondre pareillement à quelques questions mais cette fois pour la revue *Vingt-et-unième siècle* en lui proposant de se souvenir d'une musique qui avait beaucoup compté pour lui.

Après avoir noté les réponses, l'expérimentateur remerciait le passant. Cinquante mètres plus loin, le passant était à nouveau sollicité par un second expérimentateur lui demandant un peu d'argent pour prendre le bus. Comme attendu, les passants s'étant remémoré une histoire d'amour donnent en plus grand nombre (31 %) que ceux s'étant remémoré une musique (17 %). Par ailleurs, les hommes sont plus nombreux à faire des dons s'ils sont sollicités par des expérimentateurs femmes. Ainsi, une norme de genre s'intègre conditionnant les hommes au registre de l'aide « chevaleresque » lorsqu'ils sont induits par l'amour. L'induction de l'amour peut prédisposer à une conduite d'aide mais elle n'échappe pas aux schémas sociaux orientant son expression.

2. Dans une autre expérience, Lamy (2010) induisait sémantiquement l'amour mais pour une aide coûteuse. Les passants étaient arrêtés dans la rue par l'expérimentatrice qui leur demandait :

- dans une première condition où se trouvait la rue « Saint-Martin » (aucune induction d'amour),

– dans une deuxième condition où se trouvait la rue « Saint-Valentin » (induction de l'amour).

Dans les deux cas, il s'agissait de rues au nom fictif. Une fois la réponse donnée, l'expérimentateur remerciait la passante. Une cinquantaine de mètres plus loin, le passant était à nouveau arrêté : une seconde expérimentatrice lui demandait de l'aide pour récupérer un téléphone portable soit disant dérobé par un groupe d'individus se tenant proche. Comme attendu, les passants à qui la rue Saint-Valentin a été demandée se portent volontaires en plus grand nombre pour aider la jeune femme (36,7 %) que ceux à qui la rue Saint-Martin a été demandée (20 %).

Ainsi, l'amour semble-t-il plus propice à des comportements d'entraide indépendamment d'un contexte romantique puisque le mot amour, dans cette dernière expérience, n'est pas prononcé.

3. Émotions et relations sociales

3.1. Émotions et partage social des émotions : effets interpersonnels et collectifs

Les émotions sont essentielles à la vie individuelle ou en groupe. On imite souvent le comportement expressif et les émotions d'autrui. Ce processus d'imitation émotionnelle permet notamment aux individus de se rapprocher les uns des autres. Ainsi, Schachter (1959, p. 25-41), dans une **psychologie de l'affiliation** ou besoin exprimé de la présence des autres, a-t-il montré que toute réaction forte d'anxiété ou de peur conduit les individus à vouloir s'affilier avec les autres, avec leurs compagnons d'infortune placés dans la même situation qu'eux, dans le but de diminuer leur état d'activation émotionnelle. Ainsi, l'anxiété constitue-t-elle une forte motivation à l'agrégation et affiliation afin, notamment, d'y partager ses émotions.

Rimé (1989) a proposé le terme de **partage social de l'émotion** pour désigner l'évocation de l'épisode émotionnel dans un langage socialement partagé (par exemple : communications verbales, lettres) impliquant, au moins, la présence d'un destinataire. Les individus recherchent des opportunités de partage, avec les membres de leur environnement, de leurs sentiments et sensations à propos de situations stressantes ou pas.

Les individus partagent socialement leur émotion : dans 100 % des cas, ils éprouvent le besoin d'en parler ; dans 80 à 95 % des cas, ils en parlent effectivement à leurs proches dans les heures et jours qui suivent. Le partage social des émotions est bénéfique car il permet de réactiver des émotions positives et, au-delà, le lien social. Si les couples, amis et collègues livrent facilement leurs émotions alors on s'attend à une consolidation des liens, une proximité, une bonne relation, voire une intimité.

Fig. 1 La dynamique sociale du partage social des émotions

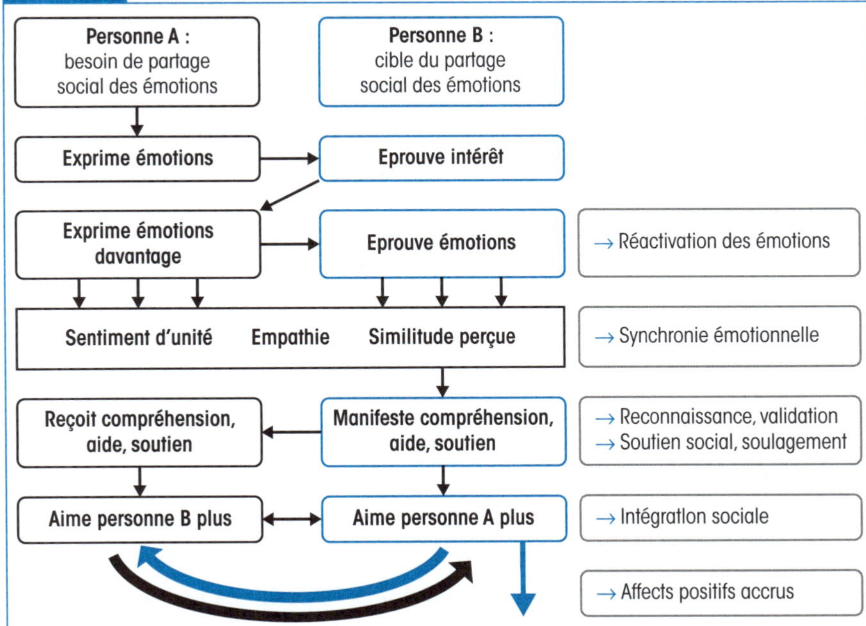

D'après Rimé (2019).

Les émotions se partagent aussi dans les grands groupes. Quelques caractéristiques sont communes à tous rassemblements émotionnels : une convergence vers un lieu spécial à un moment spécial, des préoccupations et objectifs partagés, des réactions émotionnelles et cognitives semblables aux symboles sociaux déployés (par exemple : drapeaux, emblèmes, leaders ; icônes), une focalisation commune sur le foyer de l'événement (par exemple : podium, scène, autel, orateur), une synchronie comportementale (par exemple : gestes, mouvements partagés, bouger ensemble, marcher ensemble) et sa manifestation expressive, par exemple : chanter, crier, prononcer des mots, des phrases, écouter de la musique, coopérer, danser (Haag, 2019 ; Hove & Risen, 2009 ; Renning & Goritz, 2016 ; Wiltermuth & Heath, 2009).

Certaines études montrent que l'on peut induire facilement de la **synchronisation sociale** : marcher au pas autour du campus (groupes de 3), se balancer en rythme avec un rocking-chair, faire de la musique ou danser en synchronie, tenir une conversation ou imiter quelqu'un.

Fig. 2 Effets du partage social des émotions

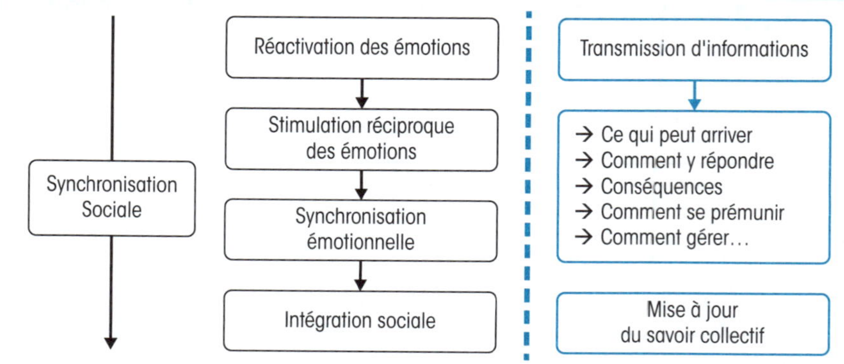

D'après Rimé (2019).

Les effets de la synchronisation sont nombreux et bénéfiques : affects positifs, détente, calme, bien-être, confiance, force, ouverture au monde et perméabilité, ouverture aux autres et intégration sociale. La **contagion émotionnelle** consiste à aligner d'une manière consciente ou inconsciente ses propres émotions à celles exprimées par les individus autour de nous. Cette contagion peut être à l'origine de la conformité (Shama-Tsoory, Saporta, Marton-Alper, & Gvirts, 2019). La contagion peut se produire avec tous types d'émotions (par exemple : tristesse, félicité), pendant les interactions sociales, sur les réseaux sociaux virtuels ou même en simple coprésence.

Par ailleurs, les réunions ou rassemblements collectifs conduisent les participants à une effervescence collective dans laquelle ils expérimentent un sens de l'union avec les autres. Páez et Rimé (2014), puis Páez, Rimé, Basabe, Wlodarczyk, & Zumeta (2015) montrent que les rassemblements renforcent l'identité collective, la fusion identitaire, et l'intégration sociale mais aussi une augmentation de l'estime de soi personnelle et collective, les croyances et affects positifs parmi les participants.

Dans un rassemblement collectif, les participants convergent d'abord vers un lieu à un moment précis partageant les mêmes préoccupations et objectifs. Sur ce lieu, ils partagent des pensées, émotions, comportements similaires et attendus lorsque exposés aux symboles du groupe (*e.g.*, drapeaux, emblèmes, leaders) et focalisent leur attention sur un même objet (*e.g.*, l'orateur, la scène, l'écran, l'autel). Les participants adoptent des comportements synchronisés (*e.g.*, gestes partagés, mouvements partagés, déplacement ou marche ensemble) accompagnés de manifestations expressives coordonnées (*e.g.*, chanter, crier, parler, faire de la musique, danser, etc.). L'activité mentale, vocale et physique de chaque participant est alors en harmonie avec celle du groupe (Paez *et al.*, 2015). Bouchat *et al.* (2020) ont documenté les conséquences psychosociales à court et long terme de la participation à un rassemblement de scouts. Les résultats montrent, auprès des scouts, une augmentation du niveau d'intégration sociale, du bien-être individuel et social après participation aux activités du groupe. La synchronisation émotionnelle perçue pendant le rassemblement était associée à une fusion identitaire, à de la fierté, à l'estime de soi et à l'adhésion aux valeurs du scoutisme. Ces effets perdurent jusqu'à dix semaines.

Da Costa *et al.* (2023) ont montré que la participation à des mouvements sociaux et actions collectives provoque des émotions positives, une saillance de l'identité sociale, le développement de relations sociales, mais aussi des effets négatifs lors d'échecs comme la dépression, le stress, ou encore l'épuisement professionnel (cf. « *l'effervescence collective* » ; Pizarro *et al.*, 2022). D'autres recherches montrent le rôle des émotions collectives sur le groupe. Ainsi Tausch *et al.* (2011) ont montré, au sein d'un rassemblement, que si un sentiment de colère, éprouvé suite à une injustice, conduit à des manifestations plutôt pacifiques et à la recherche de conciliation, un sentiment de mépris éprouvé par ces mêmes participants conduit davantage à des actions radicales et violentes (cf. Becker & Tausch, 2015).

Fig. 3 Effets psychologiques d'une participation à un rassemblement ou réunion

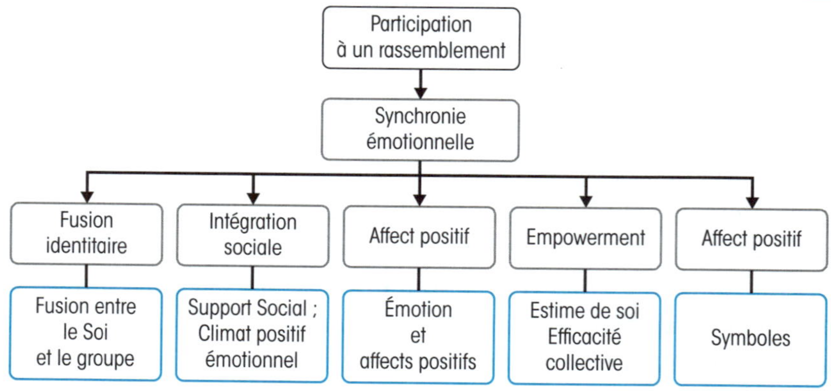

Selon Páez *et al.* (2015).

Le partage social offre aussi la possibilité de développer une connaissance sociale à propos des émotions. Dans cette veine, les travaux de Pyszczynski, Solomon, et Greenberg (2003) sur la **théorie de la gestion de la terreur** (*Terror management theory*) montrent que lorsqu'on rappelle aux individus leur statut d'être mortel, à propos d'un événement médiatique émotionnel et violent (par exemple : les attaques terroristes du 11 septembre 2001), ils se mettent à partager les mêmes visions culturelles et sociales du monde. La validation de ces visions est maintenue par le consensus social prenant la forme de rituels sociaux (par exemple : communications, cérémonies anniversaires).

Partage social des émotions : le 11 septembre 2001

Dans ce sens, Courbet et Fourquet-Courbet (2003) questionnent le rôle des interactions sociales dans la gestion individuelle et immédiate des émotions liées à la vision d'images violentes et/ou effrayantes. Ces auteurs ont analysé les réactions immédiates de cinquante participants français au cours des quinze premières minutes, faisant suite à la vision des images de l'attentat contre les tours du *World Trade Center*, le 11 septembre 2001. Réalisée deux mois après les faits, l'étude enregistre les souvenirs de l'événement à partir d'entretiens. Les individus sont passés par trois phases distinctes :

- lors des premières minutes (première phase) : apparition de réactions émotionnelles négatives et une première construction de représentations de l'événement ;
- trois minutes après (deuxième phase) : échange émotionnel entre individus (satisfaction à apprendre la catastrophe à l'un de ses proches), partage social des émotions individuelles dans le social (besoin de parler) grâce à une activation des réseaux de communication ;
- sept à huit minutes après (troisième phase) : réévaluation de la dangerosité de l'événement. Cette phase s'articule aussi autour de réactions affectives (par exemple : apaisement, empathie, tristesse pour les Américains concernés) et cognitives (par exemple : enrichissement des représentations de l'attentat, forte dépendance médiatique de l'individu).

Ainsi les réactions cognitives, sociales et émotionnelles seraient-elles médiatisées, notamment par les réactions de l'environnement social de l'individu.

Les émotions permettent aussi de délimiter les limites d'un groupe. Par exemple, les membres d'un groupe ont tendance à infra-humaniser les émotions des membres d'un groupe auxquels ils n'appartiennent pas : ils attribuent des émotions basiques comme la colère à l'exogroupe mais, dans le même temps, sont certains que ces mêmes membres sont incapables d'exprimer des émotions plus complexes comme la gêne, la honte (Leyens, 2015).

3.2. Les émotions numériques

Les émotions numériques (ou « digital émotions ») et leur contagion renvoient aux émotions transmises et régulées par l'intermédiaire des médias sociaux (*e.g.*, Courbet *et al.*, 2015). Garcia et Rimé (2019) ont étudié les traces numériques laissées par 62 114 utilisateurs de X (anciennement Twitter) après communication sur les attentats de Paris en novembre 2015. Ces auteurs ont montré que la participation à des échanges émotionnels sur X, après les attentats, a conduit à des effets prosociaux similaires à ceux des rassemblements collectifs. On constate, sur X, une réponse émotionnelle collective négative suivie d'une augmentation à long terme de l'utilisation d'indicateurs lexicaux liés à la solidarité. Selon Garcia et Rimé (2019), les émotions collectives après une catastrophe sont associées à une plus grande solidarité, révélant ainsi la résilience sociale d'une communauté. Dans le même sens, Metzler *et al.* (2022) ont analysé pendant 5 semaines les traces numériques des expressions émotionnelles liées aux épidémies de Covid-19 dans les tweets de 18 pays et dans six langues différentes. Ces auteurs observent une forte augmentation des termes liés à l'anxiété dans l'ensemble de ces pays, due à l'augmentation du nombre de cas et à la sévérité des mesures de protection mises en place. L'expression de l'anxiété s'est progressivement amoindrie pour laisser place aux termes relatifs à la tristesse.

4. Comportement prosociaux : le cas de l'altruisme

4.1. Comportements prosociaux et indices de proximité

Pour Dovidio, Piliavin, Schroeder, & Penner (2006), « le comportement prosocial comprend une large catégorie d'actions que l'on peut définir comme généralement bénéficiaires aux autres personnes et au fonctionnement du système en général » (p. 21). Au sein de cette catégorie d'actions, se situent des comportements comme l'aide, la consolation, l'encouragement, le souhait de rassurer, l'altruisme, la coopération (Penner, Dovidio, Piliavin, & Schroeder, 2005).

Dovidio *et al.* (2006, cité par Fisher-Lokou, 2014) proposent un **modèle des comportements prosociaux** : la volonté de porter assistance vient de l'**empathie** ou d'une **demande d'aide**. Cette volonté de porter assistance est ensuite amplifiée ou filtrée par les motivations associées, par exemple, aux normes de réciprocité. On observe ensuite que l'impulsion à la conduite d'aide est modulée ou filtrée par la situation, les différences individuelles, les humeurs, l'attention, les normes sociales, les valeurs personnelles, l'évaluation des coûts et des bénéfices potentiels de l'action.

Fisher-Lokou (2014) propose un complément au modèle de Dovidio *et al.* (2006) sur les comportements prosociaux en considérant les « indices de proximité » ou facteurs associés à la proximité (similarité, attraction…) comme déclencheurs conscients ou automatiques de ces comportements (figure 4). Un **« indice de proximité »** concerne l'ensemble des éléments ayant trait à cette sensation de proximité, c'est-à-dire au fait de se sentir proche d'un individu ou d'un groupe.

Fig. 4 Indices de proximité et conduites prosociales

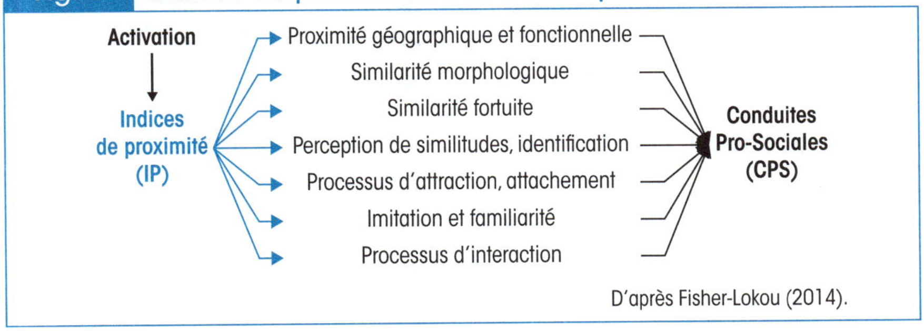

4.2. L'altruisme

Le véritable altruisme existe-t-il ? Les travaux de Batson ont permis de répondre affirmativement à cette question. Selon Batson et Shaw (1991), l'altruisme est « *un état motivationnel ayant le but ultime d'accroître le bien-être de quelqu'un d'autre* » (p. 108-110). Cet auteur a montré, dans de nombreux travaux, l'importance de motivations altruistes basées sur l'empathie. La perception du besoin d'autrui suscite une réponse émotionnelle empathique, puis cette réponse entraîne une motivation altruiste visant à réduire le problème de l'autre personne. Cette motivation altruiste se traduit par une aide visant l'efficacité (Batson, 2012).

Toutefois… Faites l'expérience : lors d'une promenade dans une rue fréquentée, laissez-vous tomber et allongez-vous sur le sol. Observez le comportement des passants… est-ce que quelqu'un va se porter à votre secours ?

Latané et Darley (1970) ont réalisé et publié une série d'études expérimentale dans un ouvrage classique : *The Unresponsive Bystander: Why doesn't he help ?*. Ils sont les premiers à montrer **l'effet spectateur** ou **l'effet témoin** : plus le nombre d'individus est important moins les chances de secours sont importantes. L'effet spectateur est la conséquence d'une **dissolution de la responsabilité individuelle dans le groupe**. Si nous savons que d'autres individus sont témoins d'un événement dramatique alors nous pensons qu'un autre interviendra à notre place (Schwartz & Gottlieb, 1976). L'effet spectateur est d'autant plus fort que les témoins sont nombreux. Nous évoquons ci-dessous deux expérimentations sur l'effet spectateur (cf. aussi Chekroun, 2008).

Deux expériences de Latané et Darley (1970) sur l'effet spectateur

Expérience « *Where there's smoke, there's (sometimes) fire* »

Dans cette expérience (Latané et Darley, 1970, p. 44, expérience 6), un étudiant remplit, dans une salle, un questionnaire sur le thème de la vie urbaine. La salle disposait d'une bouche d'aération bien visible. Pendant que l'étudiant remplissait le questionnaire, sortait de la bouche d'aération une fumée noire faisant penser à un incendie. Dans une première situation, l'étudiant se trouvait seul dans la salle ; dans une deuxième situation se trouvaient l'étudiant et deux autres personnes, en fait des compères ayant reçu la consigne de ne pas bouger pour signaler la fumée ; dans une troisième situation, l'étudiant était accompagné de deux autres personnes naïves comme lui. Comme attendu :

- 75 % des étudiants attendant seuls dans la salle interviennent pour signaler la fumée,
- 10 % lorsqu'ils sont accompagnés des deux compères ayant reçu l'ordre de ne pas bouger,
- 38 % lorsqu'ils sont trois naïfs.

Ces résultats illustrent l'effet spectateur et la diffusion de responsabilité : plus les individus sont nombreux, moins il y a de chances pour que le signalement de la fumée se produise.

Expérience « *A fit to be tried* »

Dans cette autre expérience (Latané et Darley, 1970, p. 94, expérience 11), des étudiants étaient réunis pour parler de leurs problèmes personnels à l'université. Ils étaient placés dans des box individuels liés entre eux par des interphones. Les étudiants pouvaient, par conséquent, s'entendre mais ne pas se voir. Chacun prenait la parole à son tour et exposait les problèmes rencontrés à l'université :

- dans une première situation, l'étudiant naïf et un étudiant complice s'installaient dans les deux box ; l'étudiant complice avait un rôle de victime : mimer une crise d'épilepsie une fois installé dans le box ;

- dans une deuxième condition, trois étudiants prenaient place : l'étudiant naïf et deux étudiants complices dont l'étudiant victime et un ayant reçu l'ordre de ne pas bouger quoi qu'il arrive ;
- dans une troisième condition, six étudiants prenaient place : l'étudiant naïf et cinq étudiants complices dont l'étudiant victime et quatre ayant reçu l'ordre de ne pas bouger quoi qu'il arrive.

Le premier tour de parole débute et chacun expose ses problèmes. Lors de sa prise de parole, le complice-victime avoue, via interphone, être sujet à des crises d'épilepsie. Au deuxième tour de parole, le discours du compère épileptique devient de plus en plus saccadé : il balbutie, bégaie, il signale à tous qu'il a une crise et appelle à l'aide.

Comment va réagir l'étudiant naïf : va-t-il porter secours ou pas ?

- Lorsque ce dernier est seul avec le complice-victime : 85 % interviennent pour lui porter de l'aide dans un temps moyen de 52 secondes.
- Lorsqu'il sait qu'il y a un autre participant susceptible de venir en aide, mais dont il ne connaît pas la réaction, 62 % interviennent dans un temps moyen de 93 secondes.
- Lorsqu'ils sont supposément quatre étudiants à pouvoir intervenir, on observe plus que 31 % d'intervention chez les étudiants naïfs dans un temps moyen de 166 secondes.

Ainsi, la présence des autres inhibe-t-elle l'action. Plus le nombre de participants présents est important, moins on agit. Comme tout le monde fait la même chose, chacun déduit de l'inaction générale qu'une aide n'est pas nécessaire. Se produit ensuite un effet de diffusion de la responsabilité : les témoins supposent tous que quelqu'un d'autre va agir, par exemple quelqu'un de plus qualifié, et leur responsabilité s'atténue proportionnellement au nombre de personnes présentes (Latané & Darley, 1976 ; Latané & Nida, 1981).

Conclusion : si un jour vous avez vraiment besoin d'aide au milieu d'une foule, ne criez pas : « *Au secours !* ». Choisissez plutôt, si cela vous est possible, une personne en la pointant du doigt et demandez-lui directement de vous venir en aide. Vous empêcherez ainsi la responsabilité de se diffuser.

Le modèle cognitif de Latané et Darley (1970) propose que l'aide ou le secours apporté dépendent de plusieurs décisions préalables (figure 5).

Fig. 5 Le modèle cognitif de Latané et Darley (1970)

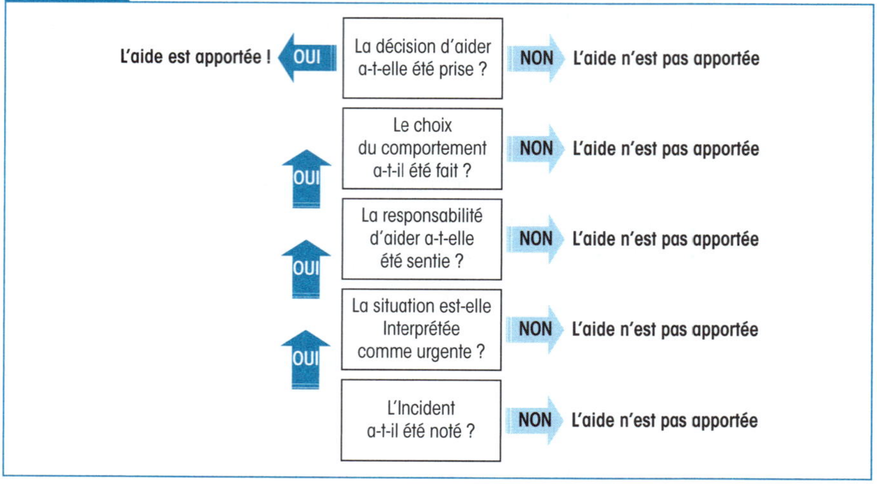

Globalement, **l'effet spectateur** est plus important lorsque les participants impliqués ne se connaissent pas et donc ne s'attendent pas à se revoir. Christy et Voigt (1994) ont montré que l'absence d'aide est réduite si la victime est une connaissance, un ami, ou encore un enfant. Par ailleurs, les individus s'entraident même lorsque des passants sont des inconnus à condition qu'ils appartiennent à une même catégorie sociale et à l'identité sociale associée (Levine & Manning, 2013). Ainsi, si la victime est une femme et le passant un homme, le genre peut devenir une catégorie sociale saillante : les hommes forment un groupe et le stéréotype de « l'aide chevaleresque » est en mesure de pousser à porter secours.

Par ailleurs, la religiosité personnelle implique une plus grande tendance à agir de manière prosociale lorsque l'occasion se présente notamment lorsqu'il s'agit d'aide, de coopération, de dons et actions caritatives (Saroglou, 2013). Le fait que l'altruisme existe en fonction de la religion n'est donc pas un mythe même s'il est limité par certains facteurs (par exemple : coûts de l'acte altruiste, motivations, cible inconnue, saillances des normes religieuses).

Certaines recherches montrent que l'altruisme est aussi déterminé par notre proximité génétique et/ou culturelle envers la personne aidée mais aussi par certaines caractéristiques de cette personne. Nous serions plus enclins à venir en aide à quelqu'un qui nous ressemble ou partage notre culture (Batson, 2019). D'autres recherches montrent que l'altruisme est considéré comme un comportement socialement appris reposant sur le mimétisme, les modèles sociaux et familiaux (Batson, 2019). Nous apprenons à être altruistes en observant les comportements d'entraide autour de nous. L'altruisme apparaît donc ici comme complexe, influencé par des facteurs biologiques, psychologiques et socioculturels (Bierhoff, 2002).

Le cas Kitty Genovese : une attaque à New York devant de nombreux témoins ?

L'exemple le plus connu, portant sur **l'effet spectateur**, est le cas de Kitty Genovese. Cette jeune femme est agressée, appelle à l'aide, et se fait poignarder 17 fois supposément devant 38 témoins (Kew Gardens District, Queens, New York) n'ayant rien fait pour la secourir selon l'histoire originale. Une récente recherche basée sur les rapports de police, les témoignages à la Cour de justice, et des interviews a remis en question de nombreux détails du rapport original. Les faits semblent montrer que seulement entre 3 et 6 personnes ont été témoins (Brock, 2008 ; Manning, Levine, & Collins, 2007, 2008). Et encore... ces témoins n'ont pas pu identifier qu'il s'agissait bien d'un meurtre et quand ils ont pu le faire, ils firent en sorte de le signaler.

5. Relations interpersonnelles et psychologie positive

La **psychologie positive** est un champ de recherche récent se développant dans différents secteurs, par exemple ceux de la famille, de l'école, du travail (cf. Shankland, Durand, Paucsik, Kotsou, & André, 2018). Selon Gable & Haidt (2005), elle peut être définie comme

> « l'étude des conditions et des processus qui contribuent à l'épanouissement optimal des individus, des groupes et des institutions » (cité par Shankland, 2012, p. 10).

La psychologie positive s'intéresse à un grand nombre de domaines comme par exemple : la santé mentale, la motivation, l'autodétermination, la pleine conscience (Fall, 2016), le bonheur et le bien-être et l'ensemble des dispositions positives (par exemple, compassion, optimisme, gratitude, empathie).

La psychologie de la gratitude (Emmons, 2008) a donné lieux à de nombreuses recherches. La **gratitude** peut être définie comme « une émotion interpersonnelle éprouvée dans les situations où la personne se perçoit comme étant bénéficiaire d'un bienfait procuré intentionnellement par autrui (une aide, un don) ou d'un bienfait généré par l'existence (une rencontre, une découverte, un paysage) » (Shankland, 2012). L'expression de la gratitude est directement liée aux relations sociales et au bien-être à la fois sur le plan physique (vitalité, maux), mental (contrôle, acceptation, émotions positives) et social (relations, altruisme, confiance et soutien).

6. Relations interpersonnelles et confiance

La confiance fait l'objet d'études en psychologie sociale depuis des décennies. Les définitions de la confiance font le plus souvent état d'attentes envers autrui.

Ainsi pour Rousseau *et al.* (1998), « La confiance est un état psychologique comprenant l'intention d'accepter sa vulnérabilité sur la base d'attentes que les paroles, actions, décisions d'une autre personne puissent produire des résultats bénéfiques ».

La confiance est considérée soit comme une caractéristique stable de l'individu, soit comme un élément stable dans la relation entre deux personnes. Mais la confiance interpersonnelle varie selon les objectifs au sein d'une relation. En d'autres termes, la confiance exprimée envers la même personne diffère comme fonction de l'objectif poursuivi. Ainsi, les individus ne se contentent pas de faire confiance différemment à une personne X par rapport à une personne Y, mais leur confiance en la personne X varie également en fonction de l'objectif visé, qu'il s'agisse de l'objectif Z ou de l'objectif X (Balliet & Van Lange, 2013).

Certaines recherches associent confiance et pouvoir. Ainsi, Mooijman (2023) a montré que les individus sont plus enclins à faire confiance aux personnes ayant du pouvoir qui leur font confiance en premier. Inversement, ils sont plus susceptibles de se méfier des personnes ayant du pouvoir, qui se montrent méfiantes envers eux. Cette dynamique a pour base la croyance selon laquelle les personnes ayant du pouvoir prennent leurs décisions sur la base de traits de personnalité plutôt que sur la situation, encourageant ainsi la réciprocité dans les relations de confiance.

Les individus peuvent-ils exprimer un excès de confiance ? La surconfiance nous pousse à surestimer nos capacités et connaissances débouchant sur des erreurs et prises de risques. Dans une série d'expériences princeps, Fischhoff *et al.* (1977) ont montré que des individus évaluent entre 65 % et 70 % le taux d'exactitude de leurs réponses qui finalement s'avèrent correctes pour seulement 50 % des questions. Par exemple, on demandait aux participants : a) de juger si des enfants présentés sur photos étaient originaires d'Europe ou d'Asie et b) d'estimer la probabilité que chacun de leur jugement soit correct. Les résultats obtenus montrent que 53 % des jugements étaient corrects (guère plus qu'en répondant au hasard) alors que la moyenne de l'estimation de la confiance des participants était de 68 %. On observe ici un effet de surconfiance de 15 % (68 – 53 = 15 %).

Les principales explications avancées par les chercheurs font référence aux heuristiques que nous utilisons afin de résoudre les problèmes auxquels nous sommes confrontés en situation d'incertitude. Il s'agit de l'utilisation de raccourcis cognitifs ou procédures de simplification de résolution de problème. La surconfiance est alors analysée comme la conséquence d'un biais de raisonnement. Elle peut produire un impact sur la prise de décision dans divers contextes : par exemple amener des individus à prendre des décisions sous-optimales en influençant leur évaluation du risque (Praseto *et al.*, 2023). Les contextes de décisions partagées, en famille, avec des amis, sont susceptibles d'atténuer les effets de la surconfiance (Piehlmaier, 2022).

7. Relations interpersonnelles et conflits

Les relations interpersonnelles sont souvent à l'origine de conflits que ce soit dans la sphère privée ou professionnelle. Par exemple, les conflits impactent la performance au travail et le bien-être organisationnel (Jerng *et al.*, 2017). Les recherches montrent que la communication et le pardon sont des éléments importants dans la résolution de ces conflits interpersonnels. La maturité émotionnelle, l'empathie, favorisent des stratégies de coopération ou de compromis à la résolution de conflit. L'empathie joue ainsi un rôle important dans la gestion et la résolution de différents types de conflits : par exemple en classe (Valente & Lourenço, 2020), plus globalement au niveau intergroupes (Klimecki, 2019). Hoffman (2008) a montré que l'empathie participe au développement moral et à la motivation aux comportements prosociaux. Pour optimiser l'effet de l'empathie sur les comportements, certaines recommandations d'application sont à prendre en compte (*e.g.*, Bègue-Shankland, 2023 ; Vorauer & Petsnik, 2024).

8. Relations interpersonnelles et agression humaine

L'assassinat du président Kennedy

« Kennedy quitte enfin Main Street pour tourner dans Houston Street [...]. La voiture ralentit jusqu'à 18 km/h. Les tireurs autour de la Dealey Plaza se préparent. Ils mettent en joue… Le premier coup de feu retentit, faisant penser à un raté de moteur. Il manque la voiture. Image 161 : Kennedy cesse de saluer la foule comme s'il entendait quelque chose. Le gouverneur Connally tourne légèrement la tête vers la droite. Image 193 : Un second coup de feu atteint Kennedy à la gorge, de face. Image 225 : On voit que le Président a été touché et qu'il porte ses mains à sa gorge. Le troisième coup de feu, image 232, touche Kennedy dans le dos, le projetant en arrière puis en avant. Connally se tourne maintenant. Image 238 : Le quatrième coup de feu manque Kennedy et atteint Connally dans le dos. Connally hurle : "*Mon Dieu ! Ils vont nous tuer tous*". La voiture freine. Le sixième coup de feu qui sera mortel, image 313, atteint Kennedy à la tête de face. C'est le tir décisif. Le Président est projeté en arrière et sur sa gauche, touché de face par la droite… Regardez encore : en arrière et sur la gauche… en arrière et sur la gauche » (Girandola, 2004).

Cet extrait constitue la scène la plus violente du film *JFK* d'Oliver Stone. Elle est intégralement fondée sur un film de 22 secondes tourné par un spectateur, Abraham Zapruder, au passage du cortège présidentiel, à Houston, le 22 novembre 1963. Projeté sur la chaîne ABC en 1975, le film a choqué des millions d'Américains par la violence des images. Il a permis de reconstituer le compte à rebours de l'assassinat du président Kennedy et de voir en détail (images 313, 314 et 315) son crâne exploser violemment.

L'agression est définie comme tout comportement ayant pour but de faire du mal, d'injurier ou de porter un quelconque préjudice à autrui. Une agression est « *un comportement destiné à blesser intentionnellement un autre individu, ce dernier étant motivé à en éviter les effets supposés aversifs* » (Bègue, 2014, p. 8). L'agression est un comportement social : elle suppose une relation dyadique actualisée dans une interaction avec autrui.

On doit à Anderson et Bushman (2002), la construction d'un **modèle intégratif général de l'agression** (« *General Affective Agression Model* »). Ces auteurs mettent en évidence les processus psychologiques opérant à partir des nombreuses variables responsables du comportement agressif (Bègue, 2011, 2014a). Ce modèle permet notamment de distinguer :

- le rôle respectif des variables individuelles (par exemple : les croyances en la légitimité de la violence) et les variables situationnelles (par exemple : compétition, ségrégation, échec),
- et les liens qu'entretiennent ces dernières avec les **trois voies** classiques de l'étude du comportement agressif (**affect** ou **émotions, cognition, excitation**).

Selon Anderson *et al.* (2000), l'effet produit par l'une de ses trois voies (voie cognitive : amorçage des pensées hostiles) peut se verser dans l'une des deux autres voies (voie de l'affect : activation en mémoire) en ceci en l'absence de toute provocation comme indiqué par les flèches en pointillés.

Par ailleurs, d'autres recherches documentent l'agression comme la possible conséquence notamment d'un sentiment d'injustice subie (Goutas, Girandola, & Minary, 2003), de la température ambiante (par exemple : la température, la chaleur), du bruit, de la densité, des jeux vidéo, de la consommation de drogues et d'alcool (Bégue, 2014b).

Fig. 6 Le modèle général de l'agression

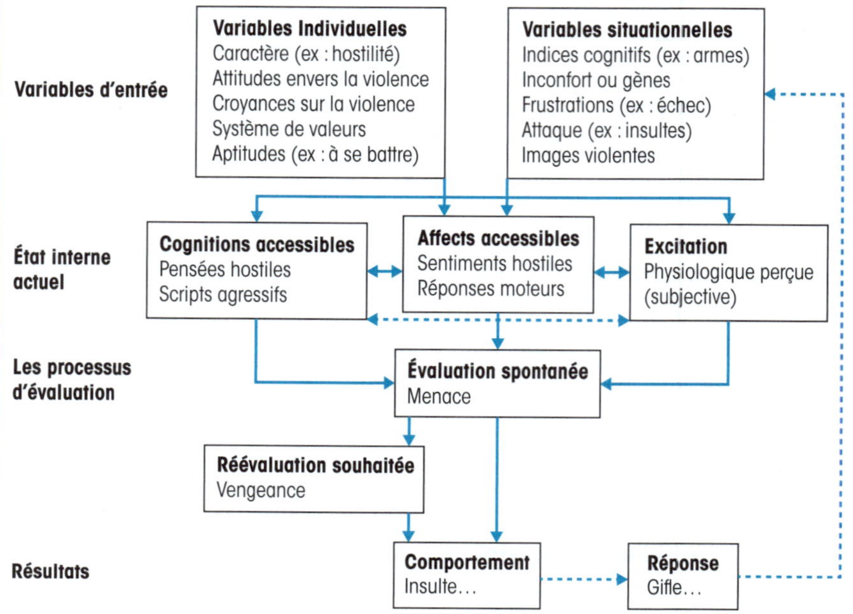

Adapté d'Anderson & Bushman (2002).

9. Le pouvoir

Le philosophe Bertrand Russell écrivit en 1938, lors de la montée du nazisme : « le concept fondamental dans les sciences sociales est le pouvoir, dans le même sens que l'énergie est le concept fondamental en physique (…) Les lois de la dynamique sociale sont des lois qui peuvent être seulement formulées en termes de pouvoir ».

Le pouvoir affecte la façon dont les gens pensent et agissent (Guinote, 2017). Il façonne nos relations avec les autres, dans les groupes, dans les organisations. Le pouvoir influence notre façon de parler et la façon dont nous parlons aux autres. Les individus ayant le pouvoir se sentent souvent moins contraints par les normes et règles sur le bon comportement à adopter que ne le sont les individus n'ayant pas de pouvoir. On peut considérer le pouvoir comme « *la capacité d'un individu à influencer les autres en attribuant ou en refusant des ressources ou en administrant des punitions* » (Keltner, Gruenfeld, & Anderson, 2003) si on considère le pouvoir comme la capacité d'un individu à affecter ou à contrôler autrui.

On peut aussi envisager le pouvoir comme la capacité d'un groupe ou de ses membres à affecter ou à contrôler les autres. Le pouvoir peut être considéré comme la domination de certains groupes et, dans ce cas, le pouvoir «*permet à l'individu de discriminer*» (Sidanius et Pratto, 1999). Par ailleurs, Degraeve (2015) a montré que la possession du pouvoir, par la désinhibition qu'il procure, rend les individus moins sensibles à la norme sociale et une présentation de soi moins désirable.

Fig. 7 Déterminants et conséquences du pouvoir

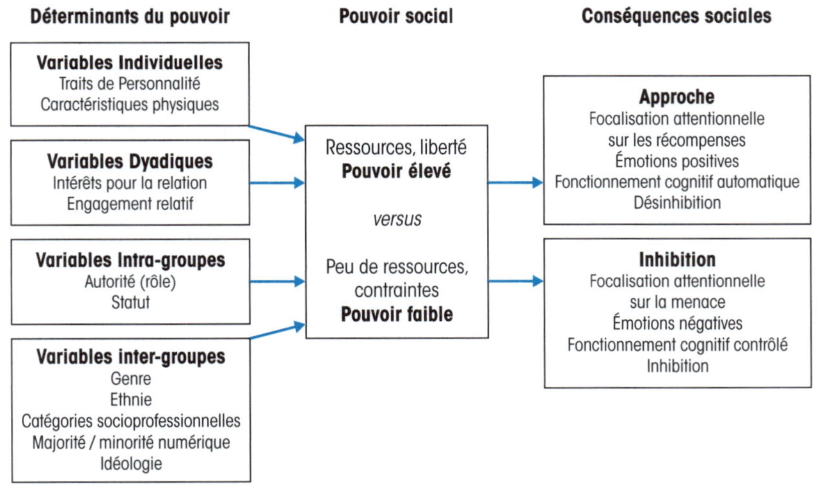

Figure d'après le modèle de Keltner, Gruenfeld, et Anderson (2003). Librement adapté par Degraeve (2015) de «Power, Approach, and Inhibition» de D. Keltner, D.-H. Gruenfeld & C. Anderson (2003, p. 267).

De nombreuses études suggèrent que la détention du pouvoir peut favoriser des comportements égocentrés. Par exemple, les personnes investies d'une grande autorité ont tendance à éprouver plus de difficultés à se mettre à la place d'autrui et à adopter un autre point de vue. Leur capacité à reconnaître les émotions des autres ainsi que leurs compétences sociales et cognitives semblent également diminuées (Krauss *et al.*, 2010). De plus, elles sont plus susceptibles d'adopter des comportements désinhibés (Keltner *et al.*, 2003). Une étude de Wang *et al.* (2019) a mis en évidence que, comparées aux personnes issues de classes inférieures, celles appartenant aux classes supérieures détentrices du pouvoir expriment un désir plus prononcé de richesse et de statut social élevé. Les individus des classes dominantes ont en effet tendance à considérer la richesse et le statut comme des attributs importants dans la définition et la catégorisation d'eux-mêmes. Selon ces chercheurs, les résultats illustrent une relation du type « plus on a, plus on veut ».

D'autres recherches montrent que la possession *versus* l'absence de pouvoir peut affecter la perception d'autrui. Par exemple, Yap, Mason, & Ames (2013) ont montré que le pouvoir déforme la perception de la taille d'autrui que ce soit en situation de face-à-face ou sur photographie. Ainsi, les individus possédant du pouvoir sous-estiment-ils systématiquement la taille d'un individu tandis que ceux n'ayant pas du pouvoir la surestiment.

Par ailleurs, la possession du pouvoir immunise contre l'influence sociale (Galinsky, 2008). Par exemple les individus ayant un pouvoir ne laissent pas influencer lors d'une tâche de créativité par des exemples de création, se conforment moins aux opinions des autres, et perçoivent plus de choix (même en situation de non-choix) dans une situation de dissonance classique.

La liste des trente-six questions élaborées par les chercheurs Arthur et Elaine Aron

1. Si vous aviez la possibilité d'inviter n'importe qui dans le monde, qui inviteriez-vous à dîner chez vous ?
2. Aimeriez-vous être célèbre ? Si oui, de quelle manière ?
3. Avant de passer un coup de téléphone, cela vous arrive-t-il de répéter ce que vous allez dire ? Pourquoi ?
4. Quels seraient les éléments constitutifs d'une journée parfaite ?
5. Quand avez-vous chanté pour la dernière fois pour vous-même ? Et devant quelqu'un d'autre ?
6. Imaginez que vous ayez la possibilité de vivre jusqu'à 90 ans. Si vous pouviez choisir entre garder soit l'esprit, soit le corps d'une personne de 30 ans pendant les soixante années qui vous restent à vivre, que choisiriez-vous ?
7. Avez-vous un pressentiment secret sur la façon dont vous allez mourir ?
8. Citez trois choses que vous et votre partenaire semblez avoir en commun.

➡

9. Quelle est la chose pour laquelle vous vous sentez le plus reconnaissant ?
10. Si vous pouviez changer quelque chose dans la manière dont vous avez été élevé, qu'est-ce que ce serait ?
11. En quatre minutes, racontez votre vie à votre partenaire, en essayant d'ajouter le plus de détails possible.
12. Si vous pouviez vous réveiller demain en ayant acquis une qualité ou une compétence, laquelle serait-elle ?
13. Si une boule de cristal pouvait vous révéler une vérité sur vous, votre vie, votre futur ou quoi que ce soit d'autre, que voudriez-vous savoir ?
14. Y a-t-il quelque chose que vous rêvez de faire depuis longtemps ? Pourquoi ne l'avez-vous pas fait ?
15. Quelle est la plus grande réussite de votre vie ?
16. Quelle est la chose la plus importante pour vous en amitié ?
17. Quel est votre plus beau souvenir ?
18. Quel est votre pire souvenir ?
19. Si vous saviez que vous alliez mourir subitement dans un an, changeriez-vous quelque chose à votre style de vie ? Pourquoi ?
20. Que signifie le mot « amitié » pour vous ?
21. Quels rôles jouent l'amour et l'affection dans votre vie ?
22. Échangez chacun à votre tour une caractéristique positive que votre partenaire semble avoir. Partagez-en cinq au total.
23. À quel point votre famille est-elle unie et chaleureuse ? Pensez-vous que votre enfance a été plus heureuse que celle de la plupart des gens ?
24. Que pensez-vous de votre relation avec votre mère ?
25. Énoncez chacun trois vérités commençant par le mot « nous ». Par exemple, « nous avons l'impression tous les deux que... »
26. Complétez cette phrase : « J'aimerais avoir quelqu'un avec qui partager... »
27. Si vous deviez devenir proche de votre partenaire, dites-lui ce qui serait important qu'il ou elle sache.
28. Dites à votre partenaire ce que vous aimez chez lui ; soyez très honnête, en disant des choses que vous ne diriez pas à une personne que vous venez de rencontrer.

29. Racontez à votre partenaire un moment embarrassant de votre vie.

30. Quand avez-vous pleuré devant quelqu'un pour la dernière fois ? Tout seul ?

31. Dites à votre partenaire une chose que vous aimez déjà chez lui.

32. De quoi ne peut-on pas rire ?

33. Si vous deviez mourir ce soir sans l'opportunité de communiquer avec qui que ce soit, que regretteriez-vous le plus de ne pas avoir dit ? Pourquoi ne pas leur avoir dit encore ?

34. Votre maison, contenant tout ce qui vous appartient, prend feu. Après avoir sauvé votre famille et vos animaux, vous avez le temps de récupérer en toute sécurité une chose uniquement. Laquelle serait-elle ? Pourquoi ?

35. De tous les membres de votre famille, la mort de qui vous toucherait-elle le plus ? Pourquoi ?

36. Partagez un problème personnel et demandez à votre partenaire comment il le gérerait. Demandez également à votre partenaire de vous dire comment il pense que vous vous positionnez par rapport à ce problème.

À RETENIR

- **Les relations interpersonnelles** font partie intégrante de notre vie quotidienne et constituent les engrenages de nos relations sociales.
- **L'attraction** est un facteur très important dans les relations interpersonnelles. Plusieurs théories rendent compte de l'attraction (interdépendance, échange social, attribution, équité). L'attraction est, en même temps, indissociable du contexte social, rôles et statut des individus.
- **L'attraction** est régulée par certains paramètres comme, par exemple, la proximité, la similarité, l'attractivité.
- **L'amitié et les relations amoureuses** sont théorisées. Sternberg (1986) propose une théorie triangulaire de l'amour, tandis qu'Averill (1985) propose l'amour comme une construction sociale dépendante de la culture et des normes dominantes.
- **L'amour** peut être aussi considéré comme une cause et non pas comme une conséquence. Diverses expérimentations montrent que la simple évocation du mot amour, même indépendamment d'un contexte romantique, dispose à des conduites d'aide.
- **Le partage social des émotions** (Rimé, 2009) constitue un phénomène très important de la vie sociale. Les émotions sont essentielles à la vie en groupe (affiliation, partage interindividuel, intra, et inter-groupes, synchronisation sociale, contagion émotionnelle).
- **Le partage social** s'exprime aussi lors de rassemblements, ce qui renforce l'identité sociale et l'intégration.
- **Les comportements prosociaux** participent aux relations interpersonnelles s'appuyant notamment sur l'activation d'indices de proximité ou indices associés à la proximité (attraction, similarité...) susceptibles de les déclencher.
- **L'effet témoin** montre que plus le nombre d'individus est important moins les chances de secours sont importantes.
- Les relations interpersonnelles s'inscrivent aussi dans la **psychologie positive.**
- **L'agression** constitue un type particulier de relation interpersonnelle. Le Modèle Général de l'agression propose une intégration des variables individuelles, situationnelles, de l'affect, et de la cognition.
- **Le pouvoir** affecte la façon dont les personnes pensent et agissent. Les normes ont moins d'impact sur les personnes possédant du pouvoir car désinhibant. Le pouvoir est la capacité à influencer. Il permet aussi, dans certaines circonstances, de discriminer.

NOTIONS CLÉS

- **Agression :** comportement destiné à blesser intentionnellement un autre individu, ce dernier étant motivé à en éviter les effets supposés aversifs (Bégue, 2014).
- **Altruisme :** état motivationnel ayant le but ultime d'accroître le bien-être de quelqu'un d'autre (Batson, 1973).
- **Attraction** : processus préférentiel, réciproque ou non, intervenant dans les groupes sociaux avec une intensité et une durée variable selon les individus et les situations (Maisonneuve & Lamy, 1993).
- **Comportement prosocial :** comprend une catégorie d'actions définies comme bénéficiaires aux autres personnes et au fonctionnement du système en général (Dovidio *et al.*, 2006).
- **Dynamique de l'attraction** : processus psychologique et social complexe dans lequel à la fois les données collectives et individuelles sont intriquées (Oberlé, 1995).
- **Partage social des émotions** : évocation de l'épisode émotionnel dans un langage socialement partagé impliquant, au moins, la présence d'un destinataire (Rimé, 2009).
- **Pouvoir :** capacité d'un individu à influencer les autres en attribuant ou en refusant des ressources ou en administrant des punitions (Keltner *et al.*, 2003).
- **Psychologie positive :** étude des conditions et des processus qui contribuent à l'épanouissement optimal des individus, des groupes et des institutions (Gable & Haidt, 2005).

POUR ALLER PLUS LOIN

MAISONNEUVE, J., & LAMY, L. (1993). *Psychosociologie de l'amitié*. Paris : PUF.

RIMÉ, B. (2009). *Le partage social des émotions*. Paris : PUF.

Exercice 1

Questions à choix multiples, choisissez la bonne réponse.

1. L'attraction interpersonnelle :
   a. permet d'attirer les semblables
   b. ne permet pas d'attirer les semblables
   c. est une attitude positive à l'égard d'une autre personne
   d. aucune des réponses

2. Quelle théorie peut rendre compte de l'attraction ?
   a. la théorie de la dissonance
   b. la théorie de l'équité
   c. la théorie de de la communication
   d. la théorie de la comparaison sociale

3. Le partage social des émotions consiste à :
   a. partager équitablement ses émotions dans un groupe
   b. évoquer l'épisode émotionnel dans un langage partagé
   c. parler des émotions à un membre de sa famille
   d. distordre les informations de nature menaçante

4. Les effets de la synchronisation sociale sont :
   a. expressions d'émotions négatives et de honte
   b. expressions d'émotions positives et ouverture
   c. changement d'opinion
   d. changement d'attitude après lecture d'un message

5. La contagion émotionnelle :
   a. est le résultat d'une maladie virale
   b. permet d'aligner ses émotions à celle exprimée par les individus
   c. permet de prendre en compte les épidémies contagieuses
   b. permet de diversifier ses émotions

6. Quels sont les auteurs à l'origine des travaux sur l'altruisme comportemental ?
   a. Sternberg
   b. Latané et Darley
   c. Jones et Davis
   d. Harley et Davidson

7. Qu'est-ce que l'effet témoin ou spectateur ?

a. une dissolution de la responsabilité individuelle dans le groupe

b. une augmentation de la responsabilité individuelle dans le groupe

c. une dissolution de la responsabilité collective dans le groupe

d. une augmentation de la responsabilité collective dans le groupe

8. L'effet spectateur :

a. est d'autant plus fort que les témoins ne sont pas nombreux

b. est d'autant plus fort que les témoins sont nombreux

c. ne dépend pas du nombre de témoins

d. aucune des réponses précédentes

9. La psychologie positive :

a. est une psychologie négative inversée

b. est l'étude de l'épanouissement

c. est l'étude de la positivité psychologique

d. est l'étude des signes positifs (gestes, etc.)

10. Qui sont les auteurs du modèle général de l'agression ?

a. Darley et Latané

b. Anderson et Bushman

c. Gable et Haidt

d. Thibaut et Kelley

Exercice 2

Associez à chaque élément de gauche l'élément qui lui correspond à droite.

a. Proximité	1. Travaux sur l'agression
b. Expérience de Cantor *et al.* (1976)	2. Synchronisation émotionnelle et sociale
c. Landy et Sigall (1974)	3. Théorie de l'amour
d. Intimité	4. Attrait et persuasion
e. Construction sociale de l'amour	5. Travaux de Latané et Darley (1970)
f. Partage social des émotions	6. Approche et inhibition
g. Effet spectateur	7. Psychologie positive
h. Température et/ou densité	8. Étude de Festinger, Schachter, Back (1950)
i. Pouvoir social	9. Théorie d'Averill (1985)
j. Gratitude	10. Similitude et persuasion

© Ieremy / Fotolia

Qu'allons-nous étudier dans ce chapitre ?

- Ce chapitre présente les bases et modèles des normes et de la régulation normatives sur les jugements et les comportements.
- Différents types de normes sont présentés et leurs effets sur les comportements : normes descriptives, normes injonctives, croisées, situationnelles.
- Le concept de resserrement normatif est abordé selon une perspective culturelle.
- Les normes et le système culturel comme déterminant des activités créatives.

CHAPITRE

4 Normes

PLAN DU CHAPITRE

Vous occupez une chambre d'hôtel et le matin, en faisant votre toilette, vous remarquez une affichette collée sur le miroir de la salle de bain. Cette affichette vous informe que les trois-quarts des clients ayant occupé comme vous cette chambre ont accepté de réutiliser leur serviette le lendemain et non pas de la donner à laver. Vous apprenez par cette vignette que la réutilisation de votre serviette va permettre de laver moins et donc d'utiliser moins d'eau, d'électricité… Qu'allez-vous faire dans cette situation ? Réutiliser ou pas votre serviette ?

Il y a fort à parier que, dans cette situation, après avoir eu connaissance de ce que font les autres et donc de ce qui est la norme, vous décidiez vous aussi de réutiliser votre serviette de bains. C'est le pouvoir des normes : faire comme les autres parce que les autres savent ce qu'il faut faire !

Un grand chapitre de la psychologie sociale traite de l'influence des normes. Dans ce chapitre, nous aborderons essentiellement les influences normatives et plus particulièrement l'impact des normes sociales sur les opinions et les comportements.

Les normes sociales sont un puissant déterminant du comportement humain. Le plus souvent, elles sont non écrites et forment une sorte de grammaire de la vie quotidienne. Elles façonnent nos comportements sociaux, c'est-à-dire partagés par les membres d'un groupe donné. Les normes sociales sont, en quelque sorte, les piliers fondateurs des sociétés. Grâce aux normes, nous savons donc comment nous comporter, penser, prédire mieux le comportement d'autrui plus particulièrement dans des situations nouvelles ou ambiguës.

Les nombreuses recherches sur l'influence sociale montrent que les normes s'apprennent aussi par le besoin d'être accepté par les autres : les individus se comportent de façon à rechercher l'approbation (**influence sociale normative**) et par le comportement des autres comme source d'information et de besoin de s'y conformer **(influence sociale informationnelle).**

La puissance des normes : un exemple de la vie quotidienne

Aronson et O'Leary (1982-1983) ont, par exemple, montré la puissance des normes sur les comportements dans une situation quotidienne. Dans les douches d'un campus universitaire, un panneau décrivait les différentes étapes à suivre pour économiser l'eau :

1) Mouillez-vous ;

2) Arrêtez l'eau ;

3) Savonnez-vous ;

4) Rincez-vous.

Dans cette condition d'exposition simple, seulement 6 % suivaient ces recommandations. Lorsque les individus sont exposés, dans les douches, selon un ou deux modèles (compères) respectant strictement ces consignes ce pourcentage d'observance augmente significativement : 47 % suivent les consignes lorsqu'ils sont exposés à un modèle contre 67 % exposés à deux modèles.

1. Approche sociocognitive des normes et registres cognitifs

Doise (1993) suggère l'existence dans la pensée de deux systèmes différents : le système cognitif individuel et le méta système social. Le fonctionnement du système cognitif individuel serait modulé par l'intervention du méta système, constitué de régulations sociales, des régulations normatives qui contrôlent, vérifient dirigent le système cognitif. Doise (1993) suggère qu'il est indispensable de ne pas isoler les activités cognitives de l'individu de la dynamique sociale dans laquelle ces activités se déroulent. Ces régulations sociales sont exemplifiées par l'adhésion ou non des individus aux normes.

Dubois (2009) distingue deux types de normes :

- les **normes de jugement** qui renvoient à ce qu'il est bien vu de penser. Par exemple, la norme sociale d'internalité conduit à préférer des explications causales internes privilégiant le poids causal de la personne plutôt que ceux de la situation et de l'environnement ;
- et **les normes de comportement** qui renvoient à ce qu'il est bien vu de faire.

2. Norme de jugement : exemple de l'internalité

Les travaux de Dubois et Beauvois (1988) ont permis d'attester l'existence, dans notre société, d'une norme sociale d'internalité qui peut être définie comme « la valorisation sociale des explications des comportements (attributions) et des renforcements (locus of control) qui accentuent le poids causal de l'acteur » (Beauvois & Dubois, 1988). Ainsi, il s'agit d'une norme générale de jugement consistant en une valorisation des explications internes et une dévalorisation des explications externes. Ainsi, est-il par exemple plus valorisant de déclarer « J'ai obtenu une mauvaise note à l'examen parce que je n'ai pas révisé » (explication interne) plutôt que « J'ai obtenu une mauvaise note à l'examen parce que mon professeur n'est pas sympathique » (explication externe).

La norme sociale d'internalité possède quelques caractéristiques (Dubois, 2009) : 1) elle est l'expression d'une collectivité donnée quelle que soit la taille de celle-ci ; 2) elle fait l'objet d'un apprentissage social ou d'une transmission sociale ; 3) elle repose sur l'attribution d'une valeur qui fonde son existence ; 4) elle n'est jamais réalisée sous l'effet de contraintes institutionnalisées (la non-conformité à la norme n'est jamais l'objet de sanctions formelles, juridiques ou institutionnelles) ; 5) l'attribution de valeur qui fonde la norme est indépendante de tout critère de vérité. Une norme est sociale non parce qu'elle traduit la vérité, mais parce qu'elle désigne des utilités sociales et permet la réalisation d'objectifs sociaux.

L'existence de cette norme a donné lieu à trois paradigmes expérimentaux caractéristiques de l'approche socionormative : « 1) le paradigme d'auto-présentation : lorsque les individus doivent tout faire pour être positivement évalués, ils choisissent systématiquement davantage d'explications internes que lorsqu'ils doivent tout faire pour être négativement évalués ; 2) le paradigme d'identification : lorsque les individus doivent répondre comme le ferait quelqu'un d'autre, ils attribuent plus d'explications internes à des individus dotées de valeur qu'à des individus dotées de peu de valeur ; 3) le paradigme des juges : lorsque des individus mis en disposition d'évaluateurs ont à juger de la valeur de plusieurs cibles qu'ils ne connaissent que par les explications causales qu'elles ont avancées dans un questionnaires ou dans un entretien, ils attribuent plus de valeur (plus de possibilités de réussite scolaire, plus d'adaptabilité professionnelles...) aux cibles ayant avancé des explications internes » (Dubois & Beauvois, 2001, p. 398).

La norme d'internalité fait l'objet d'une valorisation sociale dans le sens où plus un individu fait montre d'internalité, plus il pense être bien jugé et plus il l'est effectivement.

Dubois et Beauvois (2001) ont pu montrer que désirabilité et utilité sont deux aspects de la valeur sociale d'une personne. La désirabilité se réfère à la dimension de la valeur sociale liée à l'attraction et à l'évitement, attribuant une valeur affective aux objets et aux personnes. En revanche, l'utilité sociale concerne la dimension de la valeur sociale en relation avec la conformité aux exigences du fonctionnement social.

La dimension de la valeur sociale associée à la normativité est principalement l'utilité sociale. Par exemple, les individus les plus normatifs en termes d'internalité sont perçus comme plus utiles que désirables.

3. Les conduites normatives

Une théorie des conduites normatives et du focus normatif a été élaborée par Robert Cialdini et ses collaborateurs au début des années 1990. Cette théorie a pour objectif de rendre compte de l'influence d'autrui sur l'individu.

3.1. Normes descriptives et normes injonctives : aspects théoriques

La **théorie de Cialdini** et ses collaborateurs rend compte de deux types de normes : les normes descriptives et les normes injonctives.

1. **Les normes descriptives** :

- correspondent à ce que la majorité des gens font dans une situation donnée. Un individu peut se référer, plus ou moins consciemment, à ces normes pour choisir comment se comporter. L'activation d'une norme descriptive conduit à un comportement socialement acceptable dans des situations où la majorité des individus se comportent déjà de manière socialement désirable ;
- dictent le comportement à suivre dans une situation donnée. Par exemple, les individus jettent plus de détritus dans un environnement déjà souillé de détritus que dans un environnement propre.

À la différence des normes descriptives, les normes injonctives font appel à la notion de moralité : ce qu'il faut faire et ce qu'il ne faut pas faire, ce qui est bien vu contrairement à ce qui est mal vu.

2. **Les normes injonctives** :

- renvoient à ce que les individus approuvent ou désapprouvent dans une société donnée. L'individu cherchera à suivre ses normes s'il craint d'être rejeté par la société dans laquelle il se trouve ;
- portent sur ce qui moralement doit être fait, elles permettent l'approbation ou la désapprobation d'autrui et la possibilité de sanctions sociales en cas de transgression.

Selon Cialdini est ses collaborateurs, une norme sociale n'a d'influence sur le comportement que si elle est focale, c'est-à-dire saillante, présente dans l'esprit et à la conscience de l'individu lorsqu'il accomplit une action ou encore visible lorsque l'individu accomplit l'action.

La puissance des normes : un exemple de la vie quotidienne

Cialdini, Reno et Kallgren (1990) disposaient des prospectus sur le pare-brise de voitures sur un parking, puis observaient le comportement des individus à l'abord de leur véhicule. Pour se rendre sur le parking, les possesseurs des voitures devaient emprunter un chemin.

Dans une condition, un complice des auteurs passait devant les individus sur ce chemin et ramassait, devant eux, un sac de détritus jeté par terre et le mettait dans une poubelle.

Dans une autre condition, le complice ne faisait que passer.

Les automobilistes, une fois rendus à leur véhicule, allaient-ils jeter le papier sur leur pare-brise par terre ou le jeter dans une poubelle ?

Les observations montrent que plus d'un tiers des individus jetait le prospectus par terre lorsque le complice ne faisait rien mais tous jetaient le papier dans une poubelle lorsque le complice ramassait le paquet de détritus devant eux.

C'est lorsque le complice ramasse les détritus d'autrui devant un individu que l'on obtient le plus de respect de l'environnement chez ce dernier. Les participants sont, de cette façon, directement focalisés sur une caractéristique principale des normes injonctives : la **sanction sociale** du comportement contre-normatif (le rejet des détritus). C'est l'expression de la désapprobation envers un comportement contre-normatif, et sa possible sanction, qui renforcent l'effet des normes injonctives. L'activation d'une **norme injonctive** permet un comportement normatif généralisé.

Dans une autre étude, l'environnement reflétait la norme descriptive : soit le parking était propre, soit jonché de papiers et prospectus en tout genre. Les résultats montrent que la propreté du parking incite les individus à jeter beaucoup moins leur papier que lorsque le parking est sale.

3.2. Normes descriptives et normes injonctives : aspects appliqués

Communiquer des informations sur le comportement « normal » d'un groupe semble avoir pour effet d'inciter les individus de ce groupe à se conformer à la norme. Par exemple, communiquer la consommation d'énergie moyenne des ménages dans un quartier semble induire des effets de « normalisation » dans le groupe. Ainsi, Schultz, Nolan,

Cialdini et Griskevicius (2007) ont-ils réalisé une étude sur les économies d'énergie des ménages suite à la réception de différents messages normatifs. Dans un premier temps, la consommation d'électricité des ménages était relevée. Ensuite, chaque ménage recevait un retour qui indiquait s'il consommait plus ou moins d'énergie que la moyenne des ménages. Chaque ménage était donc placé par rapport à la norme descriptive. Les ménages qui étaient au-dessus de la norme, qui consommaient plus, ont réduit leur consommation. Par contre, ceux qui consommaient déjà moins que la moyenne se mirent à consommer plus. Cet effet de surconsommation n'était, bien sûr, pas attendu.

Ces auteurs ont alors utilisé d'autres messages mettant en scène cette fois-ci une dimension normative injonctive. Les ménages consommant moins que la moyenne recevaient un retour sur leur consommation mais, cette fois, accompagné d'un *smiley souriant* ☺. Cet indice les informait que leur comportement était le « bon », transmettant ainsi une norme injonctive traduisant l'approbation. À l'inverse, les ménages qui consommaient plus que la moyenne recevaient un retour sur leur consommation mais, cette fois, accompagné d'un *smiley triste* ☹ les informant que leur comportement n'était pas le « bon » transmettant ainsi une norme injonctive de désapprobation ou signalant un comportement indésirable. Ainsi, la seule présence d'un de ces *smileys* permettait d'introduire une norme injonctive (i.e., « *ce qu'il faut faire et ce qui est bien de faire* » pour un smiley souriant) combinée à la norme descriptive.

Cette simple modification a ainsi permis de conserver l'impact positif de la norme descriptive sur les plus gros consommateurs d'énergie, tout en éliminant l'impact négatif ou l'effet boomerang de cette norme descriptive, c'est-à-dire une propension à l'augmentation énergétique de 8,6 %, sur les plus faibles consommateurs. De ce fait, la consommation d'énergie globale du quartier diminuait après l'intervention.

D'autres études viennent confirmer l'intérêt d'associer ainsi des normes descriptives et injonctives pour augmenter la fréquence des comportements pro-environnementaux (Schultz, Khazian & Zaleski, 2008) tout en tenant compte de certaines variables susceptibles de les modérer comme, par exemple, les habitudes de consommation.

La puissance des normes : un exemple de la vie quotidienne

L'utilisation des normes s'appuie sur la **comparaison entre pairs** pour faire en sorte que *le* comportement vertueux devienne la norme sociale. Ce que l'individu perçoit comme étant le **comportement socialement approuvé** par le groupe auquel il appartient va influencer ses propres décisions.

Concrètement il s'agit d'informer le consommateur sur les pratiques énergétiques de ses pairs. Aux États-Unis, l'entreprise OPower a fait figurer sur la facture de ses clients des données comparatives sur la consommation des foyers voisins. Les ménages avec une consommation énergétique élevée ont diminué leur consommation. *A contrario*, les foyers peu dépensiers ont tiré de cette comparaison une certaine légitimité à consommer plus et ont, de fait, augmenté leur consommation d'énergie. Cet effet rebond a pu être corrigé par l'utilisation d'icônes ou smileys souriants indiquant l'approbation sociale comme le montre l'illustration ci-dessous. Au final, l'utilisation de cette norme injonctive a permis de diminuer la consommation énergétique de 2,2 %.

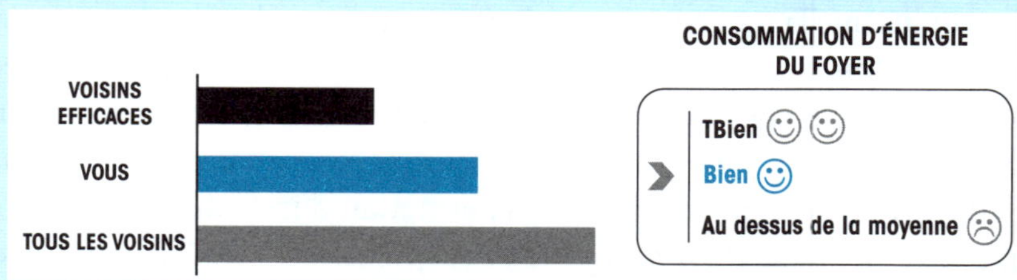

Ainsi, Schultz, Khazian et Zaleski (2008) puis Goldstein, Cialdini, et Griskevicius (2008) se sont intéressés aux économies d'énergie réalisées par les clients d'un hôtel. Lorsqu'un client arrivait dans la salle de bain de sa chambre, il trouvait un message l'incitant à réutiliser la même serviette plusieurs jours plutôt que d'en changer tous les jours. Il était conçu deux versions d'un message :

- la première version servait de contrôle : les clients étaient invités à indiquer seulement s'ils souhaitaient changer ou pas leur serviette de bains en la mettant dans un panier à linge (à changer) ou en l'accrochant au mur (à réutiliser) ;
- la seconde version du message faisait appel aux normes injonctives et descriptives. Elle incitait les clients à réutiliser leur serviette sous prétexte que la plupart des clients précédents avaient souligné

l'importance d'économiser l'énergie (norme injonctive) et que 75 % d'entre eux réutilisaient leur serviette plusieurs fois s'ils en avaient l'opportunité (norme descriptive).

Conformément aux attentes, les clients exposés au message normatif changèrent moins de serviette que ceux ayant reçu le message de contrôle. Plus précisément, les résultats obtenus montrent que les clients exposés aux messages ne faisant pas appel aux normes sont 57 % à réutiliser au moins une serviette avec un remplacement moyen de 2,32 serviettes le premier jour. Les clients exposés aux messages sont 62 % à réutiliser au moins une serviette de bain. Avec un remplacement moyen de 1,74 serviette dès le premier jour sur 4 serviettes à disponibilité du client.

Les économies réalisées en termes de consommation d'électricité et d'eau dans l'établissement hôtelier sont, par conséquent, supérieures lorsque les clients sont confrontés à un message normatif.

Fig. 1 Exemple d'une norme sociale descriptive accrochée sur la porte d'une chambre d'hôtel

3.3. Normes descriptives et normes injonctives : exemples de messages

D'une manière générale, l'impact des messages normatifs s'avère supérieur à d'autres formes de communication axées sur une argumentation rationnelle en faveur d'un comportement écologique (par exemple : protéger l'environnement, la société, économiser de l'argent). La création des messages normatifs nécessite la référence au groupe d'appartenance des individus. Par exemple, afin que le message normatif soit bien reçu, Nolan, Schultz, Cialdini, Goldstein, et Griskevicius (2008) utilisent l'accroche suivante :

> « Rejoignez vos voisins et leur maîtrise de l'énergie. L'été est la saison la plus propice, la plupart des habitants de votre communauté trouvent des moyens de consommer moins d'énergie chez eux. Comment les résidents de San Marcos, comme vous, maîtrisent et économisent toute cette énergie l'été ? En utilisant des ventilateurs plutôt que des appareils de climatisation ! Une étude récente sur les foyers de votre communauté et réalisée par des chercheurs montre que 77 % des résidents de San Marcos utilisent souvent des ventilateurs. »

D'autres exemples sur l'impact des normes sur les comportements peuvent être empruntés dans le domaine alimentaire. Robinson *et al.* (2014) ont montré qu'un message normatif descriptif du type : « *la plupart des étudiants mangent plus de légumes que ce que vous croyez. Beaucoup ne sont pas conscients que l'étudiant typique mange trois sortes de légumes par jour…* » augmente la consommation de fruits et légumes de 17 % comparativement à un groupe contrôle n'utilisant pas ce type de message.

Dans le même sens, Stok *et al.* (2014) ont mesuré, chez les adolescents, l'efficacité de la norme descriptive sur la consommation de fruits et légumes deux jours après l'incitation (par exemple : « *une majorité d'étudiants mangent des fruits et légumes* ») Les résultats montrent que les adolescents ayant connaissance de la norme déclarent en consommer significativement plus (2,3 portions par jour) que ceux n'ayant pas connaissance de cette norme (1,7 portion par jour).

Le saviez-vous ? Les normes et le nudge

Le nudge ou **« coup de pouce »** est un concept inventé par Cass Sunstein et Richard Thaler (prix Nobel d'économie 2017) en 2008 et fondé sur les enseignements de l'économie comportementale et de la psychologie sociale. Derrière ce terme sont regroupés des actions et leviers, pour certains déjà bien connus en psychologie sociale, cherchant à modifier l'architecture des choix et ainsi orienter la prise de décision de manière simple et pragmatique. Le nudge repose essentiellement sur le système 1 de la prise de décision. En effet, notre cerveau met en œuvre deux systèmes définis par Daniel Kahneman psychologue et économiste américano-israélien (prix Nobel d'économie en 2002) :

- le système 1 (les **heuristiques)** : fonctionne automatiquement et rapidement, avec pas ou peu d'effort et aucune sensation de contrôle de liberté ;
- le système 2 (les **algorithmes exacts**) : accorde de l'attention aux activités mentales contraignantes qui le nécessitent, par exemple le calcul complexe. Le système 2 est souvent associé à l'expérience subjective de l'action, du choix, et de la concentration.

L'essentiel de ce que vous pensez et faites provient de votre système 1, mais le système 2 prend les choses en main quand elles se compliquent, et c'est normalement lui qui a le dernier mot. Le succès du nudge a permis à certains pays de se doter d'une « Unité du Nudge » et mettre en œuvre des politiques basées sur le nudge dans le marché du travail, la consommation d'énergie, la fraude, le don d'organes, les donations caritatives.

La plus développée de ces « *Nudge Unit* » est la *Behavioural Insight Team* (BIT) anglaise, mise en place en 2010 par le gouvernement anglais et désormais indépendante. Elle travaille avec les gouvernements de plus de 30 pays et a mené plusieurs expériences sur la collecte de l'impôt, le don d'organe, et plus récemment la sécurité routière.

Les nudges s'appuient souvent sur les normes sociales pour modifier les comportements. Ils utilisent ces normes (« *la plupart des contribuables paient leurs impôts dans les temps et en ligne* ») pour construire de nouvelles politiques publiques ou les modifier.

3.4. Différents types de normes : minoritaires, croisées, situationnelles, personnelles, dynamiques

L'utilisation des normes descriptives ne se fait pas sans précaution. Par exemple, Stok *et al.* (2012) ont montré le rôle délétère des normes descriptives **minoritaires** sur les comportements. L'annonce d'un comportement réalisé par peu de personnes influe négativement sur la probabilité d'adopter le comportement recommandé car s'agissant d'une preuve sociale négative. Un message comme « *80 % des individus savent combien de fruits et légumes sont à consommer quotidiennement mais seulement 20 % en consomment effectivement* » peut provoquer une diminution et non pas une augmentation de la consommation de fruits pour peu que les participants soient fortement identifiés à leur groupe d'appartenance.

L'utilisation de normes descriptives **majoritaires** est, par conséquent, préférable (« *80 % des adolescents se font dépister* »). Dans tout message, il faut éviter de faire passer l'idée selon laquelle quelque chose est socialement désapprouvé mais répandu.

Dans une série d'expérimentations, Keizer, Lindenberg et Steg (2013) ont pu montrer que le non-respect des normes pro-environnementales (par exemple : des tags sur un mur) peut conduire, de la part des passants, à la transgression d'autres normes pro-environnementales (par exemple : jeter un papier au sol). Ces normes **croisées** se diffuseraient rapidement. Par exemple, des cyclistes venus récupérer leurs vélos près d'un parc jettent significativement plus au sol un papier accroché au guidon de leur vélo lorsque le parc et les murs l'entourant sont souillés de graffitis (69 %) que dans le même environnement mais dépourvu de graffitis (32 %).

Selon Arts et Dijksterhuis (2003), les normes **« situationnelles »** se réfèrent à la connaissance d'un comportement particulier à adopter dans un environnement ou une situation particulière et se déclencheraient automatiquement chez l'individu comme, par exemple, à l'entrée d'une bibliothèque où la norme est de garder le silence. Les normes situationnelles se comprennent comme des associations entre l'environnement et le comportement normatif disponible en mémoire, à tout le moins, chez les individus possédant une forte association entre ces deux éléments. Ces associations permettraient une automaticité du comportement à tenir dans un lieu public lorsque nous savons devoir nous y rendre.

Les normes personnelles sont des obligations morales d'adopter un certain comportement. La formation de ces normes dépend des valeurs propres des individus, de l'intégration ou de l'internalisation des influences sociales ambiantes. L'identification d'un individu à un groupe donné joue un rôle important dans la formation de ses normes personnelles. Plus l'individu s'identifie à un groupe, plus les normes injonctives ou prescrites de ce groupe prédisent ses propres normes personnelles (Helferich *et al.*, 2023).

L'influence par les normes dynamiques met en avant les changements de comportements ou d'attitudes d'autrui au fil du temps. L'objectif des normes dynamiques est d'attirer l'attention sur le changement des comportements chez les autres et, au-delà, d'inciter à ce changement (Sparkman & Walton, 2019).

3.5. Normes et modérateurs : le cas de l'implication personnelle et de l'identification politique

Dans une recherche sur la consommation d'énergie, Göckeritz *et al.* (2010) ont pu montrer que la relation entre les normes descriptives et la consommation d'énergie était modérée ou modulée par l'implication personnelle. Il y a implication personnelle lorsqu'un individu considère un objet, un événement, une personne particulièrement important pour lui. Les normes descriptives (X) prédisent mieux les comportements de consommation (Y) lorsque les habitants sont faiblement impliqués (M1) que fortement impliqués (M2).

Fig. 2 Normes descriptives

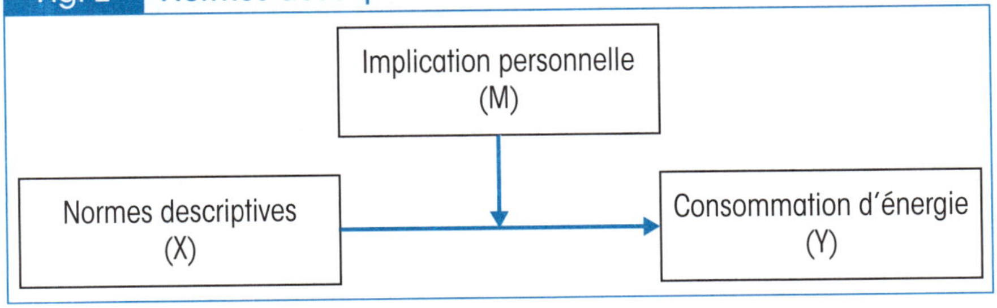

Les normes descriptives ont ainsi plus d'impact lorsque les individus ne sont pas impliqués envers la consommation d'énergie ou ne tiennent pas ce sujet comme important. Ces derniers forgent ainsi leur opinion et/ou leur comportement sur des indices contextuels, comme les normes descriptives, sans y associer l'élaboration active de nouvelles croyances ou des croyances déjà établies.

D'autres variables modèrent l'effet des normes sur les comportements comme l'identification au groupe d'appartenance, voire l'appartenance politique. Par exemple, Costa & Kahn (2013) ont montré, lors d'une expérimentation consistant à informer 35 000 foyers de leur consommation d'électricité comparativement à leurs voisins plus ou également économes, que la sensibilité politique des ménages influence grandement la réception de la comparaison et, de fait, son résultat. Ceux qui s'étaient déclarés de sensibilité conservatrice ou républicaine avaient ainsi tendance à refuser de diminuer leur consommation estimant qu'il s'agit d'un choix, voire d'une liberté individuelle.

3.6. Normes de réciprocité et de consistance

Nos comportements sont guidés notamment par la recherche d'approbation sociale mais aussi par le respect de la norme de réciprocité et la norme de consistance.

La **norme de réciprocité** est partagée par l'ensemble des sociétés humaines : il convient de rendre à autrui un service ou un bien lorsqu'il nous en a préalablement rendu un. Pour Gouldner (1960), la réciprocité serait indispensable au bon fonctionnement d'une société. Elle revêt donc une utilité sociale de premier ordre (Regan, 1971).

La **norme de consistance** s'exprime lorsqu'il y a harmonie entre nos idées (consistance cognitive), entre nos idées et nos comportements (consistance attitude-comportement), entre nos comportements (consistance comportementale). Les individus témoignant d'une faible consistance préfèrent la spontanéité, le changement, la non-prédictibilité de leur comportement. Ceux témoignant d'une forte consistance font montre de régularité, de consistance entre leurs attitudes et leurs comportements.

4. Le resserrement normatif

Nous savons que les normes sociales sont, le plus souvent, partagées par un groupe social donné, voire imposées par celui-ci. Gelfand *et al.* (2011) font référence au concept de resserrement (« *thighteness* ») normatif pour définir jusqu'à quel point ces normes sont prégnantes ou clairement définies dans un groupe social donné.

Le niveau de resserrement revient à considérer la force et l'acceptation des normes sociales présentes dans un groupe social et les sanctions sociales qui y sont associées en cas de transgressions ou de déviances. Ainsi, à un niveau global, les pays ayant un fort niveau de resserrement possèdent-ils, comparativement aux pays ayant un faible niveau de resserrement, de fortes normes et une faible tolérance aux comportements transgressifs et déviants. Par exemple, la restriction des comportements permissibles, la surveillance citoyenne et des médias, la peine de mort, une faible ouverture d'esprit, une forte stabilité sociale, un fort besoin de structure et de contrôle de l'environnement, de plus fortes discriminations et inégalités, une faible créativité et un moindre ressentiment du bonheur sont fréquemment caractéristiques d'un fort resserrement normatif reposant sur une **socialisation étroite** (« *narrow socialization* »).

Gelfand *et al.* (2011) ont comparé ce degré de resserrement normatif, donc de restrictions globales, dans 32 pays en s'appuyant sur une enquête internationale. Les résultats obtenus montrent les plus forts resserrements normatifs dans certains pays de l'Est de l'Asie (par exemple : Pakistan, Malaisie, Inde, Singapour, Corée du Sud) et les plus faibles en Europe de l'Est (par exemple : Ukraine, Hongrie, Estonie). Les États-Unis, l'Australie, l'Espagne ou encore la Belgique font partie des pays les plus faiblement resserrés. Sur ces 32 pays, la France est classée en 15e position en terme de resserrement normatif, au milieu du classement, au même titre que Hong Kong.

Fig. 3

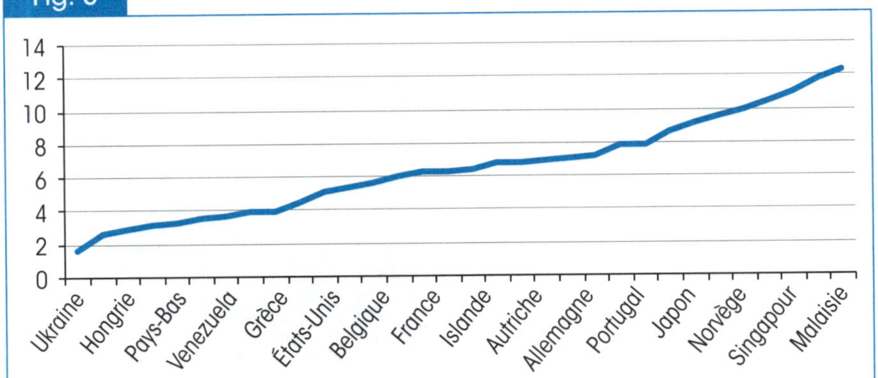

Nous n'entrerons pas, dans le cadre de ce chapitre, sur les processus psychosociaux sous-jacents aux différents niveaux de resserrement. Le lecteur intéressé peut prendre connaissance, pour ce faire, des recherches réalisées en psychologie interculturelle (Smith & Bond, 1998).

Ces normes de resserrement, expression d'une collectivité donnée et attribution de valeur sociale, seraient transmises socialement et font l'objet d'un apprentissage ou transmission sociale dès le plus jeune âge : institutions, médias, système évaluatif scolaire. Cette acquisition est ensuite suscitée par la fréquentation de dispositifs psycho-socio-éducatifs poursuivant le travail de transmission normatif de l'école (par exemple : formation, apprentissage).

Ces différences, en terme de resserrement normatif, peuvent se retrouver au sein d'un même pays comme, par exemple, aux États-Unis. Ainsi, Harrington et Gelfand (2014) ont-ils montré des niveaux de resserrement normatifs différents selon les États. Globalement, l'Ouest du pays (États de Californie, Oregon, Washington, Nevada) présente les plus faibles scores de resserrement. Le Sud-Est du pays (Mississippi, Alabama, Arkansas) présente les plus forts scores de resserrement. Une analyse plus fine montre qu'un fort resserrement est généralement associé à une stabilité sociale et au contrôle de soi, à une faible consommation de drogue et d'alcool, à peu de sans domicile fixe, à moins de mouvements sociaux comme les grèves.

Fig. 4 Représentation du resserrement normatif dans les différents États américains

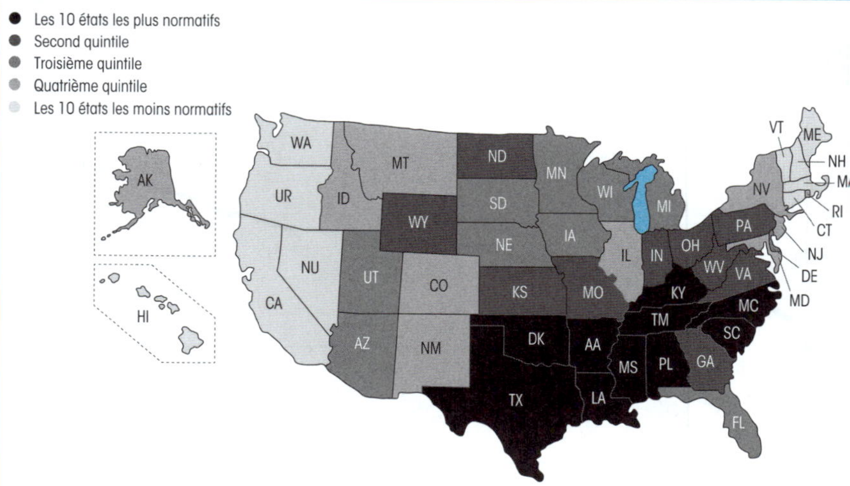

Les États sont organisés en quintiles selon leur score au test de resserrement. Plus un État est de couleur sombre, plus il est resserré normativement (d'après Harrington & Gelfand, 2014). https://3c1703fe8d.site.internapcdn.net/newman/gfx/news/hires/2014/studyexplain.jpg

Un fort resserrement normatif est aussi révélateur d'une moindre égalité entre hommes et femmes, une plus grande discrimination et des inégalités, un taux élevé d'incarcération, une moindre innovation, un faible bonheur perçu par les individus. Les États ayant un faible resserrement affichent une plus forte désorganisation sociale (possibilités de grève), une consommation de drogues accrue, une créativité augmentée, une ouverture culturelle, et un plus grand bonheur.

Pris globalement, le resserrement normatif est une importante dimension culturelle basée sur les normes.

5. Faux consensus, contrôle social et sanction

La perception que l'on peut avoir de la validation sociale peut, parfois, s'avérer fortement inexacte. Le plus souvent, les individus croient que leurs opinions, leurs caractéristiques ou leurs comportements sont largement partagés par leurs pairs. Ross, Greene et House (1977) sont les premiers à avoir montrer l'effet du faux consensus sur le comportement des individus. Notre position quant à un objet quelconque nous conduit souvent à amplifier notre perception du nombre de personnes défendant une opinion semblable à la nôtre. Par exemple, si vous aimez la choucroute, vous serez porté à penser que beaucoup plus de gens aiment également la choucroute que le présumeront les gens qui n'aiment pas la choucroute.

Ross, Greene et House (1977) demandaient à des étudiants de se promener pendant une demi-heure autour du campus universitaire avec, accroché autour de la taille, un panneau portant pour inscription « Repentez-vous ». Les étudiants ayant accepté ce travail estimèrent qu'en moyenne 63,5 % de leurs pairs feraient de même. Ceux ayant refusé de porter le panneau estimèrent, quant à eux, qu'en moyenne 23,3 % seraient d'accord pour ce travail. Ce qui, au total, donne un effet de faux consensus de 40,2 %.

Les recherches suggèrent toutefois un certain nombre de conditions à remplir pour observer un fort effet de faux consensus (Choi & Cha, 2019). C'est notamment le cas lorsque a) les individus sont exposés à d'autres partageant leurs opinions ; b) les individus sont certains de la justesse de leur opinion ; c) le thème est important personnellement pour eux.

La connaissance de l'effet du faux consensus peut être particulièrement pertinent lorsqu'il s'agit de comprendre les comportements de transgressions normatives c'est-à-dire les actions qui vont à l'encontre des normes établies par un groupe. Ainsi, les individus qui se méprennent sur le degré de consensus autour de leurs propres croyances ou comportements, ou qui font des erreurs sur la perception des normes sociales, peuvent être plus enclins à transgresser les normes, croyant à tort que leurs actions sont plus acceptables ou courantes qu'elles ne le sont en réalité (Prentice & Miller, 1993). Ces mêmes individus sont aussi moins susceptibles de reconnaître la désapprobation sociale de leurs actions car ils supposent un niveau d'acceptation plus élevé de leurs comportements par les autres.

Les **transgressions normatives** sont omniprésentes dans la vie quotidienne. Pour ne prendre que quelques exemples de la vie quotidienne, les individus se coupent la parole lors d'une conversation, arrivent en retard à leurs rendez-vous…

La fonction du contrôle social est de **sanctionner un individu** transgressant les normes sociales. Ainsi, le contrôle social est-il défini comme toute forme de communication verbale ou non verbale (soupir, regard appuyé, visage coléreux, commentaires polis ou agressifs, insultes, etc.) permettant aux individus de montrer à autrui leur désapprobation face à un comportement contre-normatif, donc déviant. Plus un comportement est perçu comme contre-normatif, plus la probabilité de désapprobation est grande. Dans une série d'expérimentations, Brauer et ses collaborateurs ont montré que ce contrôle s'exerce lorsqu'on se sent affecté par la transgression d'autrui (Chaurand & Brauer, 2008 ; Chekroun & Brauer, 2004).

Par exemple, jeter un papier dans un parc fera le plus souvent l'objet d'un contrôle social de la part d'un amoureux de la nature. Chekroun et Brauer (2002, 2004) ont pu montrer que les individus exercent moins de contrôle social en présence d'autrui s'ils sont faiblement (*vs.* fortement) impliqués par le comportement transgressif ou déviant de cet autrui. Lorsque l'implication est faible (par exemple : un individu dessine des graffitis dans un ascenseur), la présence d'autrui amoindrit le contrôle social. Lorsque l'implication est forte (par exemple : jeter une bouteille en plastique dans les buissons d'un jardin public), le contrôle social s'exercerait quel que soit le nombre d'individus témoins du comportement transgressif. Les résultats obtenus vont dans ce sens. Lorsque le dessinateur de graffiti est dans l'ascenseur (situation faiblement impliquante) avec un seul participant-témoin, 42,42 % interviennent en exerçant un contrôle social, lorsqu'ils sont deux participants-témoins avec le dessinateur 52,27 % interviennent, lorsqu'ils sont trois participants-témoins avec le dessinateur 58,82 % interviennent. Dans le jardin public, l'abandon de la bouteille (situation fortement impliquante) face à un seul participant-témoin conduit 41,70 % à intervenir en exerçant un contrôle social, face à deux participants-témoins 65,97 % interviennent, face à trois 77,27 % interviennent.

6. Normes et système culturel : l'exemple de la créativité et de l'innovation

La créativité consiste en la « *capacité à parvenir à une production à la fois nouvelle et adaptée au contexte et aux contraintes de la situation considérée* » (Lubart, 2018).

Les études portant sur la créativité embrassent un vaste éventail de domaines et de situations. Elles peuvent être menées dans des contextes réels ou expérimentaux en analysant différents aspects : les activités créatives (processus et démarches impliqués dans la réalisation d'œuvres ou de production créatives), les individus créatifs (les traits de personnalité), les productions créatives (qualité, originalité et valeurs des réalisations), l'influence du contexte (effets du groupe social, de l'environnement institutionnel ou organisationnel sur l'expression de la créativité).

Dans le cadre d'une psychologie sociale de la créativité, on s'intéresse, par conséquent, aux facteurs modulant cette créativité et plus particulièrement aux normes ambiantes, voire l'identité sociale. Le modèle systémique de Csíkszentmihályi (2006) présente une perspective systémique de la créativité dans laquelle la créativité est définie comme résultant de trois systèmes :

- l'individu et ses différences individuelles ;

- le champ (comportant des individus qui ont le rôle de « gardiens du domaine » et qui vont sélectionner les productions créatives qui sont jugées appropriées) ;
- le domaine dans lequel la créativité se manifeste. Cet auteur prend également en compte l'ensemble des variables motivant ou inhibant la créativité, en allant de l'intra-individuel aux idéologies et cultures ambiantes.

Fig. 5 Le modèle systémique de la créativité

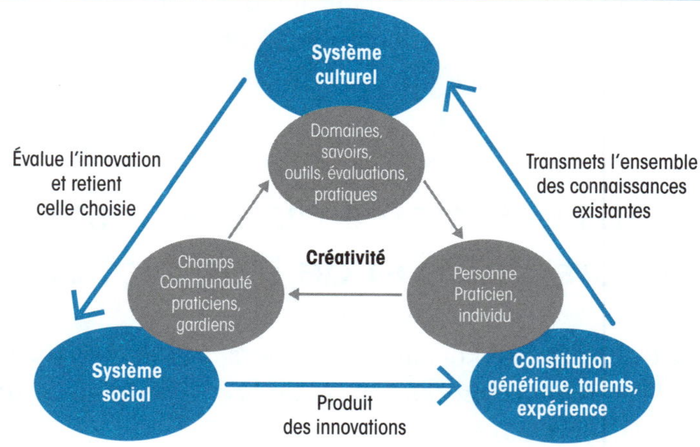

D'après Csíkszentmihályi (2006).

Selon Csíkszentmihályi (2006), la créativité ne peut donc être le produit d'un seul individu mais du système social, des normes ambiantes, et de leurs jugements sur les productions individuelles. Pour lui, le public est aussi au moins important dans la reconnaissance de l'activité créative et au-delà de l'innovation que l'individu lui-même à la source de la création. Ces orientations, prenant en compte plusieurs niveaux d'explications dans l'acte de création, trouvent un écho particulièrement important dans le cadre d'une psychologie sociale de la créativité et de l'innovation. Par exemple, certains travaux montrent que :

- ce sont les groupes d'individus qui donnent forme à une nouvelle idée, la diffusent et permettent son succès, ce qui est finalement essentiel à la créativité (Haslam, Adarvez-Yorno, Postmes, & Jans, 2013) ;

- le sentiment d'identité partagé ou identité sociale permet une motivation constante et la persévération pour conduire à terme un projet créatif (Adarves-Yorno, Postmes, & Haslam, 2006) ;
- les groupes jouent aussi un rôle important dans l'appréciation des idées créatrices. Nous ne percevons pas de la même façon la créativité d'un individu selon son appartenance groupale : s'il appartient « *à mon groupe* » (« nous ») ou « *à leur groupe* » (« eux ») (Adarves-Yorno, Haslam, Postmes, 2008 ; Haslam, Adarves-Yorno, Steffens, & Postmes, 2019).

À RETENIR

- **L'influence sociale** constitue un domaine important de la psychologie sociale. Les normes sociales sont de puissants déterminants à la création ou à la modification des comportements.
- Il existe deux types de normes sociales : les **normes sociales descriptives** et les **normes sociales injonctives**. Les normes sociales descriptives correspondent à ce que la majorité des individus font dans une situation donnée. Elles fournissent donc un cadre quant aux comportements à tenir dans une situation donnée. Les normes injonctives renvoient à ce que les individus approuvent ou désapprouvent et au jugement sur ce qui est moralement valorisé ou dévalorisé de faire dans une situation donnée.
- L'utilisation des normes sociales descriptives et injonctives permet de **modifier** ou de **changer le comportement,** notamment dans le domaine de l'environnement.
- Le **degré d'implication et d'identification au groupe** modère l'effet des normes descriptives et injonctives.
- Le **resserrement normatif** définit dans quelle mesure les normes sont prégnantes, clairement définies et applicables dans un groupe social donné.
- Le **contrôle social** permet de sanctionner un individu transgressant les normes sociales.
- Certaines activités humaines, comme la **créativité**, sont imbriquées dans un système à la fois **normatif, culturel et identitaire**.

NOTIONS CLÉS

- **Contrôle social** : pratiques sociales, formelles ou informelles, qui tendent à produire et à maintenir la conformité des individus aux normes de leur groupe.
- **Influence sociale** : influence exercée par un individu ou un groupe sur chacun de ses membres dont le résultat est d'imposer des modifications de normes, d'attitudes, voire de comportements.
- **Norme sociale :** définit ce qui est socialement acceptable de faire et d'être en traduisant les valeurs et les idéaux dominants d'une société ou d'un groupe. Ce sont des règles collectives soutenues par l'approbation et la désapprobation.
- **Nudge :** un «*coup de pouce*», **une petite intervention dans l'environnement qui modifie les mécanismes du choix,** c'est-à-dire le comportement des individus, pour les influencer dans un sens qui correspondrait mieux à leur propre intérêt ou à l'intérêt général.
- **Resserrement normatif** : concerne la force et l'acceptation des normes sociales présentes dans un groupe et les sanctions associées en cas de transgressions ou de déviance.

POUR ALLER PLUS LOIN

Dubois, N. (2009). *La norme d'internalité et le libéralisme.* Grenoble : Presses Universitaires de Grenoble.

Dubois, N., & Beauvois, J.-.L. (2023). *La Psychologie sociale : quel enjeu ?* Entremises.

Girandola, G., & Fointiat, V. (2016). *Attitudes et comportement : comprendre et changer.* Grenoble : Presses Universitaires de Grenoble.

Joule, R.-V., & Beauvois, J.-L. (2024). *Petit traité de manipulation à l'usage des honnêtes gens.* Grenoble : Presses Universitaires de Grenoble.

Exercice 1

Pour chaque proposition ci-dessous, indiquez si la proposition est vraie ou fausse.

	Proposition	Vrai	Faux
1.	Les normes sociales sont un puissant déterminant des comportements	☐	☐
2.	La recherche d'approbation est considérée comme une influence sociale informationnelle	☐	☐
3.	Le comportement des autres est considéré comme une influence sociale normative	☐	☐
4.	Les normes de jugements renvoient à ce qu'il est bien de penser	☐	☐
5.	Les normes de comportement renvoient à ce qu'il est bien de faire	☐	☐
6.	Cialdini est le principal auteur ayant travaillé sur le resserrement	☐	☐
7.	Les normes descriptives correspondent à ce que la majorité des personnes font ou réalisent	☐	☐
8.	Les normes descriptives n'influencent pas le comportement mais les opinions	☐	☐
9.	Les normes injonctives font état de ce qui moralement doit être fait ou réalisé	☐	☐
10.	Les normes injonctives sont sujettes à l'approbation ou à la désapprobation ainsi qu'à la sanction sociale	☐	☐
11.	Les messages utilisant une argumentation rationnelle sont plus efficaces que les messages utilisant une argumentation basée sur les normes	☐	☐
12.	Les nudges sont des coups de pouce qui sont utiles au changement de comportement	☐	☐
13.	Le système 1 est basé sur des activités mentales complexes	☐	☐
14.	Le système 2 est basé sur des heuristiques, c'est-à-dire un fonctionnement automatique et rapide	☐	☐
15.	Les normes descriptives minoritaires sont adoptées par un groupe minoritaire	☐	☐
16.	La relation entre norme descriptive et consommation d'énergie (étude de Göckeritz *et al.*, 2010) est modulée par le sentiment de responsabilité personnelle	☐	☐

17.	La norme de réciprocité consiste à rendre à autrui un service ou un bien lorsqu'il nous en a rendu un	☐	☐
18.	Le resserrement d'une norme signifie que la norme est très peu appliquée	☐	☐
19.	Le resserrement normatif dépend très souvent d'une dimension culturelle	☐	☐
20.	On appelle contrôle social le fait de sanctionner une personne transgressant les normes sociales	☐	☐

Exercice 2

Associez à chaque personne de gauche le terme qui lui correspond.

1. Cialdini	**a.** Créativité
2. Dubois	**b.** Contrôle social
3. Schultz	**c.** Resserrement normatif
4. Sunstein	**d.** Normes croisées
5. Keizer	**e.** Nudge
6. Gelfand	**f.** Économie d'énergies
7. Brauer	**g.** Normes de jugement
8. Csíkszentmihályi	**h.** Normes descriptives

© olly / Fotolia

Qu'allons-nous étudier dans ce chapitre ?

- Ce chapitre présente les principales théories de l'attitude et du changement de comportement.
- Seront abordés les paradigmes classiques et nouveaux du changement : l'attitude avec ses principales composantes, la prédiction comportementale, la communication persuasive et technologique, la dissonance cognitive, la soumission librement consentie, la communication engageante.

CHAPITRE

5

Attitudes et comportements

PLAN DU CHAPITRE

Vous descendez à pied la Grande Rue et soudain, aux abords de la place Saint-Pierre, quelqu'un vous arrête vous touchant furtivement l'avant-bras : « Pardon, Vous avez une minute ?... Comment allez-vous ? ». Vous avez à peine le temps de répondre que déjà cette même personne vous propose de prendre connaissance et d'accepter une brochure expliquant les méfaits du changement climatique. Vous acceptez. Cette personne vous tend une pétition en faveur de la promulgation de lois sur la protection de l'environnement tout en soulignant que vous êtes tout à fait libre de la signer. Ce que vous faites... après tout, vous n'êtes pas le seul à avoir signé, y figurent déjà quelques personnes ce qui vous motive, dans le doute, à en faire autant. On vous remercie et on vous assure que vous êtes vraiment quelqu'un de serviable pour la cause écologiste, vraiment quelqu'un de bien ! Vous poursuivez votre chemin jusqu'au bout de la Grande Rue convaincu que vous êtes vraiment un militant écologiste, bref quelqu'un de bien... Vous arrivez sur le pont Battant, tout près des quais, du tramway donc et de la statue de Jouffroy d'Abbans... Quelqu'un vous arrête de nouveau... « Pardon, auriez-vous 37 secondes à m'accorder ? ». Pourquoi 37 secondes pensez-vous. Intrigué, vous écoutez. Cette fois on vous demande de faire un don en faveur d'une association qui défend l'environnent. Vous pouvez donner ce que vous voulez, vous n'êtes pas obligé, c'est à vous de voir. Vous donnez quelques pièces, fier d'avoir jamais été aussi altruiste envers la cause environnementale même si votre vieille voiture vous attend plus loin, en haut, au parking Battant...

Cette banale scène de la vie quotidienne, ici dans une belle ville du nord-est de la France, prend toute son importance lorsqu'on sait que plusieurs techniques d'induction comportementale susceptibles d'obtenir de vous des comportements, que vous n'auriez pas réalisés spontanément, ont été utilisées en si peu de temps : *« le toucher »*, *« le comment allez-vous »*, *« le pied-dans-la-porte »*, *« le vous êtes libre de »*, *« la preuve sociale »*, *« l'engagement »*, *« l'étiquetage »*, *« la pique »*... nous les découvrirons toutes dans une des sections de ce chapitre !

▶ Cf. p. 150-151

1. L'attitude

Les psychologues sociaux font de la notion d'attitude un des concepts fondamentaux de leur domaine. Cette notion a été introduite en 1918 par Thomas et Znaniecki qui ont découvert, en faisant l'analyse de contenu de lettres et de récits de vie d'immigrants arrivant aux États-Unis, que leurs comportements étaient sous-tendus par des orientations communes envers certains objets (par exemple : avenir, famille).

1.1. Origine de l'attitude et force de l'attitude

Rosenberg et Hovland (1960) ont proposé une conception tricomponentielle de l'attitude. L'attitude est constituée de trois composantes en lien les unes aux autres :

- la **composante affective** : prend appui sur les sentiments ou émotions associés à l'objet d'attitude (réactions émotionnelles envers l'objet d'attitude) ;
- la **composante cognitive** : prend appui sur les croyances, pensées, attributs associés à l'objet d'attitude (pensées et croyances envers l'objet d'attitude) ;
- la **composante comportementale** ou **conative** : prenant appui sur les comportements passés envers l'objet (intentions d'action).

Prenons un exemple en examinant l'attitude d'un individu envers une voiture neuve. On peut observer sa réaction affective envers cette voiture (émotions, sentiments : excitation, plaisir esthétique) puis sa réaction cognitive composée de croyances diverses sur ses attributs (consommation, vitesse, etc.) pour finir avec sa réaction comportementale (la tester, voire l'acheter).

Pour Zanna et Rempel (1988), l'attitude est un élément prenant appui, à l'instar de la conception de Rosenberg et Hovland (1960), sur trois sortes d'informations : une cognitive, une comportementale ou l'intention d'agir, une affective faisant référence à l'émotion ressentie. Ces auteurs suggèrent que ces trois informations prises séparément ou conjointement peuvent déterminer l'attitude.

Fig. 1 Le modèle de Zanna et Rempel (1988)

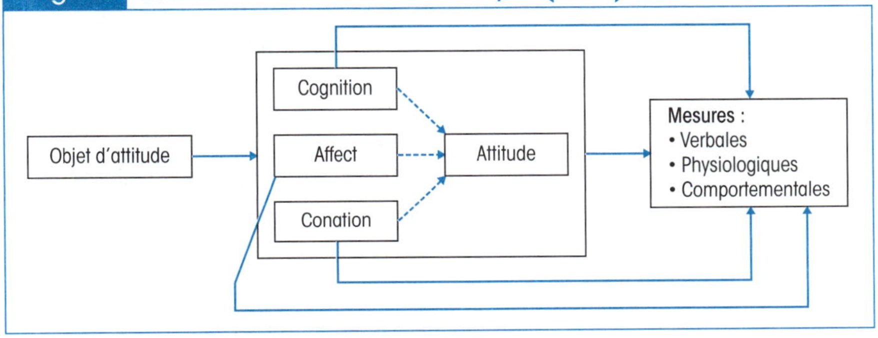

Pratkanis et Greenwald (1989) critiquent les formulations précédentes pour deux raisons essentielles : d'abord le manque de précision concernant les descriptions empiriques, ensuite l'insuffisance prédictive de ces modèles. Dans le modèle de Pratkanis et Greenwald (1989), les attitudes sont représentées en mémoire notamment par une étiquette de l'objet d'attitude. Cette représentation comprend un résumé évaluatif concernant l'objet d'attitude (par exemple : bon-mauvais).

La conception de ces deux auteurs est représentative des plus récentes formulations cognitives. Ainsi, certains auteurs préfèrent-ils adopter une définition unidimensionnelle de l'attitude ne faisant pas appel à la distinction classique opérée par Rosenberg et Hovland (1960) ni à celle de Zanna et Rempel (1988). Ces formulations définissent l'attitude par sa **fonction évaluative**, voire **affective**, plutôt que faite de plusieurs composantes.

Par exemple, pour Eagly et Chaiken (2007), l'attitude est une tendance psychologique, une disposition, exprimée en évaluant favorablement ou pas, positivement ou pas, un objet particulier ou une classe d'objets. Posséder une attitude, c'est pouvoir situer un objet attitudinal (des choses concrètes, des éléments abstraits, des comportements) sur une dimension évaluative. L'attitude est donc un jugement, une opinion, exprimant un degré d'aversion ou d'attirance. D'autres recherches ont mis en évidence l'existence d'une **attitude implicite**. L'individu n'est pas conscient de cette attitude et il ne la contrôle pas (Petty & Brinol, 2009).

L'attitude « forte »

Une attitude « forte » (Petty & Krosnick, 1995) possède plusieurs qualités : la stabilité, la résistance à l'influence, un impact à la fois sur le traitement de l'information et sur les comportements. Elle est stable dans le temps contrairement à une attitude faible qui est plus dépendante du contexte. Une attitude « forte » possède au moins trois dimensions :

- l'**accessibilité** : il s'agit de la vitesse de réponse que prend un objet pour provoquer une évaluation favorable ou défavorable. Une forte accessibilité (par exemple un temps de réponse rapide à une question) peut être prédictive d'un comportement comme, par exemple, le vote ;
- l'**importance** : on demande aux individus si l'objet d'attitude est important pour eux, s'ils se sentent concernés par l'objet. L'importance d'une attitude prédit la stabilité et le comportement ;
- la **certitude** : les individus ayant une forte certitude dans leur attitude (par exemple : « *je suis certain de mon attitude* ») sont, par exemple, plus résistants face à une tentative d'influence.

1.2. La mesure de l'attitude : deux exemples

Les techniques de mesure de l'attitude explicite les plus courantes sont les réponses autorapportées (par exemple : Thurstone, 1928 ; Likert, 1932). L'échelle de Likert implique l'expression de son degré d'accord ou de désaccord sur un objet d'attitude. L'échelle, composée d'items, contient en général cinq, voire sept, niveaux permettant de nuancer son degré d'accord (par exemple : de 1 « *pas du tout d'accord* » à 5 « *tout à fait d'accord* »). L'attitude correspond à la moyenne des réponses du répondant à l'ensemble des items de l'échelle. L'échelle de différenciation sémantique (Osgood, Suci, & Tannenbaum, 1957) permet d'évaluer un objet d'attitude à partir d'items en 7 points concernant une série d'adjectifs bipolaires (par ex. bon-mauvais, favorable-défavorable, agréable-désagréable).

1.3. Prédire le comportement ?

Les théories de l'action raisonnée et planifiée

Fishbein et Ajzen (1975) ont proposé une théorie de l'action raisonnée. La réalisation d'un comportement prend sa source dans l'intention de réaliser ce comportement. Cette dernière serait fonction de l'attitude envers le comportement (i.e., l'individu juge si la réalisation du comportement est bonne ou mauvaise, s'il est pour ou contre sa réalisation : « *pour moi, faire x serait bien / stupide* ») et des normes subjectives perçues envers ce même comportement (i.e., perceptions de la pression sociale à réaliser ou pas ce comportement : « *la plupart des gens qui sont importants pour moi pensent que je devrais réaliser x* »).

Ajzen (1991) a ensuite proposé la théorie de l'action planifiée avec l'introduction du contrôle comportemental perçu. Il s'agit du contrôle perçu pour mener à terme un comportement (« *si je veux, je peux facilement faire x* »). Ce contrôle perçu aurait un impact direct sur l'intention et indirect sur le comportement. Plus l'individu pense avoir du contrôle sur un comportement, plus grande sera son intention de le réaliser. Pour l'essentiel, cette théorie a trouvé un nombre conséquent d'applications dans les domaines de la santé publique (alcool et drogues, adhérence aux traitements médicaux, hygiène, nutrition, activités physiques, comportements sexuels), de la mobilité, du travail, et de l'éducation.

Fig. 2 Le modèle de l'action planifiée

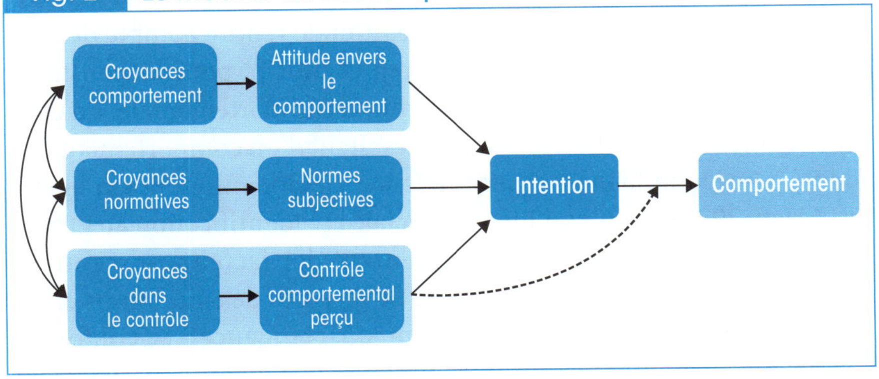

La théorie de l'action planifiée prédit et explique le comportement. Différentes méta-analyses l'attestent (par exemple Steinmetz *et al.*, 2016).

Toutefois, certaines de ces méta-analyses montrent (Webb & Sheeran, 2006) que le changement d'intention n'est pas un bon prédicteur du changement de comportement lorsque ce dernier est mesuré environ trois mois après la mesure de l'intention. Dans ce sens, Webb et Sheeran (2006) signalent un écart important entre intention et comportement. Bien que la théorie du comportement planifié d'Ajzen soit utilisée pour prédire les intentions et les comportements, il reste une partie non négligeable de variance non-expliquée entre intention et comportement. Ce modèle questionne la relation entre intention et comportement (cf. Girandola & Fointiat, 2016).

Hagger et Hamilton (2024), dans une méta-analyse portant sur les mesures temporelles ou différées, montrent la validité prédictive de la théorie dans le temps malgré une diminution des effets entre un temps 1 et un temps 2. La méta-analyse confirme aussi une faible variance expliquée entre intention et comportements. Ces auteurs recommandent une meilleure prise en compte, sur le long terme, des associations entre attitudes et intentions d'une part, entre intentions et comportements, d'autre part. Enfin, les rôles des comportements passés et ceux des habitudes sont également à prendre en compte afin d'optimiser la prédiction des comportements. Les habitudes sont ici définies comme des réponses automatiques face à certaines situations : « séquences d'actions apprises, qui sont devenues des réponses automatiques à des indices de contextes spécifiques et qui sont utiles pour atteindre certains buts » (Wood, 2019).

Il serait pertinent d'enrichir la théorie de l'action planifiée en intégrant des dimensions complémentaires afin de rendre compte de cette variance résiduelle. Parmi les pistes, le regret anticipé pourrait constituer un prédicteur supplémentaire de l'intention comportementale. En effet, l'anticipation des émotions négatives résultant d'un comportement non adopté pourrait influencer significativement les intentions des individus (cf. Ajzen, 2020). De plus, l'identité sociale et l'identification au groupe de référence et à ses normes représentent des facteurs susceptibles d'expliquer une part additionnelle de la variance des intentions et des comportements. Les individus auraient ainsi tendance à se conformer aux normes et attentes des groupes auxquels ils s'identifient fortement.

L'intégration de ces dimensions complémentaires au modèle initial d'Ajzen permettrait d'accroître son pouvoir prédictif et explicatif concernant les processus menant aux intentions et aux comportements effectifs. De plus, l'intégration d'autres théories, comme la théorie de la motivation à la protection, est aussi recommandée lorsqu'il s'agit de prédire les comportements sanitaires.

Afin d'optimiser la relation entre intention et comportement, le principe de correspondance ou de compatibilité est à respecter. Ce principe revient à mieux prédire les comportements si les attitudes et intentions mesurées revoient à la même cible, contexte et temps que le comportement mesuré. Ainsi, au niveau de la mesure, il faut que la spécificité de l'attitude et/ou de l'intention (avoir l'intention de réaliser du sport le dimanche entre 10h00 et 12h00) soit en parfaite correspondance avec le comportement mesure ou observé (réaliser du sport le dimanche entre 10h00 et 12h00). Par ailleurs, certaines études ont montré l'efficacité de la planification de l'action dans la mise en œuvre des intentions et la réalisation des comportements (Steinmetz *et al.*, 2016). La planification de l'action précise le quand, le où et le comment des actions. Cette planification facilite la mise en œuvre des objectifs.

Enfin, plusieurs facteurs modérateurs de la relation entre l'intention et le comportement mériteraient d'être examinés, que ce soit isolément ou conjointement (Conner & Norman, 2022) : les fondements motivationnels de l'intention (dimension affective, normes morales, regret anticipé, identité), les traits de personnalité, les caractéristiques sociodémographiques, la stabilité temporelle des intentions, ou encore les comportements passés comme évoqué (fréquence, habitudes ; e.g., Ouellette & Wood, 1998).

Le modèle MODE

Selon le modèle **M**otivation et **O**pportunité comme **DE**terminant (MODE) de la manière dont une attitude affecte un comportement (Fazio, 1990), les attitudes dirigent les jugements et comportements à moins que les individus aient l'opportunité et la motivation d'initier un processus de réflexion. La motivation est ici nécessaire pour induire les individus à s'engager dans un raisonnement réfléchi ou délibéré, c'est-à-dire dans la recherche et la construction d'une attitude envers le comportement et, au-delà, la formation d'une intention comportementale.

Fig. 3 Le modèle MODE (Fazio, 1990)

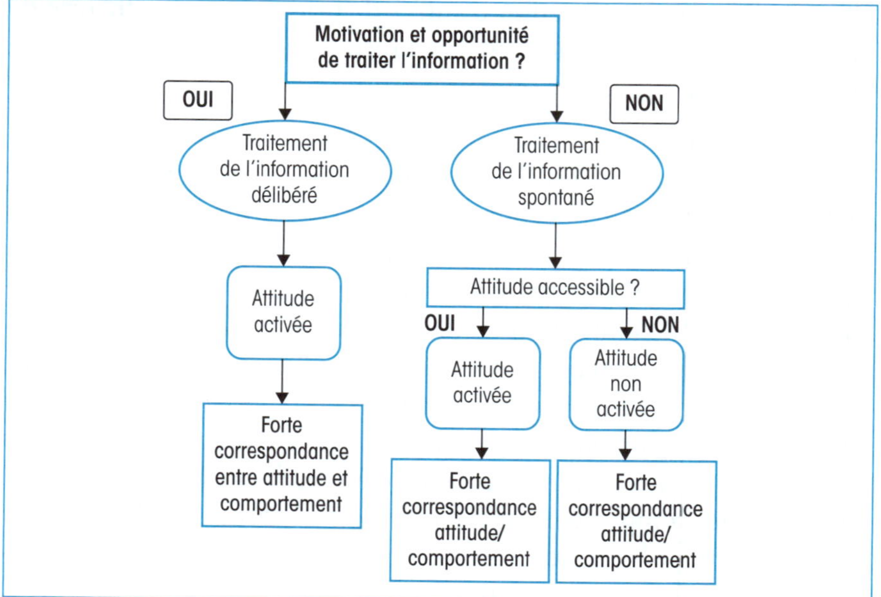

La motivation est nécessaire pour que les individus s'engagent dans un raisonnement délibéré ou réfléchi (c'est-à-dire une recherche et construction d'attitudes envers le comportement et décider d'une intention comportementale). Une technique de motivation est d'informer les participants de ne pas commettre d'erreur, d'éviter les coûts ou inconvénients d'une mauvaise décision. La peur de commettre une erreur faciliterait une réflexion critique et soigneuse du jugement à prendre. Cette peur conduirait les participants à s'engager dans un raisonnement délibéré ou réfléchi. Mais la motivation seule n'est pas suffisante. Encore faut-il que le sujet en ait l'opportunité.

Une validation du modèle MODE

Sanbonmatsu et Fazio (1990) présentaient aux participants des phrases décrivant des attributs positifs et négatifs de deux grandes surfaces de vente : le magasin Smith (excellent mais ayant un département photographie plutôt pauvre) ; le magasin Brown (mauvaise notoriété mais ayant un bon département photographie). Les participants devaient choisir un magasin pour l'achat d'un appareil photo. Selon le MODE, un processus sans effort reviendrait à choisir le magasin Smith, un processus basé sur la réflexion reviendrait à sélectionner Brown. La motivation à délibérer était manipulée en utilisant une procédure de peur d'invalidité.

Dans la condition forte peur de l'invalidité, on disait aux participants que leurs réponses seraient comparées aux réponses d'autres et qu'ils devraient expliquer, à l'expérimentateur et aux autres, le raisonnement ayant conduit à leur décision. On ne donnait pas d'instructions à ceux placés dans la condition faible peur en invalidité. L'opportunité à délibérer était manipulée en variant le temps alloué pour prendre la décision. On donnait 15 secondes aux participants placés dans la condition forte contrainte (faible opportunité), un temps illimité pour ceux placés dans la condition faible contrainte (forte opportunité). Comme prédit par le MODE, seuls ceux ayant suffisamment de motivation et d'opportunité font preuve d'un jugement délibéré ou réfléchi. En effet, ils sont significativement plus nombreux à choisir le magasin Brown pour l'achat d'un appareil photo. Ces mêmes participants rapportent avoir produit plus d'efforts cognitifs pour juger les différents attributs de chaque rayon de photo.

Le modèle COM-B

Michie, Van Stralen, et West (2011) proposent le modèle **COM-B** pour « **C**apability, **O**pportunity, **M**otivation-**B**ehaviour » (aptitude, opportunités, motivation-comportement) dans la prédiction du comportement. Ce modèle est composé de trois dimensions :

- l'aptitude (« *Capability* ») : capacité d'un individu à s'engager dans un comportement. L'aptitude peut être affectée par le *physique* et/ou la *psychologie* de l'individu ;
- les opportunités représentent les facteurs externes à l'individu (environnement, sociaux) qui influencent son comportement ;
- la motivation découle des activités cérébrales conscientes / réflexives et/ou inconscientes / automatiques impliquées dans les choix comportementaux.

Fig. 4 Le modèle COM-B

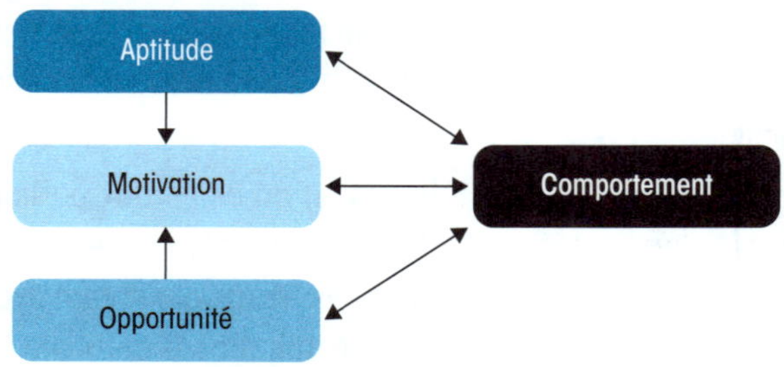

D'après Michie *et al.* (2011).

Le COM-B a pour objectif le choix des interventions futures et les techniques de changements de comportements à utiliser.

2. Persuasion et changement des attitudes

2.1. Effets de simple exposition et effets de conditionnement évaluatif

■ Effet de simple exposition

Pour Zajonc (1968), l'effet de simple exposition est un sentiment positif envers quelqu'un ou quelque chose par la simple exposition répétée à cette personne ou cet objet. En bref, plus nous sommes exposés à un stimulus (par exemple : un individu, un produit de consommation, un lieu, une musique) plus il est probable que nous l'apprécions.

Une application de cet effet est la publicité qui procède à la répétition de mêmes messages commerciaux. Zajonc (1968) a exposé des individus à des mots de sept lettres sans signification (par exemple : mikakar, tredujou, etc.). La fréquence d'exposition aux mots variait de 0 à 25 fois. On demandait ensuite aux participants si, selon eux, le mot désignait quelque chose de négatif, de neutre, ou de positif. Les mots exposés un plus grand nombre de fois sont jugés par les participants de façon plus positive que ceux exposés moins souvent.

L'effet de simple exposition

Dans une autre expérience, **Zajonc** (1968) montrait des diapositives d'idéogramme chinois. Chaque idéogramme était projeté pendant deux secondes. La série de diapositives contenait deux idéogrammes exposés une fois, deux autres exposés 2 fois, deux 5 fois, deux 10 fois, et deux 25 fois. Zajonc demandait ensuite aux participants de les évaluer. On s'intéressait ici à l'effet du nombre d'exposition sur l'évaluation affective de chaque idéogramme. Les résultats montrent une relation positive entre la fréquence d'exposition et l'affect : l'idéogramme est jugé plus positivement lorsque la fréquence d'exposition demeure relativement faible puis le jugement positif n'augmente guère tout en restant positif dans les plus fortes fréquences d'exposition.

Fig. 5 Effets de la fréquence d'exposition sur l'affect

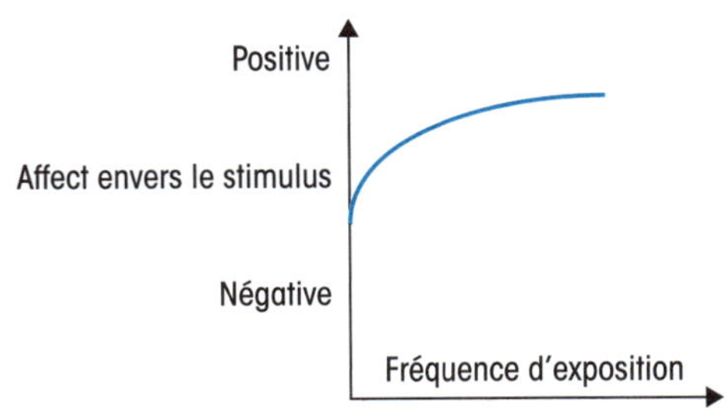

■ Effet de conditionnement

L'effet de conditionnement (Levey & Martin, 1975) évaluatif revient, quant à lui, à associer une représentation cognitive à une réaction affective. Il s'agit d'associer un stimulus conditionnel (par exemple : une image neutre, un logo de marque) avec un stimulus non conditionné (par exemple : une image fortement chargée affectivement, une musique). L'image ou la photo neutre sera évaluée comme plus positive ou négative en fonction de la valence du stimulus non conditionné. Il y a transfert affectif d'un stimulus à un autre résultant de l'association en mémoire de ces deux stimuli (cf. Zerhouni *in* Girandola et Joule, 2013, p. 227-229).

Par exemple, un produit associé avec une musique agréable est mieux évalué qu'un produit associé avec une musique désagréable. Les effets du conditionnement évaluatif sont plus marqués dans le cadre de la formation d'attitude (pour des marques nouvelles par exemple) que dans le cadre du changement d'attitude déjà constituée (pour des marques déjà familières).

Autre exemple : des participants indifférents à une marque de voiture peuvent acquérir des attitudes positives envers cette marque après une association répétée entre cette voiture et le stimulus représenté par une femme attrayante postée près de la voiture. Globalement, les recherches montrent un conditionnement plus important lorsque les participants sont conscients que les stimuli conditionnels et non conditionnés sont associés. Il est observé de faible effet du conditionnement évaluatif chez les enfants car ils sont moins conscients que les stimuli présentés sont supposés être associés (cf. Zerhouni *in* Girandola et Joule, 2013, p. 227-229).

2.2. La communication persuasive

Petty et Cacioppo (1986) propose cette définition de la persuasion : « *la persuasion est un changement des croyances et attitudes résultant d'une exposition à une communication* ».

■ L'école de Yale

Les travaux de l'École de l'Université de Yale, dirigés par Carl Hovland, ont identifié certaines variables susceptibles de renforcer l'adhésion d'un individu à un message selon la formule : « Qui dit quoi ? Par quel canal ? À qui ? Avec quel effet ? ». Une persuasion efficace sur les attitudes et comportements serait dépendante :

- de la variable « source » (qui parle ?) ;
- de la variable « message » (qu'est-il transmis ?) ;
- de la variable « canal » (comment est-ce transmis ?) ;
- de la variable « cible ou public » (à qui ?) et de leurs interactions.

Hovland et Weiss (1951) montrent, par exemple, que l'attribution d'un message à une source de forte crédibilité conduit un plus grand nombre de participants à exprimer, immédiatement après sa lecture, une attitude allant dans le sens de ce message comparativement à celui attribué à une source de faible crédibilité. Mais cet effet ne perdure pas. Généralement, les individus ne se souviennent plus de la source et dissocient au fur et à mesure que le temps passe la source du message : il s'agit de l'effet « dormeur » ou « *sleeper effect* ».

Fig. 6 Changement d'attitude comme fonction d'intervalle temporal et de la crédibilité de la source

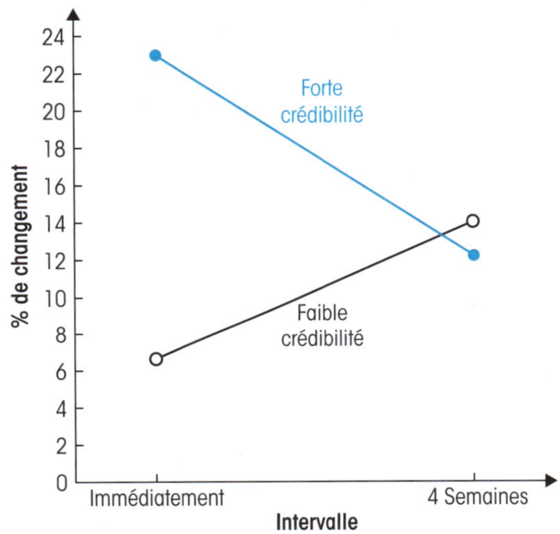

Hovland & Weiss (1951).

La crédibilité de la variable source a fait l'objet de nombreuses études (cf. Girandola, 2003 ; Perloff, 2017). La crédibilité est étudiée souvent en lien avec le comportement non verbal (e.g., gestes, mouvements, mimiques, regards et suivi du regard) ou verbal (e.g., ton, débit de parole, intonation), en lien avec certaines variables structurelles (e.g., pouvoir, rôle, statut). Cette analyse est parfois conduite en détail pour mieux comprendre comment une source, lors d'une présentation ou d'un discours important, apparaît crédible, compétente, voire charismatique, aux yeux du public.

La source est aussi évaluée différemment selon son appartenance politique. Par exemple, aux États-Unis, il existe de fortes disparités entre démocrates et républicains sur la confiance et la fiabilité attribuées aux sources d'information sur le réchauffement climatique (Leiserowitz *et al.*, 2022). Les scientifiques travaillant sur le changement climatique représentent la source la plus fiable chez les démocrates, mais pas pour les républicains en particulier pour la frange conservatrice de ce parti.

■ La théorie de la réponse cognitive

Greenwald (1968) a montré que les individus génèrent des pensées positives (par ex. : « *c'est intéressant* », « *cet argument me convainc* »), négatives (par ex. : « *ce n'est pas intéressant* », « *je ne comprends pas* ») ou même neutres lors de la lecture d'un message. Les pensées positives sont produites à la lecture d'arguments de bonne qualité, contrairement aux pensées négatives qui accompagnent la lecture d'arguments de mauvaise qualité. Les pensées positives (ou réponses cognitives) favorisent le changement d'attitude. Les pensées négatives entravent, à l'inverse, le changement d'attitude.

■ Le modèle de probabilité d'élaboration (ELM : *Elaboration Likelihood Model*)

Des individus exposés à des arguments à visée persuasive peuvent se former, modifier ou changer une attitude en empruntant, soit la voie centrale du traitement de l'information, soit la voie périphérique, soit encore les deux à la fois (Petty & Cacioppo, 1986). L'emprunt de la voie centrale conduit les individus à traiter ou à considérer soigneusement et quasi objectivement chaque argument contenu dans le message (« *cet argument est-il valable ? Est-ce que je le prends en compte ?* ») et, par conséquent, nécessite un certain effort cognitif. L'emprunt de la voie périphérique consiste à traiter ou à considérer superficiellement les arguments persuasifs. Elle demande peu d'effort cognitif. Le changement d'attitude est ici le résultat de la présence d'indices périphériques au message comme, par exemple, une information sur la crédibilité de la source (« *quel est l'auteur du message ? Est-il crédible ?* »). L'emprunt d'une voie plutôt que l'autre est, notamment, déterminé par le degré de motivation et d'habileté des individus à traiter ou à évaluer les arguments persuasifs. Parmi les différentes variables ayant un impact sur la motivation, l'implication est la plus importante. Il y a implication lorsque le thème traité est important pour l'individu.

Une validation du modèle ELM : l'expérience de Petty, Cacciopo et Goldman (1981)

Petty, Cacioppo, et Goldman (1981) demandaient à des étudiants d'écouter un message défendant l'introduction d'un examen de sélection. Trois variables étaient manipulées :

– l'implication (faible : examen prévu à la rentrée *vs.* forte : prévu dans dix ans),

➡

- la qualité des arguments (faible *vs* forte),
- l'expertise de la source (faible : un groupe d'étudiants *vs.* forte : une commission sur l'éducation).

Les étudiants exprimaient leur attitude envers cet examen. Une forte implication (examen prévu à la rentrée) motiverait les étudiants à traiter soigneusement les arguments proposés. Le changement d'attitude procéderait alors plus de la qualité de l'argumentation présentée que de l'expertise de la source. Une argumentation de bonne qualité (arguments forts) conduirait les individus, via la production de pensées favorables, à changer d'attitude alors qu'une argumentation de mauvaise qualité (arguments faibles) conduirait à maintenir leur attitude. Comme attendu, lorsque les étudiants sont motivés à évaluer soigneusement le message persuasif (forte implication), la qualité de l'argumentation (arguments forts) a plus d'impact sur le changement d'attitude que la crédibilité de la source. Le contraire est observé lorsque les individus ne sont pas motivés à évaluer les arguments (faible implication) : la crédibilité de la source a plus d'impact sur le changement d'attitude qu'une bonne argumentation.

Fig. 7 Attitude post-expérimentale envers l'examen comme fonction de l'implication, de la qualité de l'argumentation et de la crédibilité de la source

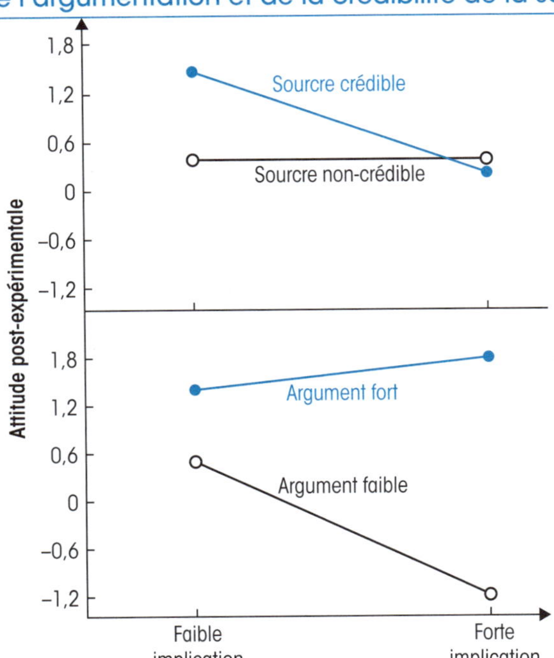

■ Le modèle de l'autovalidation

Briñol et Petty (2009) ont pu montrer que la production de pensées (ou réponses cognitives) est une condition nécessaire, mais non suffisante, au changement d'attitude.

Le modèle postule que pour qu'un changement d'attitude se produise, les individus doivent non seulement générer des pensées en réponse à un message persuasif, mais aussi « valider » ou se fier à ces pensées. Pour obtenir un changement, il faut que les personnes valident leurs pensées (métacognitions). La validation cognitive s'exprime essentiellement par la confiance témoignée en ses pensées (« J'ai confiance en mes pensées »). Pour obtenir un changement d'attitude, il faut donc que les personnes valident cognitivement leurs pensées positives (*i.e.* métacognitions) ou doutent de leurs pensées négatives. Symétriquement, pour obtenir une résistance, il faut que les personnes valident cognitivement leurs pensées négatives (*i.e.* métacognitions) ou doutent de leurs pensées positives.

Ainsi, le modèle souligne l'importance de prendre en compte non seulement le contenu des pensées, mais aussi les processus métacognitifs par lesquels les individus évaluent la validité de leurs propres pensées lors du changement d'attitude (fig. 8).

Fig. 8 Représentation simplifiée du modèle de l'autovalidation persuasive (in Girandola & Fointiat, 2016, p. 46)

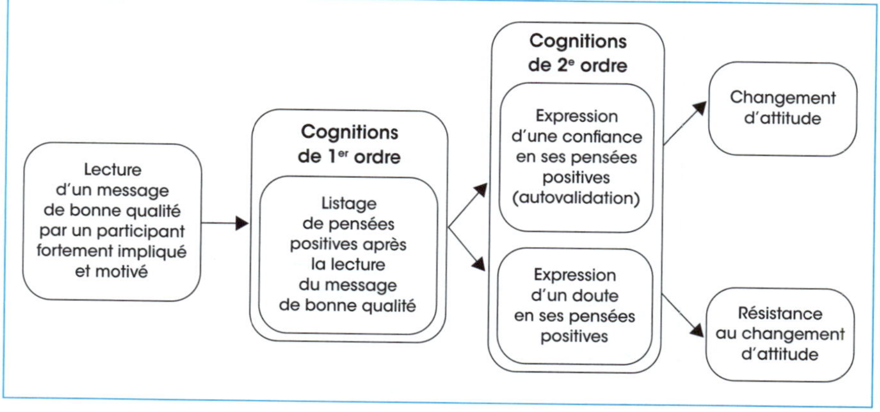

Ainsi, les pensées générées en réponse à un message sont plus susceptibles d'être validées et d'entraîner un changement d'attitude lorsqu'elles proviennent de sources perçues comme crédibles. À l'inverse, les pensées sont moins susceptibles d'être validées lorsqu'elles proviennent de sources douteuses ou non fiables.

Fig. 9 Le modèle ELM

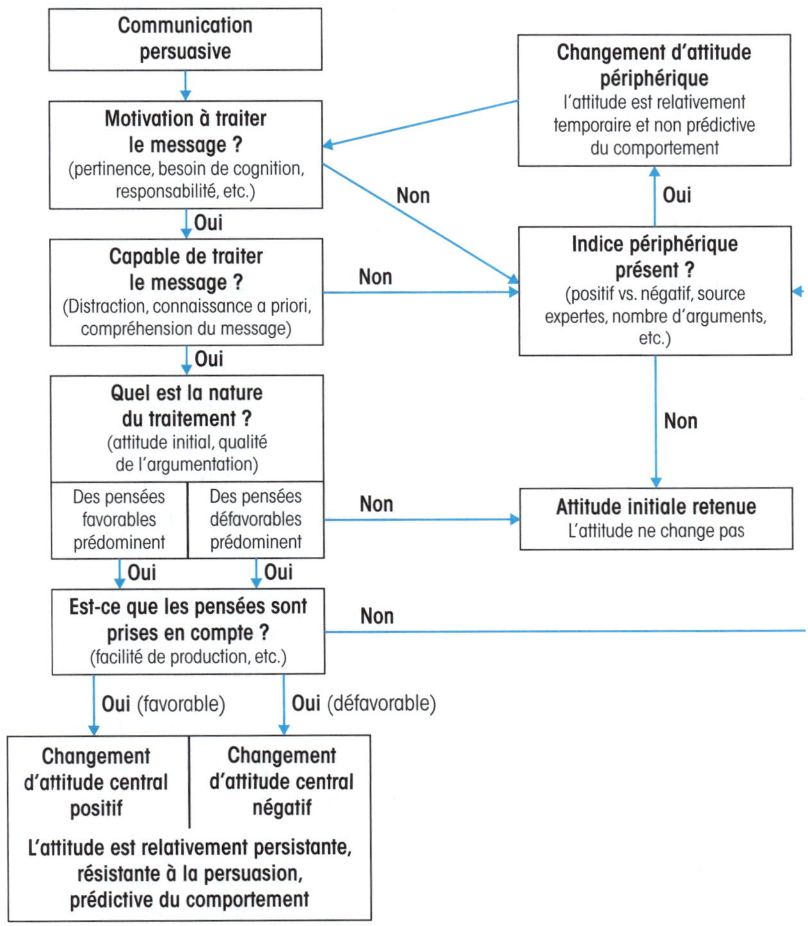

D'après Petty & Brinol (2012).

■ Le modèle du Traitement Heuristique-Sytématique (HSM : *Heuristic Systematic Model*)

Le modèle du Traitement Heuristique-Systématique (THS) de Chaiken (1987) propose deux voies de traitement de l'information persuasive. La voie systématique correspond à un traitement soignée de l'argumentation, l'autre voie impliquant le recours à des heuristiques, à des règles de décisions simples (par ex. : « *ce que dit un expert est toujours vrai* ») et accessibles en mémoire, pour se forger une attitude. Des niveaux de motivation sont définis, par exemple, la motivation défensive préserverait le Soi (par ex. : valeurs, identités, croyances) de toute menace le remettant en cause. Ce type de motivation biaise le traitement de l'information et prépare à résister à une tentative de persuasion ultérieure (par ex. : « *si cette information va dans le sens de mon opinion, alors je la considère comme vraie. Si elle s'y oppose, alors je ne la prends pas en compte* »).

2.3. Quelques paramètres de la persuasion

■ La peur est-elle un bon moyen de persuasion ?

L'objectif de l'appel à la peur est de susciter une émotion négative inconfortable chez l'individu permettant d'attirer l'attention sur les risques et de le motiver à adopter de nouveaux comportements plus protecteurs pour la santé (Blondé & Girandola, 2016). Mais utiliser la peur ou la menace seule peut ne pas fonctionner voire entraîner des réactions défensives ou une motivation défensive conduisant à la résistance à la persuasion, au maintien des comportements à risque. En effet, exposés à un message générant une peur trop intense, les individus ne se concentreraient pas sur le danger mais chercheraient d'abord à contrôler l'anxiété qu'ils ressentent par exemple en minimisant la menace.

Witte et Allen (2000) ont montré qu'un message efficace doit comporter une dimension « menace », c'est-à-dire présenter et accentuer la menace (sévérité, vulnérabilité) et une dimension « efficacité », c'est-à-dire présenter une recommandation efficace et mettre en avant les capacités de l'individu à réaliser cette recommandation (auto-efficacité, « *self-efficacy* »). Dans ce sens, Tannenbaum *et al.* (2015), dans une méta-analyse sur les effets de la peur, comptabilisant 127 articles et 27 327 participants, ont montré que les messages utilisant la peur produisent des effets positifs sur les attitudes, intentions et comportements d'autant plus forts que les messages sont accompagnés d'une forte menace (dimension menace) et d'une forte efficacité (dimension efficacité). Ces auteurs concluent en soulignant l'efficacité de ces messages sur le changement.

La méta-analyse de Bigsby et Albarracin (2022) confirme la précédente. Ces résultats montrent, dans le sens des études antérieures, que l'efficacité ou la rassurance doit être associée à la présentation d'une forte menace pour obtenir des changements d'attitudes, d'intentions et de comportements.

■ Le cadrage de l'information

Un cadrage positif présente, en termes d'opportunités, les avantages d'adopter les recommandations proposées dans le message (« *Vous avez tout à gagner à...* »). Les messages cadrés positivement (*versus* négativement) sont plus efficaces à motiver les comportements de prévention (« *mangez moins gras* », « *mangez puis bougez* »). Cet effet est particulièrement net dans le domaine du cancer de la peau, de l'arrêt de la consommation de tabac ou de l'activité physique (Gallagher & Updegraff, 2012). Globalement, les cadrages positifs sont significativement plus persuasifs que les cadrages négatifs dans la promotion des comportements de prévention.

■ La considération pour les conséquences futures et la perspective temporelle future

La considération pour les conséquences futures détermine les tendances des individus à se focaliser sur les conséquences immédiates ou futures de leurs actions (Strathman *et al.*, 1994). Les individus ayant une forte considération pour les conséquences futures expriment de plus fortes intentions de réaliser des comportements, par exemple, de protection lorsque les conséquences sur le long terme sont positives et celles sur le court terme négatives. Une adhérence à une perspective temporelle future, pareillement à des messages sanitaires, est socialement valorisée.

2.4. La résistance à la persuasion

McGuire (1989) a proposé un modèle des communications persuasives où l'activité de persuasion est considérée comme un processus long et complexe nécessitant le passage par douze étapes : de l'exposition au message à la solidification post-comportementale. Le passage à l'étape suivante ne peut se faire qu'après satisfaction de l'étape précédente. Si les messages de communication publique sont mal conçus, alors ils peuvent aboutir à des effets contre-productifs. Par exemple, trop insister sur les risques peut conduire à des effets de réactance (cf. Girandola & Fointiat, 2016). La réactance est un état de motivation apparaissant lorsque les individus perçoivent leur liberté comme menacée, voire supprimée. La réduction de la réactance a pour fin le recouvrement par l'individu de sa liberté menacée ou supprimée (Brehm, 1966).

Un message persuasif au ton impératif et menaçant (« Buvez moins d'alcool autrement... ») a toutes les chances d'éveiller de la réactance. Sa réduction de cette réactance se traduit, le plus souvent, par le rétablissement de cette liberté via le renforcement de son attitude (« J'adore boire de l'alcool... ») et/ou par la réalisation de comportements contraires à ceux escomptés (« Je ne vais plus me priver de boire de temps en temps, bien au contraire »). Bensley et Wu (1991) ont montré qu'un message anti-alcool contenant une forte menace (« Toute personne doit reconnaître que l'alcool est mauvais ») génère de plus forte intention de boire que le même message contenant une faible menace (« Nous pensons que ces conclusions sur l'alcool sont raisonnables »). Dans le domaine médical encore, Hornsey *et al.* (2018) ont montré, dans une étude conduite dans 24 pays, que la réactance était à l'origine des attitudes et comportements d'opposition à la vaccination et à l'obligation vaccinale.

Comment rendre les attitudes résistantes ?

McGuire a formalisé, dans les années 1960, les effets de l'inoculation persuasive. Celle-ci vise à renforcer les attitudes préexistantes, à l'image d'un vaccin qui renforce les défenses immunitaires. McGuire (1964) distingue deux types de traitements pour « vacciner » une croyance : (1) la défense par soutien : fournir des arguments favorables à la croyance ; (2) la défense par réfutation : mentionner des arguments contre la croyance puis les réfuter. McGuire montre que la défense par réfutation est plus efficace que la défense par soutien pour résister à une attaque persuasive ultérieure contre la croyance. Bien que la défense par soutien renforce initialement l'adhésion à la croyance, cet effet est éphémère face à une attaque persuasive, contrairement à la défense par soutien.

Les recherches sur la résistance et l'inoculation persuasive ont été développées ces dix dernières années par Van der Linden et ses collègues (Van der Linden, 2023 ; Roozenbeek & Van der Linden, 2024 ; pour une présentation en français : cf. Girandola *et al.*, 2024) avec pour principale question : « *comment rendre résistants les individus à la désinformation dans le contexte public ?* ». La désinformation est la diffusion intentionnelle d'informations trompeuses visant à déformer la vérité.

Contrairement à la mauvaise information qui est diffusée involontairement, la désinformation est un acte délibéré de manipulation. Les fausses informations, ou « infox » ou encore « fake news », sont des mensonges déguisés en vérités dans le but de tromper.

La diffusion et le partage de la désinformation sont fortement modérés par l'appartenance à un groupe de référence. Ainsi, Van der Linden (2021) observe un effet partisan à la fois pour les jugements de véracité et les décisions de partage : les personnes s'identifiant fortement à un parti politique sont plus susceptibles de croire de fausses informations soutenant les opinions de leur parti, mais moins susceptibles de croire des informations qui vont à l'encontre des opinions de leur parti. Cette désinformation est elle-même relayée et partagée par les partisans membres de ces groupes et devient virale, amplifiée par les attitudes extrêmes (Van Bavel *et al.*, 2023).

Rendre une attitude résistante au changement peut prendre appui sur deux techniques : 1) le « prebunking » consistant à anticiper, en informant les cibles potentielles, de l'existence d'une désinformation en leur fournissant les connaissances nécessaires pour la reconnaître et la contre-argumenter ; 2) le « debunking » consiste à la démystifier, la déconstruire notamment par une vérification rapide de faits (appelée « *fact-checking* »). Les recherches actuelles montrent, le plus souvent, une plus grande efficacité du prebunking. Plusieurs sites web et applications ont été développés pour étudier la gamification de l'inoculation. Parmi eux, le jeu *Bad news* (www.getbadnews.com ; van der Linden & Roozenbeek, 2022) apprenant aux utilisateurs six techniques de désinformation et comment y résister.

Rendre les attitudes résistantes consiste aussi à exercer une pensée critique. Cette dernière permet de prendre du recul sur ses propres schémas de réflexion et de remettre en cause les conclusions hâtives. Elle s'avère efficace pour se prémunir par exemple d'arguments spécieux ou d'arguments complotistes. À titre d'illustration, une intervention encourageant des individus à s'interroger sur la fiabilité des informations reçues permet de réduire la propension à y croire et à les relayer sur les réseaux sociaux (Falkowicz *et al.*, 2023). Certains chercheurs recommandent dès le plus jeune âge, via des interventions encadrées, l'initiation à la pensée critique pour contrer les croyances infondées. Cela implique la remise en cause de ses propres raisonnements, la résistance aux biais et aux automatismes de la pensée (par exemple Borst & Cassotti, 2022).

2.5. La persuasion technologique

La persuasion technologique désigne le fait de modifier ou tenter de modifier l'attitude ou le comportement des utilisateurs par le biais des interfaces. Fogg (2003) définit la persuasion technologique (ou captologie pour Computer As Persuasive Technologies) comme « *la conception, la recherche et l'analyse des produits informatiques interactifs créés dans le but de changer l'attitude ou le comportement des individus* ». Fogg (2008) a développé l'idée de persuasion interpersonnelle de masse ou MIP (« *Mass Interpersonal Persuasion* »). Basé sur les réseaux sociaux, la MIP combine le pouvoir de la persuasion interpersonnelle avec la richesse des médias de masse.

Les domaines d'application de la persuasion technologique sont nombreux et variés : e-commerce, santé publique, développement durable, éducation, entreprise, relations sociales. Les technologies persuasives peuvent prendre de nombreuses formes : sites web, logiciels, smartphones, jeux vidéo.

Fig. 10 La persuasion technologique ou captologie (Computer As Persuasive Technologies)

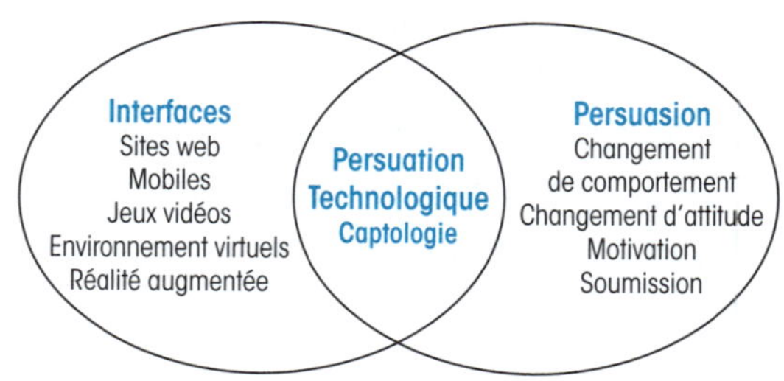

Nemery et Brangier (2015) ont construit une grille de critères ergonomiques, issue d'une analyse de la littérature, pour l'appréciation de la persuasion technologique et la construction de site interactif fortement impactant. Ils distinguent les critères statiques (crédibilité, privacité, personnalisation, attractivité du site) des critères dynamiques (sollicitation, accompagnement initial, engagement, emprise du site). À l'heure où l'ergonomie fait face aux interfaces persuasives, de nouveaux travaux montrent toute l'utilité de travailler à l'intersection de plusieurs champs de recherches et méthodologiques (ergonomie, psychologie sociale, oscillométrie ou eye-tracking) en vue de modifier les comportements via une interface (Barbier, Motak, Gasquet, Girandola, Bonnardel, & Lo Monaco, 2019).

La persuasion technologique trouve une application répandue dans le domaine de l'Intelligence Artificielle (IA). Cette dernière permet notamment de personnaliser les messages et d'optimiser les stratégies de persuasion. Les grands modèles de langage (LLM), tels que les chatbots, peuvent générer des messages personnalisés et adaptés aux caractéristiques socio-démographiques des utilisateurs ce qui augmente la persuasion. Ils sont aussi en mesure de participer aux activités de propagande persuasive (Goldstein *et al.*, 2024). Il convient d'adopter, dans ces différentes applications, un cadre éthique et juridique cohérents et efficaces.

3. La dissonance cognitive

Il y a maintenant plus de soixante ans, **Leon Festinger** (1957-2017) proposait une des théories majeure de la psychologie sociale : la théorie de la dissonance cognitive. Cette théorie concerne les cognitions (ou éléments de connaissance) et les relations entre les cognitions (Fointiat, Girandola, & Gosling, 2013).

Pour Festinger, les cognitions sont à analyser à l'aide de l'implication psychologique renvoyant à l'idée d'un lien que l'individu se représente comme optimal entre deux cognitions prises isolément. L'implication psychologique permet de définir trois types de relations. Soit deux cognitions A et B, on parlera de **relation d'inconsistance ou de dissonance** si la seconde cognition est l'opposée de celle que l'on devrait avoir par implication psychologique de la première :

A → non B, par exemple : « *j'ai faim* » et « *je ne mange pas* ».

L'existence d'inconsistance entre cognitions génère un état d'inconfort psychologique, un état de malaise ou de tension que l'individu cherchera activement à réduire. La dissonance est par conséquent un état motivationnel qui appelle sa réduction. La théorie de la dissonance repose sur cette **dynamique tension-réduction de la tension**. Cet inconfort psychologique va mettre en marche la dynamique cognitive en vue de sa réduction. Ainsi, pour réduire leur dissonance, les individus, le plus souvent, justifient-ils *a* *posteriori* leur comportement (rationalisation) en modifiant leur attitude dans le sens d'un meilleur accord avec ce qu'ils ont fait.

3.1. La soumission forcée ou induite

Festinger et Carlsmith (1959) ont, les premiers, testé dans le paradigme de la soumission forcée (quelquefois nommé *soumission induite*) les prédictions dérivées de la théorie de la dissonance.

Les participants réalisaient dans un premier temps des tâches fastidieuses. L'expérimentateur leur faisait ensuite croire qu'il s'intéressait aux attentes des individus sur leurs performances et qu'il avait besoin que le prochain participant pense que les tâches étaient intéressantes. Il leur demandait alors un service : dire au participant suivant que les tâches qu'ils venaient juste de réaliser étaient amusantes et non pas fastidieuses. Il leur offrait en échange, soit 1 dollar ($), soit 20 dollars ($). Les participants devaient donc mentir, à la demande de l'expérimentateur (comportement de soumission). Juste après avoir quitté le laboratoire ces derniers étaient invités à remplir un questionnaire permettant de savoir comment ils trouvaient les tâches qu'ils avaient réalisées. Selon Festinger et Carlsmith, les participants payés un dollar sont ceux qui trouvent le moins de justifications de leurs discours de soumission à l'expérimentateur et expriment, par conséquent, un taux de dissonance élevé. Les participants fortement rémunérés, quant à eux, trouvent dans la récompense une justification de leur mensonge. La dynamique cognitive de réduction de la dissonance devrait, par conséquent, être plus forte chez les participants rémunérés 1 $ que 20 $.

Les résultats sont conformes aux attentes : les participants les moins bien rétribués modifient davantage leur attitude dans le sens de la rationalisation (accord attitude/comportement) que les autres. Ainsi, les moins bien rémunérés, au terme de l'expérience, trouvent les tâches les moins fastidieuses.

Fig. 11 Résultats de l'expérience de Festinger et Carlsmith (1959) comme fonction du montant de la récompense

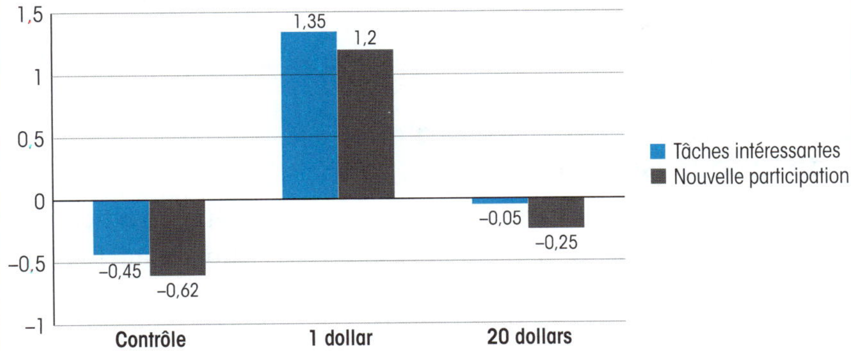

Plus les chiffres sont élevés, plus les participants trouvent les tâches intéressantes et souhaitent participer à nouveau à une expérience similaire.

Les individus confèrent à l'acte de soumission qu'ils viennent de réaliser (mentir à un collègue) une certaine valeur en adoptant après coup une attitude explicitement conforme à ce qu'ils viennent de faire. On appelle **rationalisation** le processus psychologique par lequel s'opère le réajustement de l'attitude au comportement réalisé (Fointiat, Girandola, & Gosling, 2013).

Dans le même sens, une seconde expérimentation illustre l'effet de la récompense sur la réduction de la dissonance cognitive. Cohen (in Brehm & Cohen, 1962) demandait à des étudiants de bien vouloir rédiger un texte allant à l'encontre de leurs, c'est-à-dire en faveur d'une intervention policière réprimée sur un campus universitaire. Ils étaient répartis en différents groupes recevant des rémunérations variables pour cette tâche : 0,50 $, 1 $, 5 $ ou 10 $. Après avoir rédigé le texte contre-attitudinal, les étudiants devaient exprimer leur attitude envers l'intervention policière. Les résultats ont montré que les moins rémunérés (0,50 $ et 1 $) changent leur attitude de façon plus favorable envers l'intervention policière, comparés à ceux recevant une rémunération élevée (5 $ et 10 $) et au groupe contrôle n'ayant pas rédigé le texte. Ces résultats sont cohérents avec ceux précédemment obtenus par Festinger et Carlsmith (1959) : les participants faiblement rémunérés, ne pouvant justifier leur comportement contre-attitudinal, génèrent ainsi une dissonance qu'ils ont réduite en changeant leur attitude envers l'intervention de la police.

La psychologie sociale montre qu'il est facile de s'arranger avec la réalité : modifier ses perceptions, interprétations des événements, trouver de nouvelles et bonnes raisons. L'homme n'est finalement pas rationnel mais il rationalise. Il justifie *a posteriori* ses comportements en leur attribuant un sens, une raison.

Une réplication multi-laboratoire de la soumission induite

Entre 2018 et 2024, une vaste étude de réplication à grande échelle a été menée sur la théorie de la dissonance cognitive, impliquant 107 chercheurs de 39 laboratoires dans 19 pays et 14 langues (Vaidis *et al.*, 2024). C'est l'une des plus grandes études jamais réalisées sur cette théorie, avec près de 4 900 participants. L'étude s'est concentrée sur le paradigme clé de la soumission induite avec essai contre-attitudinal, où des étudiants rédigent un argumentaire contraire à leur opinion, en étant libres ou non de le faire. Les résultats montrent que la liberté de choix n'est pas associée à un changement d'attitude plus important, remettant en question ces modèles théoriques. Cependant, l'inconsistance (rédiger un essai contre ses propres opinions) entraîne une attitude plus favorable après l'essai et un plus grand changement d'attitude, soutenant l'importance de cette variable selon Festinger.

Des analyses complémentaires indiquent que les conditions avec inconsistance suscitent davantage d'inconfort et de conflit émotionnel, plaidant en faveur d''un processus de dissonance cognitive plutôt que d'auto-persuasion, conformément à l'hypothèse initiale de Festinger.

3.2. Les modes de réduction de la dissonance

Il existe plusieurs façons de réduire la dissonance. La rationalisation est un processus à deux voies alternatives : une **voie cognitive** et une **voie comportementale**. Cette dernière voie correspond à l'engagement dans un comportement encore plus problématique que celui ayant éveillé la dissonance (rationalisation en acte). En ce qui concerne la voie cognitive :

- pour Simon, Greenberg et Brehm (1995), la trivialisation permet de dévaloriser *a posteriori* son comportement problématique et/ou ses attitudes lorsqu'elles sont particulièrement saillantes ;

- pour Gosling, Denizeau et Oberlé (2006) montrent que le déni de responsabilité envers le comportement qu'ils viennent de réaliser permet la réduction de la dissonance:
- pour Ansel et Girandola (2004), les participants réduisent leur dissonance en se montrant surconfiants, c'est-à-dire en faisant montre d'une confiance exagérée envers le comportement qu'ils viennent de réaliser.

3.3. Les différentes versions de la dissonance

La théorie de la dissonance suscite toujours débats et controverses (Fointiat, Girandola, & Gosling, 2013). Si les tenants de la dissonance sont d'accord avec les présupposés de Festinger (l'état de dissonance est un état d'éveil appelant sa réduction), ils divergent quant à la façon de rendre compte de la dynamique cognitive. Certains en appellent à la responsabilité personnelle dans la réalisation du comportement à l'origine de l'éveil de la dissonance, d'autres font références à l'appartenance groupale, à la vicariance et à l'identité sociale ou encore à l'engagement comportemental. D'autres, dans une perspective radicale, mettent en avant les caractéristiques objectives de la situation expérimentale (Joule & Beauvois, 1999).

Certains mettent en avant le rôle du soi et sa menace. Les révisions ayant trait au soi du sujet sont nombreuses. Elles postulent que la nature consistante ou inconsistante de la relation entre deux cognitions dépend d'une troisième cognition: le soi du sujet. Elles rompent avec la théorie originale de Festinger évoquant seulement des relations binaires inconsistantes à l'origine de l'éveil de la dissonance entre les cognitions (par ex.: «*X implique Y*» ou «*X implique le contraire de Y*») alors que les révisions impliquant le soi font intervenir des relations ternaires (du type: «*X implique Y ou implique le contraire de Y quand Z*»). Plus récemment, Stone et Cooper (2001) proposent le modèle des standards du soi, une unification de certaines révisions de la théorie de la dissonance (cf. Voisin, Girandola, & Doridot, 2013).

3.4. Hypocrisie induite, exposition sélective à l'information

L'hypocrisie induite

En situation d'hypocrisie induite (Aronson, Fried, & Stone, 1991), la dissonance est éveillée en faisant prendre conscience aux individus de l'**écart** qui existe entre ce qu'ils savent de ce qu'on attend d'eux (par exemple : ne pas gaspiller l'eau, se protéger du VIH à l'aide d'un préservatif ; il s'agit de l'étape 1 : **phase d'engagement normatif**) et leurs comportements passés transgressifs (par exemple : se souvenir de ses gaspillages d'eau antérieurs, se souvenir des fois où il n'a pas utilisé de préservatifs ; il s'agit de l'étape 2 : **phase de saillance des transgressions**). Il y a donc dissonance parce que les individus n'ont pas mis en pratique ce qu'ils défendent. La réduction de la dissonance passe généralement par un changement des comportements.

Par exemple, les participants de Stone et collaborateurs (1994) tenaient un discours normatif en faveur de l'utilisation de préservatif (étape 1), puis on leur demandait de se souvenir de leurs transgressions passées (étape 2), c'est-à-dire du non-usage de préservatifs. Les résultats obtenus montrent que les participants dans la condition hypocrisie (étape 1 + 2) ont acheté, en moyenne, significativement plus de préservatifs (4,95), comme fonction de réduction de la dissonance, que les sujets placés dans la condition transgressions seule (étape 2 ; achat en moyenne de 2,4 préservatifs). L'ampleur de la dissonance est plus importante en condition d'hypocrisie que de transgression seule.

Une récente méta-analyse portant sur 29 études d'hypocrisie induite montre l'efficacité de la technique dans le changement des intentions et des comportements et suggère un maintien de cette efficacité même si l'étape 2 (rappel des transgressions) est seule réalisée (Priolo, Pelt, Bauzel, Rubens, Voisin, & Fointiat, 2019).

La dissonance vicariante

La dissonance vicariante s'exprime lorsqu'une personne ressent de la dissonance de manière vicariante, c'est-à-dire lorsqu'elle observe un membre de son groupe agir de manière inconsistante par rapport à ses propres attitudes (Cooper & Hogg, 2007). Être témoin de la réalisation par un membre de son groupe d'un acte problématique produit un inconfort psychologique vicariant (dissonance) chez l'observateur (Jaubert *et al.*, 2020 pour une revue ; Jaubert *et al.*, sous presse). Ce dernier réduit alors cette dissonance similaire à celui observé dans le cadre de la dissonance personnelle (Norton, Monin, Cooper, & Hogg, 2004). Cet effet de vicariance s'observe en soumission forcée (induite) et dans le paradigme de l'hypocrisie.

■ L'exposition sélective

L'exposition sélective à l'information

Vaidis et Gosling (2011) ont montré l'existence d'une **dissonance informationnelle** : le caractère contre-attitudinel (contraire à son attitude) d'une information est suffisant pour éveiller un inconfort psychologique caractéristique de la dissonance. On comprend dès lors pourquoi certains individus sont amenés à s'exposer sélectivement à l'information. Ces derniers recherchent les informations allant dans le sens de leur attitude et évitent l'information la remettant en cause (Brock & Balloun, 1967).

Plus généralement, différents paradigmes permettent une meilleure compréhension des changements d'opinion et des comportements en rapport avec la situation vécue par les individus en situation de dissonance :

- l'infirmation des attentes (attendre un événement particulier qui ne se produit finalement pas),
- l'initiation sévère ou la justification de l'effort (éprouver plus d'attrait envers un groupe dont l'entrée initiatique est particulièrement sévère),
- la prise de décision en situation de dissonance (sélection de l'information avant de prendre une décision importante ou réduction de la dissonance après une décision importante),
- la production et la résolution de la dissonance en groupe (l'appartenance groupale et les effets de résistance au changement en lien avec l'identité sociale, la diffusion de la responsabilité).

Ces paradigmes permettent aujourd'hui de mieux comprendre comment les individus maintiennent ou donnent du sens à leurs croyances ou convictions.

3.5. Dissonance, groupe et soutien social

La première étude publiée (Festinger, Riecken, & Schachter, 1956) concernait les réactions des membres d'une secte confrontés à une source importante de dissonance : l'échec de leur prophétie. Selon Festinger (1957), le soutien ou support social permet l'éveil de la dissonance et, au-delà, la réduction de la dissonance (Festinger & Aronson, 1960). De nombreux travaux ont montré le rôle effectif du soutien ou support dans l'éveil de la dissonance. Nous utiliserons deux exemples. Stroebe et Diehl (1981, 1988) ont notamment montré que des participants ayant réalisé un comportement contraire à leur attitude ont ensuite moins changé d'attitude (par absence d'éveil de la dissonance) lorsqu'ils savaient que d'autres avaient réalisé ce même comportement que lorsqu'ils n'en savaient rien. Les participants de Zanna et Sande (1987) rédigeaient librement un essai contraire à leur attitude soit seul, soit par groupe de trois. Ces derniers ont ensuite changé moins d'attitude que les premiers. Les participants placés en groupe utilisent une diffusion de la responsabilité leur permettant de réduire leur dissonance individuelle (Cooper, 2019 ; Cooper & Mackie, 1983 ; Cooper & Stone, 1999, pour une revue).

4. Soumission-sans-pression et engagement

En soumission-sans-pression (Girandola & Fointiat, 2016 ; Joule & Beauvois, 2024), les participants se soumettent, c'est-à-dire réalisent un comportement qu'ils n'auraient pas réalisé de leur propre chef, mais se soumettent dans un **contexte de liberté**.

Différentes techniques de soumission-sans-pression permettent d'obtenir ces comportements, par exemple :

- le **pied-dans-la-porte** (obtenir un peu avant de demander davantage) : Freedman et Fraser (1966) demandaient à des jeunes femmes au foyer de répondre, sous couvert d'une enquête téléphonique, à quelques questions sur leurs habitudes de consommation (acte préparatoire). Quelques jours plus tard, les jeunes femmes reçoivent un nouvel appel téléphonique. On leur demande, cette fois, si elles acceptent de recevoir chez elles, deux heures durant, une équipe de plusieurs enquêteurs (comportement attendu). L'acceptation de cette requête coûteuse est significativement plus élevée (52 % d'acceptation) que dans la condition contrôle où des jeunes femmes n'avaient pas été sollicitées pour participer à l'enquête téléphonique (22 % d'acceptation) ;

- la **porte-au-nez** : refuser une première requête excessive avant d'en accepter une seconde qu'il l'est moins ;
- l'**amorçage** : prendre une décision sans en connaître les inconvénients ou sur la base d'avantages fictifs ;
- le **« Vous êtes libres de… »** : demander un service à quelqu'un en le déclarant explicitement libre d'accepter ou de refuser ;
- le **« Comment allez-vous ? »** ou le pied dans la bouche : faire précéder sa requête d'une formule de politesse ;
- la **pique technique** : formuler une demande d'une façon inhabituelle ce qui attire l'attention et augmente la probabilité que la demande soit acceptée ;
- le **toucher** : toucher une personne furtivement à l'avant-bras ;
- l'**étiquetage** : dire à une personne qu'elle possède un trait de caractère comme, par exemple, la générosité conduit cette personne ensuite à s'engager dans des actes généreux ;
- l'**implémentation des intentions** : faire préciser le lieu, le moment et le comment de l'action, afin de casser les habitudes.

La théorie de l'engagement est avancée pour rendre compte de certains effets observés. Les facteurs de l'engagement peuvent être regroupés, selon Joule et Beauvois (1998), en deux catégories.

1. La **visibilité de l'acte** :

- le caractère public de l'acte : un acte réalisé publiquement est plus engageant qu'un acte dont l'anonymat est garanti ;
- l'irrévocabilité de l'acte : un acte irrévocable est plus engageant qu'un acte qui ne l'est pas ;

- la répétition de l'acte : un acte que l'on répète est plus engageant qu'un acte qu'on ne réalise qu'une fois ;
- les conséquences de l'acte : un acte est d'autant plus engageant qu'il est lourd de conséquences ;
- le coût de l'acte : un acte est d'autant plus engageant qu'il est coûteux (en argent, en temps, en énergie, etc.).

2. Le **contexte de liberté et raisons de l'acte** :

- un acte réalisé dans un contexte de liberté est plus engageant qu'un acte réalisé dans un contexte de contrainte ;
- les raisons de l'acte : un acte est d'autant plus engageant qu'il ne peut être imputé à des raisons externes (par exemple : promesses de récompenses, menaces de punitions) et qu'il peut être imputé à des raisons internes (par exemple : valeurs personnelles, traits de personnalité). Les raisons externes désengagent, contrairement aux raisons externes qui engagent.

Joule et Beauvois (1998) ont proposé une définition de l'engagement : « *l'engagement correspond dans une situation donnée, aux conditions dans lesquelles la réalisation d'un acte ne peut être imputable qu'à celui qui l'a réalisé* ».

Les effets de l'engagement au niveau comportemental, sur le court et le long terme (Girandola et Roussiau, 2003) se traduisent par une stabilisation du comportement et parfois par l'inscription de l'individu dans un cours d'actions pouvant s'avérer très coûteux comme, par exemple, l'escalade dans l'engagement (Girandola, 1999). Lokhorst, Werner, Staats, van Dijk et Gale (2013) ont montré, dans une méta-analyse, l'efficacité de l'engagement à changer les comportements sur le court et long terme.

5. La soumission librement consentie

La soumission librement consentie regroupe à la fois le champ de la dissonance et celui de la soumission-sans-pression :

- les effets de l'engagement sur l'attitude se traduisent par une stabilisation des attitudes initiales, voire dans certains cas par une radicalisation de celles-ci, lorsqu'il s'agit d'actes non problématiques, c'est-à-dire conformes aux attitudes et/ou aux motivations des individus ;
- les effets de l'engagement sur l'attitude se traduisent par un changement d'attitude dans le sens de la rationalisation ou réduction de la dissonance lorsqu'il s'agit d'actes problématiques, c'est-à-dire non conformes aux attitudes et/ou aux motivations des individus.

Depuis récemment, les travaux sur l'engagement sont associés à ceux sur les représentations sociales (par exemple : Bonetto, Girandola, & Lo Monaco, 2018). Les représentations sociales servent de guide pour l'action. C'est un ensemble de savoirs transmis entre les individus appartenant à un même groupe, dans le but de donner un sens au monde qui les entoure et d'organiser leurs conduites. Ainsi, les représentations sociales fournissent-elles un cadre de référence permettant de mieux comprendre les effets cognitifs et comportementaux observés dans certains paradigmes du changement des attitudes et des comportements comme la soumission librement consentie (Piermattéo, Lo Monaco, & Girandola, 2016).

Fig. 12 La soumission librement consentie (Joule et Beauvois, 1998)

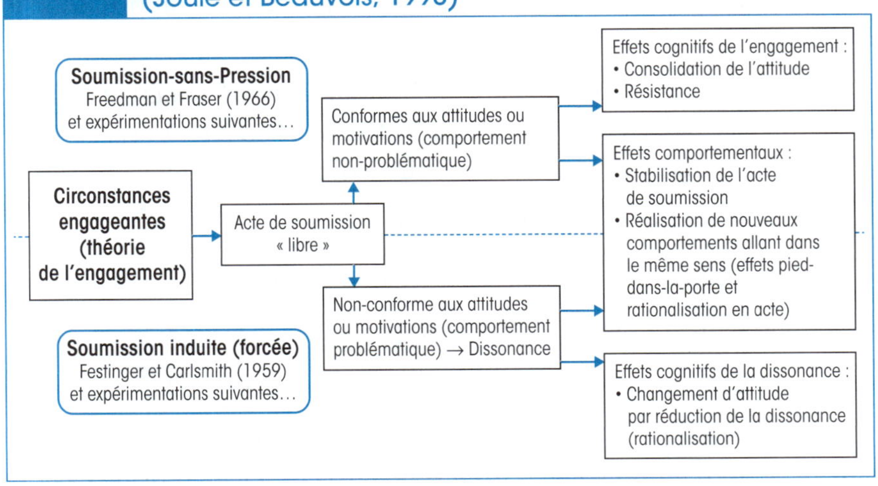

6. L'implémentation des intentions et contraste mental

Cette technique consiste à demander à un individu de **planifier la réalisation** du comportement attendu. Poser cette planification sous la forme de trois questions : « Où ? Quand ? Comment ? » ou sous la forme d'une condition « *Si… alors…* » permettrait de poser un but et d'anticiper certains obstacles.

Des jeunes filles étaient amenées à implémenter leur intention de réaliser une auto-palpation mammaire (Prestwich, Conner, Lawton, Bailey, Litman, & Molyneaux, 2005) En situation contrôle, 27 % des jeunes filles acceptent spontanément de réaliser cet auto-examen alors qu'en situation d'implémentation (« *Où* ? », « *Quand* ? », « *Comment* ? »), 89 % réalisent effectivement cette palpation. La réalisation de l'auto-examen des seins atteint même 100 % quand les femmes implémentent leur intention avec l'aide de leur conjoint.

La technique du contraste mental consiste à imaginer l'atteinte d'un objectif et à réfléchir aux obstacles possibles. Cette technique a été associée à l'implémentation des intentions (II). La première facilite l'identification des souhaits, objectifs en termes de résultats, et obstacles, la seconde permet de planifier et concrétiser le comportement à réaliser.

Oettingen (2014) présente une opérationnalisation concrète de l'association de ces deux techniques sous la forme « ***WOOP*** » (« *Woop your life* »). Les participants doivent répondre à quatre questions :

- le souhait ou but à atteindre (« **W**ish, souhait) »),
- le résultat attendu (« **O**utcome, effet attendu »),
- les obstacles anticipés (« **O**bstacles »),
- la planification des intentions (« **P**lan : …si… alors… »).

Des participantes imaginaient l'atteinte d'un objectif : il s'agissait de faire du sport pour mincir et réfléchissaient aux obstacles possibles avant d'implémenter leur intention de pratiquer du sport sous la forme « si… alors… ». Comme attendu, les participantes déclarent faire quasiment deux fois plus d'exercices (en moyenne 96,06 minutes par semaine) que celles du groupe contrôle recevant simplement une information sur les bienfaits du sport (en moyenne 49,08 minutes par semaine). Cette différence apparaît tout de suite après l'intervention et se maintient constante pendant 4 mois.

Stadler, Oettingen, et Gollwitzer (2010) obtiennent des effets similaires en matière de consommation de fruits et légumes sur une durée de 4 et 24 mois. Les participants répondaient aux questions du WOOP comme ci-dessous :

Fig. 13 Contraste mental et implémentation : le *Woop*

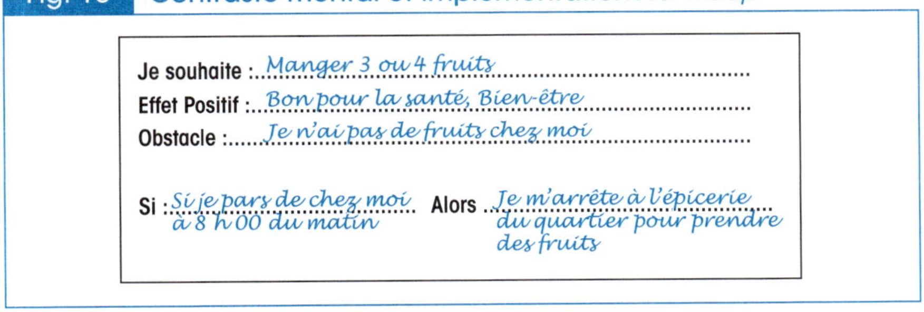

Les participantes déclarent, 4 mois après, consommer significativement plus de fruits et légumes (en moyenne 29,12 fruits et légumes par semaine) en situation de contraste mental et d'implémentation des intentions (CMII) qu'en situation contrôle (environ 25,49 fruits et légumes par semaine). Elles déclarent aussi, 2 ans après, consommer significativement plus de fruits et légumes (en moyenne 28,26 fruits et légumes par semaine) en situation de CMII qu'en situation contrôle (environ 23,20 fruits et légumes par semaine).

Fig. 14 Nombre de fruits consommés par semaine comme fonction du temps

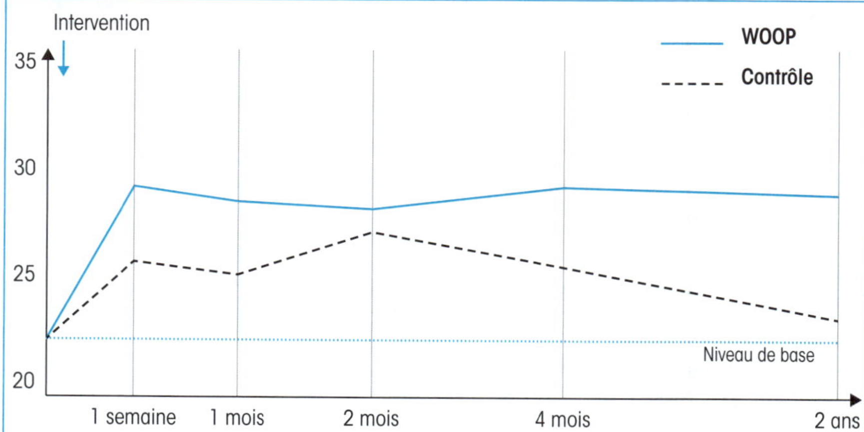

D'après Stadler, Oettingen, & Gollwitzer (2010).

7. La communication engageante

La communication engageante est un rapprochement (Girandola & Joule, 2012, 2022 ; Joule, Girandola, & Bernard, 2007) entre deux champs d'étude disjoints en psychologie sociale : le champ de l'engagement et champ de la persuasion. L'intérêt de la communication engageante n'est pas seulement de favoriser le changement d'attitude et d'intention comportementale. Il est aussi, et surtout, de favoriser le changement des comportements effectifs.

Une démarche de communication engageante se différencie d'une démarche de persuasion dans la mesure où cette dernière n'implique pas la réalisation d'un acte préparatoire. Elle se différencie aussi d'une démarche d'engagement dans la mesure où celle-ci n'implique pas la diffusion d'un message à visée persuasive. Le principe de la communication engageante consiste à faire précéder la diffusion d'un message persuasif de la **réalisation d'un acte préparatoire**. Par exemple, dans l'expérience de Freedman et Fraser (1966), l'acte préparatoire utilisé revient à amener des jeunes femmes de la condition expérimentale à participer à une courte enquête téléphonique : répondre à huit questions anodines sur leurs habitudes de consommation. Cet acte préparatoire doit être réalisé dans un contexte d'engagement (libre choix, absence de promesse de récompense ou de menace de punition, Kiesler, 1971).

Si dans une démarche de communication engageante les questions à traiter restent comme dans le cadre de la communication persuasive : « quelles sont les bonnes informations à transmettre à cette cible-là ? », « quels sont les arguments auxquels cette cible-là sera sensible ? », « quels sont les canaux, outils, médias, les plus appropriés ? », il convient, en communication engageante donc, de traiter deux questions supplémentaires : « quel est le bon niveau d'identification de l'action ? » et surtout « quel acte préparatoire doit-on obtenir de cette cible-là ? ». C'est notamment la prise en compte de cette dernière question qui, en conférant à la cible un statut d'acteur et pas seulement de récepteur, distingue une démarche de communication engageante d'une démarche de communication « classique ».

Une application de la communication engageante : le vote

Deschamps, Joule, et Gumy (2005) ont appliqué la communication engageante à la participation électorale en Suisse. La semaine précédant un scrutin concernant les accords bilatéraux entre la Suisse et l'Union européenne, trois groupes de participants (des étudiant(e)s d'une école sociale de Lausanne) ont été créés. Ces trois groupes ont été soumis à une plaidoirie contre l'abstentionnisme électoral. De plus, dans deux de ces groupes, un acte préparatoire a été demandé : répondre à un questionnaire sur leurs opinions et pratiques électorales (communication engageante avec questionnaire) ou rédiger une argumentation contre l'abstentionnisme (communication engageante avec rédaction). Un système de carte d'électeur a permis de contrôler *a posteriori* les comportements électoraux. Les participants des deux groupes avec actes préparatoires ont été significativement plus nombreux à aller voter que ceux qui ont été soumis à une campagne de sensibilisation.

➥

Fig. 15 Pourcentage de participation au vote dans les conditions contrôle (sensibilisation) et les deux conditions de communication engageante (avec questionnaire ou rédaction d'arguments)

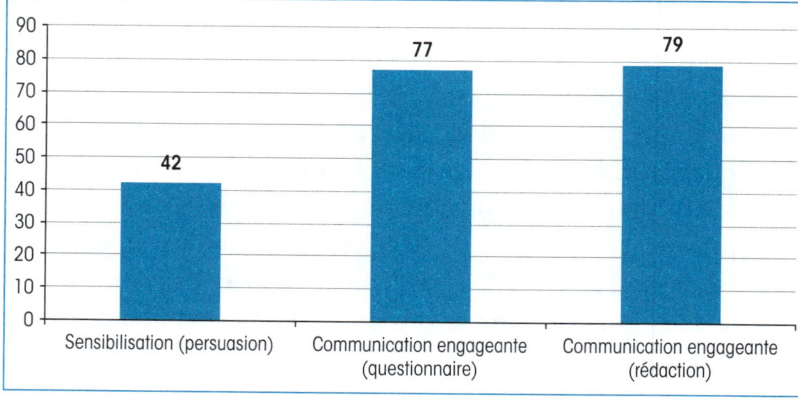

8. Les techniques de changement de comportements

8.1. Les heuristiques de l'influence sociale

Dans la veine des techniques issues de la soumission librement consentie, Goldstein, Martin Cialdini (2008), puis Cialdini (2016) ont identifié six techniques/heuristiques de changement de comportement : la preuve sociale▸, la sympathie, l'autorité, la rareté, la réciprocité, l'engagement/consistance, l'unité (cf. Cialdini, 2017 ; Girandola & Fointiat, 2016).

▸ Cf. chapitre 4 sur les normes.

■ La preuve sociale

Il s'agit de la tendance à valider son propre comportement en fonction du comportement ou du jugement d'autrui. Selon Cialdini (2017), la preuve sociale agirait comme une heuristique économisant temps et efforts cognitifs (« Si tout le monde fait ça… je fais ça aussi »). Par exemple, la probabilité qu'un passant regarde en l'air dans une rue est corrélée au nombre d'individus qui regardent en l'air (Milgram, Bikman, & Berkowitz, 1969).

■ La sympathie, l'appréciation

L'appréciation fait référence aux rapports d'affinité voire d'affection, de similarité, ou de coopération que les individus entretiennent les uns avec les autres. Les gens préfèrent dire « oui » à ceux qu'ils apprécient.

Selon Howard, Gengler, et Jain (1995), se souvenir du nom d'un individu serait perçu comme un compliment qui, à son tour, favoriserait la soumission comportementale. Des étudiants se présentaient (nom, prénom etc.) pendant une quinzaine de secondes devant leur classe et professeur. Aucune autre interaction ne suivait entre eux et le professeur jusqu'à une rencontre arrangée dans un local. Dans une condition expérimentale, le professeur se souvenait soi-disant du prénom de son élève, dans une autre condition il ne s'en souvenait pas. Le professeur proposait ensuite à chaque sujet l'achat de petits gâteaux au prix unitaire de 25 cents soi-disant pour l'œuvre d'une Église. Selon Howard et ses collaborateurs, les étudiants, dont le nom est rappelé, pensent que ce dernier voit en eux quelque chose de positif, qu'il les apprécie plus, qu'ils sont plus importants à ses yeux. Parce que nous apprécions ceux qui nous apprécient et acceptons les requêtes de ceux que nous apprécions plus facilement (Cialdini, 2017), se souvenir du nom des étudiants devrait faciliter leur soumission comportementale, à tout le moins chez ceux ayant un fort besoin de renforcer leur soi. Les résultats obtenus par Howard et ses collaborateurs vont dans ce sens. On observe un effet du rappel du nom : ceux dont le nom est rappelé acceptent significativement plus d'acheter des petits gâteaux (85 %) que ceux dont le nom n'est pas rappelé (50 %). Ceux ayant un faible besoin de renforcer leur soi et dont le nom est rappelé achètent en moyenne significativement plus de petits gâteaux (1,80) que ceux dont le nom n'est pas rappelé (0,90). L'effet du rappel du nom est plus fort pour les sujets ayant un fort besoin de renforcer leur soi : ceux dont les noms sont rappelés achètent en moyenne plus de gâteaux (2,90) que ceux dont le nom n'est pas rappelé (0,50). Soit presque 6 fois plus !

■ L'autorité

L'autorité est un puissant déterminant des comportements. Par exemple, l'autorité suscite des comportements automatiques de la part de ceux qui en sont la victime. Les symboles de l'autorité ont un effet sur les comportements (Guéguen, 2002). Par exemple, les uniformes représentent l'autorité ainsi que le costume-cravate et, par conséquent, les sujets se soumettent le plus lorsqu'ils reçoivent une demande d'une personne vêtue d'un uniforme ou d'un costume-cravate. Le statut peut être considéré comme un symbole d'autorité.

Dans le domaine des expérimentations en laboratoire, l'autorité de l'expérimentateur compte pour beaucoup. Orne (1962), par exemple, a insisté sur la relation entre sujet et expérimentateur : le sujet doit être « bon » en se soumettant aux injonctions de l'expérimentateur. Les sujets seraient prêts à faire tout ce qu'on leur demande, par exemple, remuer leur doigt pendant trois heures. Orne (1962) présentait à ses sujets 2 000 feuilles de nombres aléatoires. Il leur demandait d'additionner sur chaque feuille 224 paires de nombres. Une fois l'addition réalisée et avant d'entreprendre une autre addition sur une autre feuille, Orne prenait cette feuille et la déchirait devant leurs yeux. Orne a constaté que ces sujets continuaient pourtant à additionner pendant plusieurs heures malgré le comportement absurde de l'expérimentateur consistant à déchirer leur feuille à intervalle régulier.

■ La rareté

Les objets apparaissent plus attractifs lorsqu'ils sont rares, ce qui accroît leur désirabilité. La rareté ou la non-disponibilité d'un objet, quel qu'il soit, entraîne une évaluation favorable de ce dernier. D'autres recherches montrent qu'un accès limité à une information ou à une information censurée la rend plus désirable et plus persuasive lorsqu'elle leur est dévoilée. La rareté ou la pénurie (« scarcity ») peut déterminer attitude et comportement. Selon Cialdini (2017), la pénurie est un indice de valeur (« ce qui est rare est cher ») qui déclencherait, chez l'individu, une influence automatique : c'est la pénurie-comme-indice-de-valeur qui agirait directement sur les croyances voire les comportements.

■ La réciprocité

Le principe de réciprocité stipule que nous avons une obligation implicite de rendre ce que nous recevons des autres. Si quelqu'un nous fait une faveur ou un cadeau, nous ressentons une pression sociale et psychologique pour lui rendre la pareille. Illustrons la norme de réciprocité par l'expérience de Regan (1971). Alors qu'un participant s'apprête à effectuer une série de jugement esthétique, il est rejoint par un complice de l'expérimentateur se présentant soi-disant comme un autre sujet. Ce complice se montre soit très antipathique, soit au contraire très sympathique. À un certain moment, l'expérimentateur annonce un temps mort. Le complice s'absente quelques instants pour revenir les mains vides ou avec deux bouteilles de Coca-cola dont une est offerte aux participants. Au terme de l'expérience, le complice propose au participant de lui acheter des billets de tombola au prix de 25 cents. Les résultats obtenus montrent que les participants, sous l'effet de réciprocité, achètent plus de ces billets lorsqu'ils se sont vus offrir un Coca-cola au préalable. Le prix unitaire de la boisson était de 10 cents, ce qui signifie que l'investissement initial est plus que rentabilisé !

La réciprocité reste-t-elle toujours aussi efficace lorsque la requête finale est sujette à caution ou ne porte pas sur une noble cause ? Il semble que non. Boster, Fediuk, et Kotowski (2001) ont pu montrer que les sujets ayant fait l'objet d'une faveur (accepter une bouteille de Coca-cola) de la part du compère ne sentent plus obligés de retourner cette faveur lorsqu'il s'agit de ne rien dire sur le comportement délictueux de ce dernier (*i.e.*, ne rien dire sur la fraude commise par celui-ci lors d'un examen). Une requête finale malhonnête effacerait ainsi le sentiment d'obligation procuré par la norme de réciprocité.

La consistance

Les individus consistants répondraient à une des exigences sociales, à savoir la prévisibilité des comportements qui correspond à une nécessité du fonctionnement social. La consistance est valorisée et utile socialement. La prévisibilité des comportements qui peut découler de la consistance constitue une utilité sociale (Beauvois & Dubois, 2001).

Cialdini, Trost, et Newsom (1995) ont validé une échelle mesurant les différences individuelles en matière de consistance. Les individus ayant un faible score sur cette échelle préfèrent la spontanéité, le changement, la non-prédictibilité de leur comportement (faible consistance). Ceux ayant un score élevé font montre de régularité, de consistance entre leurs attitudes et leurs comportements. Cialdini et ses collaborateurs ont testé les effets de la consistance sur le pied-dans-la-porte. On demandait aux participants de la condition pied-dans-la-porte de répondre à trois questions portant sur leur habitude télévisuelle (requête initiale). Tout de suite après, on formulait la requête finale : accepter de remplir un questionnaire de cinquante items sur leur habitude télévisuelle et le retourner dans un délai de 2 semaines. Les résultats montrent que l'effet pied-dans-la-porte est obtenu chez les seuls participants ayant un score élevé de consistance : l'acceptation de la requête initiale rend plus probable, chez eux, l'acceptation de la requête finale.

■ L'unité

Le sentiment d'appartenir à un groupe et de partager une identité commune avec d'autres individus ou entités est un puissant levier d'influence. Les individus sont plus susceptibles d'accepter les demandes provenant de personnes ou d'organisations auxquelles ils se sentent similaires. Cette similarité peut être basée sur des caractéristiques comme l'âge, le genre, l'origine ethnique, les valeurs, les intérêts ou les expériences partagées. Elle peut également découler de la proximité géographique, de l'appartenance à un même groupe ou de la participation à une activité commune.

En somme, renforcer le sentiment d'identité sociale partagée au sein d'un groupe facilite l'influence mutuelle entre ses membres, qui se perçoivent alors comme faisant partie d'une même entité (par exemple Van Bavel & Packer, 2021).

8.2. Le rôle des émotions dans le changement des comportements : exemple d'un programme expérimental sur la technique « peur-puis-soulagement »

Dolinski et Nawrat (1998) ont montré le rôle de la peur sur les ressources cognitives et la soumission comportementale. L'élimination brutale de la peur augmenterait le taux de soumission. Plus globalement, cette technique de « peur-puis-soulagement » s'inscrit dans le cadre paradigmatique de la balançoire émotionnelle (ou « emotional seesaw ») faisant référence à l'alternance rapide et brusque entre des états émotionnels opposés (par exemple : peur *vs.* soulagement). Ce changement brusque d'émotions peut induire un état d'esprit passif altérant la pensée rationnelle et la prise de décision. Les individus sont ensuite plus susceptibles d'obéir ou d'être influencés.

Dans une première expérience, des passants observés en train de traverser la rue hors des passages piétons étaient sifflés par un agent de police créant une situation de peur (« peur »). Les passants se rendaient compte ensuite qu'il s'agissait en fait d'un faux agent, complice de l'expérimentation (« soulagement »). Les passants sifflés étaient ensuite abordés sur le trottoir par un enquêteur leur proposant de répondre à un sondage. Les résultats montrent un effet de la « peur-puis-soulagement » : 59 % des passants sifflés puis soulagés ont accepté de remplir ce sondage contre 46 % des passants non-sifflés et ayant traversé hors passage.

Une deuxième expérience prenait place dans une rue où des voitures étaient mal garées. Les propriétaires des véhicules, à leur retour, apercevaient une affichette placée soit sur le pare-brise de leur voiture laissant penser à une contravention (« peur ») soit sur la porte. Ils s'apercevaient ensuite qu'il s'agissait en fait d'une publicité (« soulagement »). Les participants étaient ensuite tous approchés par un enquêteur. Les résultats montrent, ici aussi, l'efficacité de la peur-puis-soulagement : 62 % acceptent de répondre à l'enquête après avoir eu peur et soulagés contre 37 % lorsque l'affichette est trouvée sur la porte (absence de peur-puis-soulagement).

Ces résultats ont été reproduits en laboratoire. Des participants ont été convoqués pour prendre part à une expérience. Dans la condition « peur-puis-soulagement », on annonçait aux participants d'emblée le but de l'étude : subir des chocs électriques (« peur ») avant de leur révéler en fait qu'il ne s'agissait que d'une simple tâche (« soulagement »). Les résultats montrent que 75 % des participants ont accepté d'aider une œuvre caritative par la suite, après avoir cru qu'ils allaient subir des chocs électriques (« peur-puis-soulagement ») comparativement à une condition « peur-sans-soulagement » où ils le croient réellement (37,5 %), et à une condition contrôle où il leur a été directement annoncé qu'ils allaient effectuer une simple tâche (52,5 %).

Une élimination soudaine de la peur produit, chez les participants, un état de soulagement propice au questionnement (« Que s'est-il passé ? Qu'est-ce qui aurait pu se produire ? »). Ce dernier susciterait alors un traitement passif ou quasi-automatique de l'information facilitant l'acceptation ou soumission à une requête.

Dans le droit fil des précédentes expérimentations, Dolinski, Ciszek, Godlewski, et Zawadzki (2002) défendent l'idée d'un état passif

(« mindlessness ») procédant d'une limitation des ressources cognitives pendant le soulagement. La technique de peur-puis-soulagement devrait, selon eux, réduire les ressources cognitives des participants. Ceux éprouvant un soulagement devraient alors se montrer les moins performants sur des tâches demandant attention ou mémorisation. On peut aussi imaginer que des participants, forcés à traiter activement l'information (« mindful ») après la technique peur-puis-soulagement, ne se différencient pas, au niveau de la soumission comportementale, de ceux n'ayant pas subi cette technique. Le taux le plus fort de soumission devrait alors s'observer chez les participants subissant la technique peur-puis-soulagement mais non forcés, par la suite, à traiter activement l'information.

Une première expérimentation a été conduite à Wroclaw (Pologne). Un premier compère se faisait passer pour un aveugle et portait une paire de lunettes noire et une canne blanche. Les participants, des passants sur un marché, étaient aléatoirement assignés à une des deux conditions expérimentales et à une condition contrôle. Le compère aveugle approchait chaque participant par derrière et posait soudainement sa main sur l'épaule des participants, les faisant sursauter. Ensuite, l'aveugle s'excusait auprès de chaque participant (« peur-puis-soulagement »). Dans l'autre condition, le compère touchait l'épaule, s'excusait, et ajoutait en pointant l'horloge de l'église non loin du marché : « Combien reste-t-il de minutes jusqu'à xx heures ? » (condition de peur-puis-soulagement + retour au traitement actif pour le participant). Les participants calculaient le temps en minutes jusqu'à l'heure donnée. Dans ces deux conditions, les participants étaient ensuite abordés par un second compère : « Excusez-moi, je suis étudiant en sociologie. Seriez-vous assez aimable pour donner 5 minutes de votre temps pour remplir un questionnaire sur les conditions de vie des Polonais ? ». Dans la condition contrôle, cette dernière requête était directement formulée. Les résultats sont conformes aux attentes. Le taux d'acceptation obtenu en condition contrôle est identique à celui obtenu en condition de peur-puis-soulagement + retour au traitement actif de l'information (30 %). Ces deux conditions diffèrent significativement de la condition peur-puis-soulagement (c'est-à-dire : l'aveugle met la main sur l'épaule et s'excuse). C'est dans cette dernière condition que l'on observe le plus fort taux d'acceptation de participation : 53 %.

Selon Dolinski et ses collaborateurs (2002), c'est l'état psychologique de traitement passif de l'information (« mindlessness ») qui explique le mieux la technique de la peur-puis-soulagement. En effet, cette dernière produit le plus fort taux d'acceptation uniquement dans le cas où les participants ne sont pas forcés à utiliser un fonctionnement cognitif plus actif (« mindfulness »).

La situation de peur-puis-soulagement peut-elle affecter le traitement cognitif ? Il y a tout lieu d'y croire. Dans une autre expérience, la tâche consistait à réaliser des opérations mentales composées d'additions et soustractions à deux chiffres. 48 étudiants, âgés de 16 à 18 ans, ont participé à l'expérience. Ils étaient invités, par l'Institut de psychologie de l'université de Wroclaw, à passer un test de capacités et d'habiletés. Ils étaient aléatoirement assignés à deux conditions expérimentales (peur ; peur-puis-soulagement) et une condition contrôle. Dans la condition « peur », on les informait de leur participation à un projet de recherche sur les processus d'apprentissage. La tâche consistait à apprendre une liste de mots dont toute erreur de restitution était sanctionnée par l'envoi d'un choc électrique moyennement douloureux. Dans la condition « peur-puis-soulagement », on leur disait la même chose mais, à la dernière minute, on les informait que cette tâche d'apprentissage était remplacée par un autre sur la coordination visuo-motrice sans rapport avec une sanction par chocs électriques. Enfin, les participants de la condition contrôle étaient tout de suite informés qu'il s'agissait d'une tâche visuo-motrice. Dans toutes les conditions, le compère annonçait qu'il les invitait avant de débuter à prendre part à une étude sur le calcul mental. Chaque participant recevait une feuille blanche sur laquelle il devait réaliser 35 opérations (par exemple : 23 + 15- 12 =…). Le nombre d'opération correctement calculé constituait la variable dépendante.

Les résultats obtenus vont dans le sens des hypothèses. Les participants placés dans la condition « peur-puis-soulagement » trouvent, en moyenne, significativement moins de réponses justes (16,81) que les participants placés dans la condition « peur » (19,12) ou contrôle (19,43). La peur-puis-soulagement, exclusivement, produit un amoindrissement ou un déficit des ressources cognitives des participants.

À RETENIR

- **L'attitude** est étayée par de nombreux modèles. Les plus classiques présentent l'attitude composée de trois dimensions (affect, cognition, comportement). D'autres modèles considèrent l'attitude comme unidimensionnelle (affect essentiellement : bon-mauvais ou favorable-défavorable).
- L'attitude permet-elle de prédire le comportement dont elle est supposée être conforme ? Certains modèles montrent que l'attitude peut participer à cette **prédiction** avec d'autres composantes associées. Des méta-analyses montrent la difficulté de cette prédiction.
- **La communication persuasive** est étudiée selon plusieurs modèles théoriques : simple exposition, conditionnement évaluatif, École de Yale, réponses cognitives, modèle de probabilité d'élaboration, autovalidation.
- **Le modèle de probabilité d'élaboration (ou ELM)** envisage le changement d'attitude comme le résultat de l'emprunt soit d'une voie centrale du traitement de l'information (traitement approfondi), soit d'une voie périphérique du traitement de l'information (traitement superficiel) ou la combinaison des deux voies.
- **La persuasion technologique** s'intéresse aux modifications de l'attitude et du comportement dans le cadre des interfaces homme-machine. Elle emprunte à la fois aux théories de la communication persuasive, ses variables et paramètres, et aux caractéristiques ergonomiques des machines présentées.
- **La théorie de la dissonance cognitive** énumère un ensemble de propositions concernant les relations entre cognitions ou éléments de connaissance. La dissonance résulte d'une inconsistance entre deux cognitions. Les individus sont motivés à réduire cette dissonance ou inconfort psychologique soit par la voie cognitive, soit par la voie comportementale. Différents paradigmes ont testé cette proposition notamment la soumission forcée (ou induite), l'hypocrisie induite, ou encore l'exposition sélective à l'information.
- **La soumission-sans-pression** est une situation où les individus se soumettent, c'est-à-dire réalisent un comportement qu'ils n'auraient pas réalisé spontanément mais se soumettent dans un contexte de liberté. La théorie de l'engagement explique les effets de la soumission-sans-pression.
- **La soumission librement consentie** regroupe à la fois le champ de la dissonance et celui de la soumission sans pression. Les effets de l'engagement, dans cette perspective, sont étudiés à la fois sur le plan cognitif (effets de la dissonance, rationalisation cognitive) et sur le plan comportemental (engagement, rationalisation en acte).
- **L'implémentation des intentions** est une technique de fixation de buts et objectifs reposant en partie sur la formulation d'un plan d'action de type : « Si… alors… ». Elle peut être associée à la technique du contraste mental consistant à imaginer, en

particulier, les obstacles possibles à la fixation d'objectifs. La technique du **WOOP**, basée sur ces principes, permet d'obtenir des modifications comportementales sur le moyen et long terme.

- **La communication engageante** est un paradigme du changement des attitudes et des comportements à l'intersection de la communication persuasive et l'engagement. Le principe de la communication engageante consiste à faire précéder la diffusion d'un message persuasif de la réalisation d'un acte préparatoire.

NOTIONS CLÉS

- **Attitude** : tendance psychologique exprimée en évaluant favorablement ou pas un objet ou une classe d'objet (conception unidimensionnelle).
- **Attitude forte** : stabilité, résistance à l'influence sociale, impact sur le traitement de l'information. Une attitude forte est accessible, importante et les individus en sont certains.
- **Communication engageante :** recherches théoriques et appliquée à l'intersection de la communication persuasive et de l'engagement.
- **Dissonance cognitive :** l'inconsistance entre cognitions génère un état d'inconfort psychologique à réduire par la voie cognitive (rationalisation cognitive) ou comportementale (rationalisation en acte).
- **Implémentation des intentions :** demander de planifier la réalisation d'un comportement.
- **Persuasion :** changement de croyances et attitudes résultant d'une exposition à une communication.
- **Persuasion technologique :** modifier les attitudes et les comportements des utilisateurs par le biais des interfaces.
- **Soumission librement consentie :** regroupe à la fois le champ de la dissonance et celui de la soumission-sans-pression.
- **Soumission sans pression :** les participants se soumettent en réalisant un comportement qu'ils n'auraient pas réalisé spontanément dans un contexte de liberté.
- **Théorie de la prédiction comportementale** : théorie de l'action planifiée, MODE, modèle COM-B.

POUR ALLER PLUS LOIN

Cialdini, R. (2017). *Pré-suasion*. Paris : First.

Festinger, L. (2017). *Une théorie de la dissonance*. Paris : Enrick B éditions.

Girandola, F., & Fointiat, V. (2016). *Attitudes et comportements : comprendre et changer*. Grenoble : Presses Universitaires de Grenoble.

Joule, R.-V., & Beauvois, J.-L. (1998). *La soumission librement consentie*. Paris : PUF.

Joule, R.-V., & Beauvois, J.-L (2024). *Petit traité de manipulation à l'usage des honnêtes gens*. Grenoble : Presses Universitaires de Grenoble.

Ressources numériques

1. Cours sur la communication engageante :

http://rpn.univ-lorraine.fr/UOH/COMMUNICATION_ENGAGENTE/co/environnement_web.html

2. L'expérience du « Billet perdu » :

https://www.youtube.com/watch?v=oUKNnNkY648

3. La théorie de la dissonance cognitive « Changer la raison pour garder la raison » :

https://www.youtube.com/watch?v=bXhLuy67nJc

ENTRAÎNEMENT

Exercice 1

Mots croisés

Horizontal :

4. Paradigme de la dissonance composé de deux étapes

8. Traitement de l'information superficiel

11. Auteur ayant proposé une mesure de l'attitude

12. Réaliser un comportement non souhaité

13. Auteur de la théorie de la dissonance cognitive

14. Technique regroupant implémentation et contraste mental

Vertical :

1. Un paramètre de la persuasion basé sur l'émotion

2. Modèle de la prédiction comportementale basé sur l'accessibilité de l'attitude

3. Traitement approfondi de l'information

4. Principal auteur de l'École de Yale

5. Une dimension de l'attitude basée sur la vitesse de réponse

6. Fixation d'un objectif

7. Inconfort psychologique

9. Changement des croyances résultant d'une exposition à une communication

10. Permet l'évaluation d'un objet ou d'une catégorie d'objet

Exercice 2

Entourez la bonne réponse : il y a une bonne réponse par question.

1. Par qui a été introduit pour la première fois le concept d'attitude ?

a. Festinger

b. Hovland

c. Thomas et Znaniecki

d. Rosenberg

2. Qu'appelle-t-on un modèle tri-componentiel de l'attitude ?

a. Un modèle qui repose sur trois composantes

b. Un modèle qui prend en compte le traitement de l'information

c. Un modèle qui est basé sur trois items de mesure de l'attitude

d. Aucune de ces réponses

3. Pourquoi une attitude peut-elle être forte ?

a. Parce que les individus y pensent toute la journée

b. Parce qu'elle possède certaines caractéristiques permettant un jugement rapide

c. Parce qu'elle possède trois propriétés : stabilité, résistance, impact sur le traitement de l'information

d. Parce qu'elle se construit tout au long de l'enfance

4. Quelles sont les dimensions les plus caractéristiques d'une attitude forte ?

a. Accessibilité, centralité, importance

b. Accessibilité, congruence, certitude

c. Importance, extrémité, certitude

d. Accessibilité, importance, certitude

5. Le modèle de l'action planifié :

a. Permet de planifier les actions

b. Permet de fixer des objectifs

c. Permet de prédire le comportement à partir de l'intention

d. Permet de persuader de réaliser un comportement

6. Le modèle MODE :

a. Prédit la force d'une attitude

b. Définit les modes de réduction de la dissonance

c. Montre les différents modes de résistance de l'attitude

d. Prédit le comportement à partir de l'accessibilité d'une attitude

7. Le modèle COM-B :

a. Envisage les relations entre les dimensions de l'attitude

b. Met en avant le rôle de l'attitude dans la prédiction des comportements

c. Prédit le comportement selon l'aptitude, la motivation, l'opportunité

d. Prédit le comportement selon les croyances, la motivation, les normes

8. L'effet de simple exposition :

a. Est un sentiment positif envers quelqu'un ou quelque chose par une exposition répétée

b. Consiste à associer une représentation cognitive à une réaction affective

c. Est un sentiment négatif envers quelqu'un ou quelque chose par une exposition répétée

d. Consiste à associer une image à une émotion positive

9. L'effet dormeur :

a. Permet de mieux persuader les participants par surprise

b. Facilite la persuasion implicite et sur le long terme en dissociant les arguments du message

c. Survient lorsque les individus ne se souviennent plus de la source et dissocient la source du message au fil du temps

d. Empêche que les arguments contenus dans les messages produisent un impact sur la crédibilité de la source

10. Le modèle ELM :

a. Présente une voie de traitement de l'information unimodale

b. Présente deux voies du traitement de l'information : une centrale, une périphérique

c. Présente deux voies du traitement de l'information : une automatique, l'autre basée sur le raisonnement

d. Présente deux voies du traitement de l'information : une émotionnelle, l'autre factuelle

11. La peur dans le cadre de la persuasion :

a. Est un moyen de persuasion inefficace

b. Permet de mieux comprendre les processus de résistance

c. Est un moyen de persuasion efficace si associée à l'efficacité

d. Est un moyen de persuasion efficace si associée à une forte menace

12. La persuasion technologique :

a. Permet la conception de nouvelles techniques de persuasion

b. Utilise uniquement la voie émotionnelle du traitement de l'information

c. Est une nouvelle discipline à l'intersection de la persuasion et des interfaces

d. Est une conception technologique du traitement de l'information

13. Festinger :

a. Est l'auteur de la théorie de la dissonance cognitive

b. Est l'auteur du paradigme de l'hypocrisie induite

c. Est l'auteur du paradigme de la dissonance vicariante

d. Est l'auteur du paradigme la communication persuasive

14. Le paradigme de l'hypocrisie induite

a. Permet de changer les intentions comportementales dans le cadre de la dissonance

b. Permet de changer les intentions comportementales et les comportements dans le cadre de la dissonance

c. Est basé sur les principes de la communication persuasive

d. Est basé sur les principes de l'exposition sélective à l'information

15. La soumission librement consentie

a. Est une technique de changement des comportements

b. Est un cadre théorique englobant à la fois la théorie de la dissonance et la théorie de l'engagement

c. Est une technique de persuasion basée sur l'engagement

d. Est une méthodologie permettant la mesure de la soumission comportementale

© Mopic / Fotolia

Qu'allons-nous étudier dans ce chapitre ?

- Ce chapitre vise à présenter l'influence sociale à travers les recherches fondamentales proposées par la psychologie sociale.
- Il s'agit d'une introduction aux grandes thématiques (normalisation, soumission à l'autorité, conformisme, influence minoritaire, rôles sociaux) qui ont marqué l'histoire de la discipline.
- On propose une description et un regard critique des concepts abordés au regard des recherches récentes.

CHAPITRE 6

L'influence sociale

PLAN DU CHAPITRE

1. La normalisation
2. Le conformisme
3. L'influence minoritaire
4. L'obéissance et la soumission à l'autorité : des travaux de Milgram aux recherches actuelles
5. La prison de Stanford, les rôles sociaux et la désindividuation : d'une expérience fondatrice à « l'histoire d'un mensonge »

Interaction conflictuelle : « une situation de communication dans laquelle un individu est confronté à une source d'influence (à savoir un autre individu un groupe ou un média) qui introduit un point de vue en contradiction avec ses croyances initiale » (Pérez & Mugny, 1993).

Qui ne s'est jamais dit qu'il s'était fait influencer ? On entend souvent parler d'influence mais sait-on réellement à quoi cela correspond ? Ce chapitre va donc traiter de ce que la psychologie sociale nomme « influence sociale », un champ d'étude majeur. Pour commencer, selon Pérez et Mugny (1993), l'influence sociale peut être définie comme « l'ensemble des processus qui interviennent dans l'élaboration, le maintien, la diffusion ou la modification des systèmes de croyances, lors **d'interactions de nature conflictuelle** ».

Plusieurs ensembles de recherche ont vu le jour depuis le début des travaux portant sur l'influence sociale. Nous aborderons tour à tour dans le cadre de ce chapitre, la normalisation, le conformisme, l'influence minoritaire, la soumission à l'autorité et nous terminerons par l'étude des rôles sociaux.

1. La normalisation

C'est dans le but d'étudier la formation des **normes** que **Muzafer Sherif** a mis en place une série d'expériences très célèbres autour de ce que l'on appelle **l'effet autocinétique**. Il faut comprendre que l'étude des normes et de leurs effets sur les attitudes et comportements est bien différente de l'étude de leur formation. En effet, mettre en évidence comment se forment les normes était un projet ambitieux et il fallait que Sherif fasse preuve de créativité pour trouver une situation expérimentale (un paradigme expérimental) permettant de mettre en évidence un tel phénomène. Mais pourquoi cela paraît-il d'emblée aussi compliqué ?

▶ Cf. chapitre 4.

Muzafer Sherif (1906-1988) : un des fondateurs de la psychologie sociale. Diplômé des universités d'Istanbul puis de Harvard, il enseignera dans des universités turques et américaines et il sera reconnu pour ces travaux portant sur la normalisation, le changement d'attitude et plus particulièrement sur les relations intergroupes à propos desquelles il proposera la théorie des conflits réels.

Norme : échelle de référence ou d'évaluation qui définit une marge de comportements, attitudes et opinions, permis et répréhensibles (Sherif, 1936).

Tout d'abord, les **normes**▸ font intrinsèquement partie de la vie sociale et toute situation sociale engage un certain nombre de règles (politesse, réciprocité, propreté, etc.). Il faut dire que les normes sont acquises et intériorisées tout au long du processus de socialisation et qu'il n'est pas chose aisée de s'en départir. Elles autorisent une vision stable du monde et jouent un rôle important dans l'anticipation des situations et des jugements et comportements à adopter en de telles circonstances. Selon une telle perspective, étant donné que ces normes sont largement partagées dans une culture donnée, elles apparaissent également comme étant très contraignantes puisque l'absence de respect de ces dernières nous expose à la catégorisation en tant que déviant. C'est ainsi qu'étudier la formation des normes a demandé à Sherif de créer une situation dans laquelle aucune norme ne préexistait, une situation donnant lieu à de multiples interprétations où toutes les réponses possibles pouvaient apparaître avec une fréquence égale, c'est-à-dire sans que l'une d'entre elles (ou quelques-unes d'entre elles) s'impose(nt) à la perception des sujets. Le mot d'ordre pour l'élaboration d'une telle situation est donc de jouer sur son caractère ambigu ! Une fois la chose dite, elle paraît toujours aisée, mais sa mise en œuvre implique un autre niveau de difficulté. Il a donc fallu que Sherif imagine une situation expérimentale en capacité de générer cette ambiguïté, et ce, de manière systématique. Afin d'exposer les participants à une telle ambiguïté, Sherif a eu recours à l'**effet autocinétique**.

L'effet autocinétique en astronomie

Cet effet est connu de très longue date en astronomie. Concrètement, lorsque vous vous trouvez dans l'obscurité, telle une nuit noire et où le ciel est bien dégagé, lorsque vous observez une étoile et que vous la fixez, vous avez l'impression que celle-ci se déplace, certes peu mais vous la voyez bien scintiller. De même que lorsque vous vous trouvez dans un couloir et dans l'obscurité, la lumière émanant de la diode d'un interrupteur peut vous apparaître en mouvement dès lors que vous la fixez…

Profitant de l'opportunité offerte par ce phénomène en termes d'absence de normes préétablies en ce qui concerne l'évaluation de l'amplitude d'un tel mouvement, Sherif a donc décidé de reproduire en situation expérimentale ce phénomène et de demander à ses participants d'estimer l'amplitude du mouvement erratique d'un point lumineux dans un environnement dépourvu de tout autre repère visuospatial.

Toute situation expérimentale de cette nature nécessite donc la création d'un matériel permettant de créer les conditions dans lesquelles les participants seront amenés à exprimer leurs estimations. Il fallait donc pour Sherif que cette situation soit commune à tous les participants afin de répondre aux exigences expérimentales qui imposent que seules les variables manipulées par le chercheur soient les éléments qui différencient les conditions dans lesquelles les participants sont placés. L'avantage pour Sherif concernant l'effet autocinétique est que ce phénomène, dès lors qu'il est provoqué dans les bonnes conditions de son apparition, ne manque jamais de se produire.

La situation expérimentale (cf. figure 1) telle qu'imaginée par Sherif consistait à faire entrer les participants dans une pièce obscure et de s'asseoir sur des tabourets disposés devant une table. À une distance de 5 mètres se trouvait le point lumineux. Notez que la pièce était suffisamment noire pour que les participants n'aient pas d'autres repères visuo-spatiaux (murs, plafond) qui auraient pu avoir une incidence sur leurs estimations. Le point lumineux était obtenu à l'aide d'une boîte contenant une ampoule de faible intensité et qui a été percée d'un petit trou.

Fig. 1 Schématisation de la situation expérimentale mise en place par Sherif (1935)

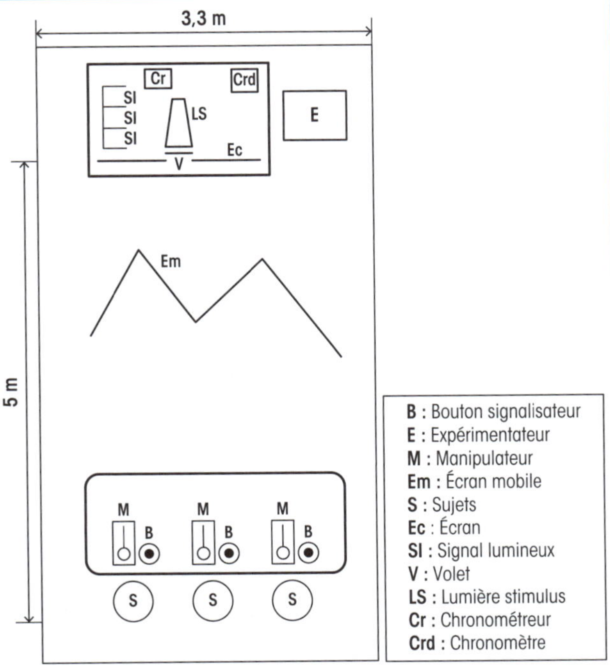

Adapté de Levy (1965, p. 225)

En raison de l'absence de référence objective, le mouvement erratique (instable) du petit point lumineux est perçu assez rapidement par la quasi-totalité des participants. Il est à noter que l'amplitude du mouvement de ce point lumineux est dépendante de la durée de stimulation.

Chose également importante, les jugements concernant cette amplitude du mouvement (c'est-à-dire les estimations faites par les participants) varient selon les individus. En outre, on constate que ces variations peuvent également intervenir chez une même personne au cours des différentes stimulations.

Afin de mieux comprendre le déroulement de cette expérience, nous allons détailler la procédure expérimentale telle qu'elle a été créée par l'auteur.

Sherif va d'abord observer les estimations des participants en condition isolée puis en groupe et il fera ensuite l'inverse, c'est-à-dire en condition de groupe, puis en situation isolée.

Fig. 2 Schématisation des conditions expérimentales mises en place par Sherif (1935)

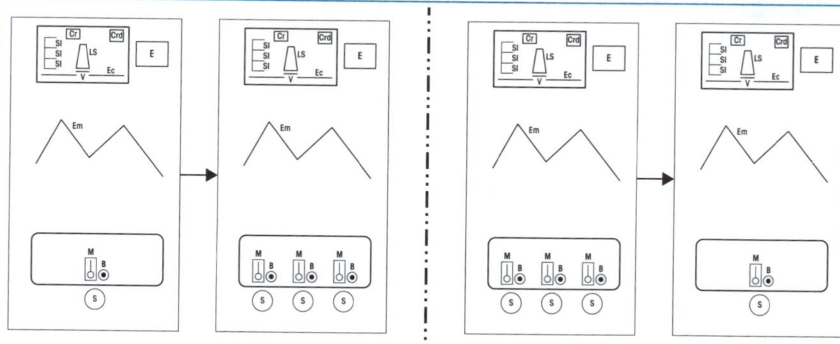

Condition A « isolé puis groupe »

Condition B « groupe puis isolé »

Dans toutes les conditions, Sherif donnait les mêmes instructions suivantes :

> « Quand la pièce sera complètement sombre, je vous donnerai le signal "prêt" ; ensuite, je vous montrerai un point lumineux. Après un court instant,

la lumière commencera à se déplacer. Dès que vous la verrez se déplacer, appuyez sur le bouton. Quelques secondes après, la lumière disparaîtra. Vous me direz alors de quelle distance elle s'est déplacée. Essayez de rendre vos évaluations aussi exactes que possible » (Sherif, 1935, traduit par Levy, 1965, p. 225).

Une fois cette consigne donnée au participant, l'expérimentateur présente au participant « isolé » (condition A) une série de 100 stimulations.

Les résultats montrent que les premières réponses lors de cette centaine de stimulations sont très différentes pour un seul et même sujet, les amplitudes rapportées sont très variables. Toutefois, on va voir se produire au fil des réponses la formation d'une norme personnelle, c'est-à-dire que les réponses vont peu à peu se situer dans un écart qui va lui-même diminuer de sorte que toutes les réponses trouveront leur place dans cette « zone » plus restreinte que l'on qualifiera de **norme subjective** dont la figure 3 illustre la formation.

Fig. 3 Exemple de formation d'une norme subjective lorsque le participant est isolé

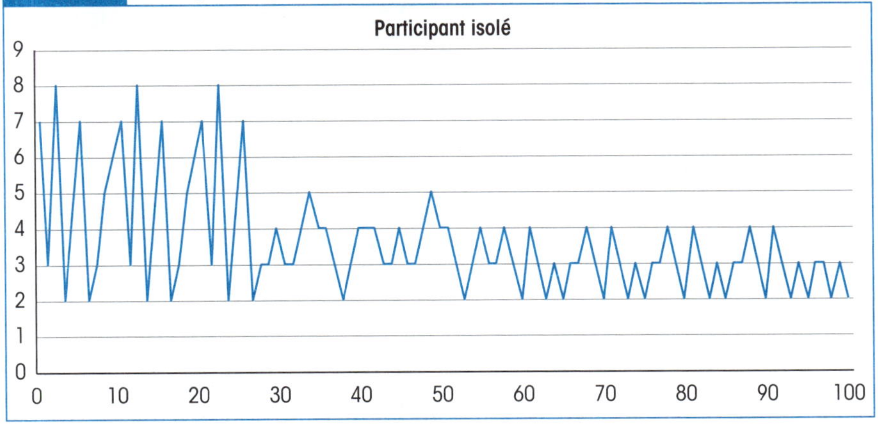

La question est de savoir ce qu'il se passe une fois que les participants sont placés en situation de groupe. En procédant de la sorte et en prolongeant la situation individuelle au moyen d'une situation collective, il est possible de voir ce que devient la norme personnelle dans un contexte où les estimations se font en présence d'autres personnes.

Avant de présenter les résultats qui ont fait le succès de cette expérimentation, il est à toutes fins utiles de rappeler les quatre caractéristiques fondamentales de la situation dans laquelle sont placés les participants :

1. Il n'existe pas de norme collective préalable.
2. Il n'y a ni bonne, ni mauvaise réponse.
3. Il n'y a pas de majorité.
4. L'environnement physique est totalement ambigu.

C'est ainsi qu'à la suite de la passation individuelle, les participants à cette expérience ont été invités à donner leur réponse soit en présence d'une autre personne (en dyade), soit en présence de deux autres personnes (en triade).

Les résultats montrent clairement que la norme subjective ne résiste que peu lorsque les estimations sont produites en contexte de groupe (cf. figure 4). On observe en effet au fil des essais un phénomène de convergence vers une norme commune. Cette convergence ne se produit toutefois pas dès les premières stimulations, mais quoi qu'il en soit, *in fine,* cette convergence s'opère de manière assez remarquable.

Fig. 4 Phénomène de normalisation en situation de groupe

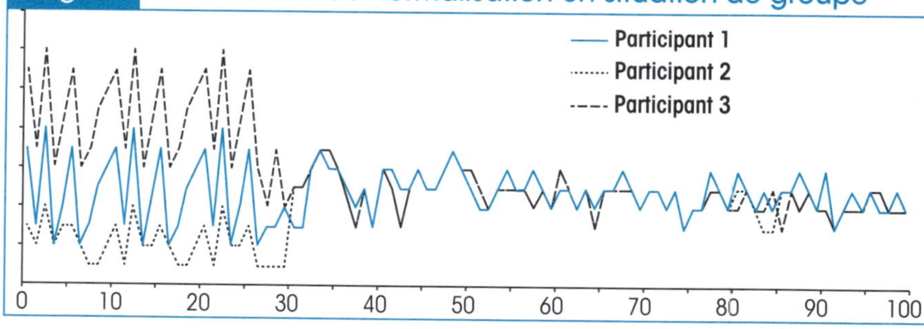

On vient donc de voir que chaque participant établissait une norme personnelle ou subjective lorsqu'il était en condition isolée et que, par ailleurs, placés ensuite dans une situation collective, ces normes subjectives avaient tendance à converger vers une norme collective moyenne. Malgré le fait que tous les participants possèdent le même « niveau » de départ à propos de cette tâche, ils n'ont *a priori* pas tous le même poids. On pourrait penser que la norme de groupe serait la résultante de la moyenne des normes individuelles, or il semblerait que ce ne soit pas le cas. En effet, certains auraient plus d'influence que d'autres sans pour autant que cela soit explicable par un quelconque effet en terme de leadership. Certains individus occupent bien une position centrale, ce qui tendrait à opter pour ce type d'explication, mais même chez ces individus on observe un phénomène de convergence, qui est moins marqué mais qui existe tout de même. Donc en définitive, même dans cette situation de normalisation les relations entre les individus peuvent donc être dissymétriques.

À la suite de ces premiers résultats, la question qui persiste consiste à se demander ce que va devenir cette norme collective si les participants sont ensuite placés en condition isolée. On passe donc ici de la condition A à la condition B comme indiqué sur la figure 2▸.

▶ Cf. p. 170

Les résultats sont sans appel, **la norme de groupe prend le dessus sur la norme subjective.** Une fois une norme collective établie, celle-ci est adoptée et intériorisée par les participants qui maintiennent, même en l'absence du groupe des estimations identiques (cf. figure 5) en condition isolée par la suite. On assiste alors à une conservation de la norme établie en situation de groupe.

Fig. 5 Persistance de la norme collective en situation isolée (condition B)

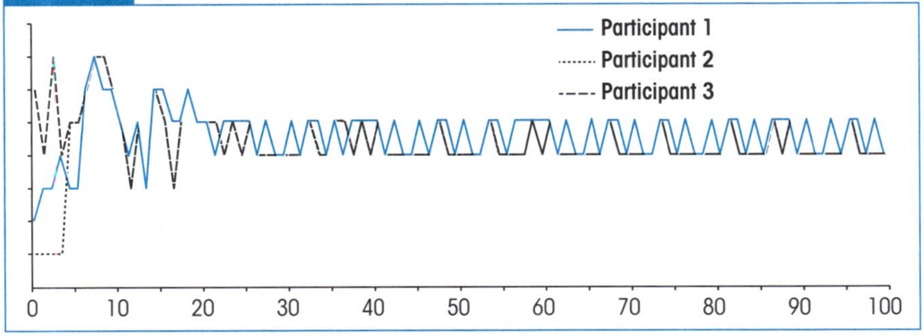

Ce **phénomène de normalisation** a donné lieu à différentes interprétations.

Selon **Sherif,** les individus ont une tendance à organiser leur expérience autour d'une référence admise par leur groupe. Il a en outre tout d'abord insisté sur le fait que lorsque les participants sont trop éloignés de la norme, ils ressentent une sensation de malaise et de tension les conduisant à se rapprocher des estimations d'autrui visant à la réduire.

Selon **Allport** (1924) qui a conduit des expériences similaires sur l'estimation de poids, l'explication tiendrait au fait que les individus auraient tendance à modérer leurs jugements en présence d'autrui afin d'éviter le désaccord avec les autres et maintenir les conditions de l'émergence d'une structure collective. Selon l'auteur, le fait de modérer leurs réponses refléterait le jeu d'un système de concessions réciproques nécessaire à la formation et à la possibilité de rendre pérenne une société ou un groupe.

D'autres interprétations ont été avancées par **De Montmollin** (1965) ou encore **Moscovici et Ricateau** (1972). Pour la première, les sujets se comportent « *à peu près comme des statisticiens en tenant compte des caractéristiques de la distribution des réponses de leur groupe* » (De Montmollin, 1965, p. 394). Les participants auraient tendance à se rapprocher de la tendance centrale estimée à partir des réponses des autres. Il s'agirait selon l'auteure d'une relation d'influence réciproque entre les différents individus qui, de par l'examen des réponses fournies par les autres, ajusteraient leur propre estimation dans le but de rejoindre une estimation moyenne perçue comme étant probablement plus juste.

Pour les seconds, la motivation serait davantage sociale. Très proches de la conception d'Allport (1924), les auteurs avancent une explication en termes de stratégie d'évitement du conflit. Pour eux, cette explication peut valoir dans le cas de cette expérience pour au moins trois raisons :

1. la tâche proposée est une tâche non impliquante (Pérez & Mugny, 1993) ;
2. les réponses fournies par les participants ne sont pas en quelque sorte « investies » d'une importance particulière par ces derniers ;
3. les participants convergent s'ils sont de statut égal vis-à-vis de la tâche.

Ces derniers points différencient quelque peu l'interprétation de Moscovici et Ricateau (1972), de celle d'Allport (1924) dans la mesure où c'est bien la nature de la tâche qui implique l'évitement du conflit. Si cette dernière n'était pas conforme aux points énoncés pour Moscovici et Ricateau (1972), le conflit pourrait être même recherché dans l'optique de convaincre les autres.

2. Le conformisme

Dans le cadre de l'expérience portant sur la normalisation conduite par Sherif (1935, 1936), on vient de voir que les estimations des participants placés en condition de groupe convergeaient vers une position moyenne. Cette convergence des estimations était obtenue sans qu'aucune pression n'ait été exercée à l'endroit des participants. Dans le cas du conformisme, les choses sont quelque peu différentes, même si, comme on va le voir, on ne parle pas de pression explicite mais bien d'une pression implicite de nature sociale.

2.1. L'effet Asch

Dans les années 1950, **Solomon Asch**, chercheur américain, s'est penché sur les questions relatives à l'indépendance d'un individu face au groupe et au conformisme. Plus précisément, il s'est posé la question des conditions favorisant cette indépendance ou au contraire la mettant en échec (par conformisme) vis-à-vis du groupe.

Solomon Asch (1907-1996) : à l'instar de Muzafer Sherif, un des fondateurs de la psychologie sociale. Diplômé d'un doctorat de l'université de Columbia (1932), il sera le directeur de thèse de Stanley Milgram. Il sera reconnu notamment pour ces travaux portant sur la formation des impressions et sur le conformisme.

La situation créée par l'auteur était très simple et très astucieuse : un participant naïf était placé face à une majorité d'individus donnant volontairement une réponse incorrecte, alors même qu'une réponse correcte, relevant de l'évidence objective, existait.

Au moyen d'une telle situation, Asch a donc conduit une série d'expériences très célèbres pour lesquelles une seule et unique situation expérimentale a été créée. Il s'agissait concrètement de demander à un participant naïf (aveugle au but réel de l'expérience) de dire parmi trois lignes présentées, celle qui correspondait à la ligne étalon (qui est la ligne de référence). La tâche était présentée comme étude portant sur la perception (cf. figure 6).

Fig. 6 Exemple de matériel utilisé dans le cadre de la série d'expérimentations

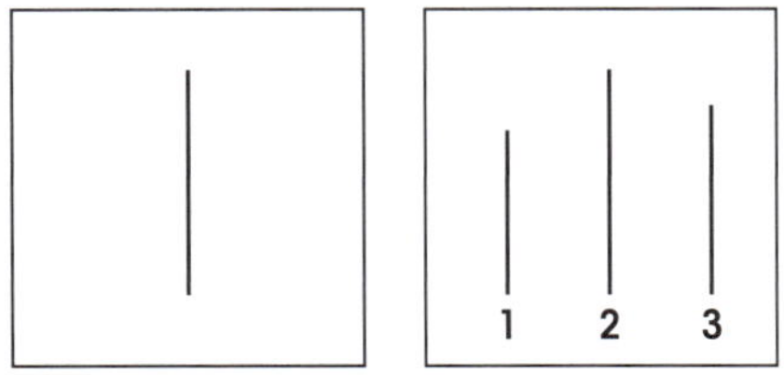

Le paradigme ainsi mis en place par Asch respectait les cinq points qui vont suivre. On notera toutefois que dans certaines variantes de ces expériences des paramètres pouvaient varier mais nous y reviendrons.

Les conditions étaient les suivantes :

1. Un sujet, seul, est confronté à une source qui est composée de plusieurs individus de même statut que lui. Dans cette situation la source répond de manière opposée clairement à celui de la cible et la réponse que cette majorité donne est objectivement incorrecte.
2. La situation est totalement claire et non ambiguë, contrairement à celle proposée par Sherif. La situation est au contraire très nette en raison de l'évidence de la réponse à fournir.
3. Le sujet naïf répond toujours après avoir entendu la quasi-totalité du groupe répondre de façon unanime. Ici nous disons quasi-totalité car encore une fois cela pouvait changer en fonction des variantes de l'expérience.
4. Les réponses du sujet naïf sont données oralement devant le groupe. Le contexte public de réponse mettait le sujet dans une situation telle qu'il ne pouvait échapper à la confrontation de sa réponse avec celle donnée par les autres membres du groupe.
5. L'expérimentateur demande au participant de donner simplement sa réponse. De la sorte, il n'y a aucune pression explicite de la part du groupe.

Notons que la pression implicite est provoquée davantage par le fait de devoir donner ses réponses après avoir entendu celles du groupe et de devoir le faire oralement et face au groupe. Nous verrons d'ailleurs que le contexte privé d'expression de la réponse ou encore le fait de ne plus être exposé à un groupe unanime change les choses en terme de conformisme.

Fig. 7 Schématisation de la situation expérimentale utilisée par Asch (1956)

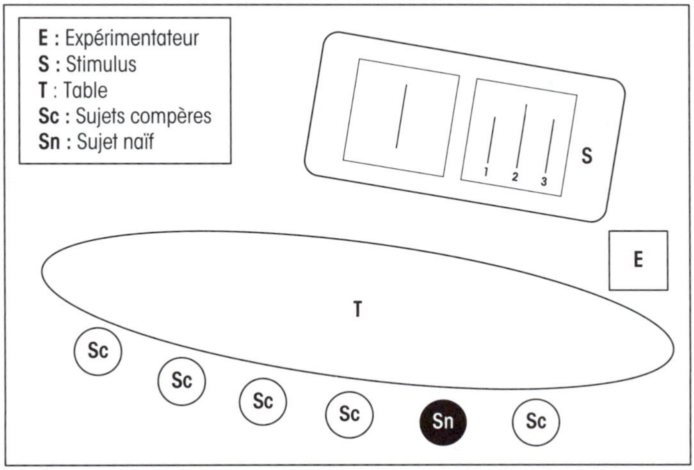

Conformément à la figure 7, le sujet naïf répondait, comme on l'a vu, après avoir entendu une majorité répondre. Une place lui était donc réservée (sans qu'il le sache) afin de manipuler sa position dans l'ordre d'expression des réponses. L'expérience se déroulait selon plusieurs essais. Suivant les instructions de l'expérimentateur, les compères (ou complices de l'expérimentateur) devaient donner, selon les essais, des réponses correctes ou incorrectes. Les compères avaient été en effet formés par Asch pour donner des réponses précises. Il est évident que le sujet naïf ignorait totalement l'entente préalable entre l'expérimentateur et les participants compères. S'en suivait alors la présentation de la tâche à réaliser. Il s'agissait, comme le présente la figure 6, d'une tâche de discrimination perceptive. Cette tâche consistait en la présentation de deux cartons d'environ 10 cm sur 50.

Sur le carton de gauche une ligne d'environ 1 cm d'épaisseur était dessinée. Notons que la longueur de cette ligne variait en longueur (de 5 cm à 22 cm) selon les essais. Cette ligne constituera la ligne étalon. Sur le second carton de droite, trois lignes de même épaisseur que la ligne étalon étaient dessinées. La longueur de l'une de ces trois lignes était toujours égale à la ligne étalon, alors que les deux autres étaient de toute évidence de longueur différente.

La tâche des participants consistait simplement à dire parmi les trois lignes qui étaient présentées sur le carton de droite, laquelle était de longueur égale à celle de la ligne étalon. Si vous faites l'essai vous-même, vous allez très vite vous rendre compte de l'évidence de la réponse à donner. Normalement, la réponse est absolument évidente. Preuve en est, en condition contrôle, le pourcentage de réponse incorrecte est de l'ordre de 1 % seulement.

Dans le cadre de l'expérimentation conduite, suivant les instructions qui leur sont données, les compères vont donner, toujours de façon unanime, une réponse erronée lors de deux essais sur trois, le troisième essai donnant lieu, quant à lui, à une réponse correcte. Sur les 18 essais, seuls les deux premiers donneront lieu à des réponses correctes de la part des compères.

Les résultats rendent compte d'un pourcentage d'erreurs observé de 37 % pour l'ensemble des sujets cibles (sujets naïfs), qui sont au nombre de 123 au total. D'autres résultats, résumés dans le tableau 1, sont intéressants à considérer et rendent compte de manière assez claire de cet effet en terme de conformisme.

Tableau 1 Résultats obtenus dans le cadre de l'expérience conduite par Asch

Effets	Effectifs (pourcentage)
Les sujets ne se conforment pas à la majorité (réponses correctes uniquement)	***N*** = 29 (23,5 %)
Les sujets se conforment en donnant des réponses incorrectes à plus de la moitié des essais critiques	***N*** = 39 (32 %)

L'expérience ainsi conduite impliquait donc de provoquer un désaccord manifeste et public entre une source d'influence majoritaire unanimement incorrecte et une cible minoritaire. Les conséquences, eu égard aux résultats mis en évidence, vont dans le sens d'une **distorsion des jugements** de la cible minoritaire. Cet effet désormais bien connu sous l'étiquette « **effet Asch** » a été interprété par l'auteur lui-même par un processus de conformisme découlant d'un conflit cognitif qui intervient entre l'évidence perceptive et les réponses étranges de la source.

Pour aller plus loin, rappelons que Asch **ne s'attendait pas à ces résultats** et que son objectif était d'identifier les conditions dans lesquelles

l'indépendance des sujets vis-à-vis des jugements du groupe était maintenue ou au contraire échouait (voir à ce sujet un article très récent de Laurens, Ballot, & Saenco, 2018), plusieurs variantes de cette expérience ont été mises en place afin d'identifier ces aspects. Le tableau 2 résume les résultats de ces variantes de l'expérience princeps.

Tableau 2 Variantes dans l'expérience de Asch et taux de conformisme obtenus

Conditions dans les variantes	Pourcentage de conformisme
Variante 1 : un compère (en position 4) ne va donner que des réponses correctes.	5,5 %
Variante 2 : un des compères donne une réponse correcte lors de la première moitié des essais, puis une réponse conformiste (i.e., erronée) au cours de la deuxième moitié des essais.	5,5 %

Asch s'est par ailleurs intéressé au nombre d'individus constituant la source d'influence. Dans cette perspective, plusieurs expériences ont été conduites en faisant varier le statut numérique de la source (composée de 1, 2, 3, 4, 8, 10 à 15 membres) opposée à la cible isolée. Les résultats montrent que c'est lorsqu'une source est composée d'au moins trois compères que le taux de conformisme est le plus important et qu'il ne varie pas quand bien même le nombre de compères augmente. Ainsi, Asch a pu en déduire que le taux de conformisme n'était pas proportionnel au nombre de compères constituant la source d'influence.

2.2. Influence normative et influence informationnelle

Selon Deutsch et Gerard (1955) deux types d'influence existent et ne se produisent pas selon les mêmes conditions dans lesquelles sont placés les individus. Ces deux types d'influence correspondent à ce qu'ils nomment l'influence normative et l'influence informationnelle.

1. **L'influence normative** peut être définie comme une influence qui émane des attentes positives de la part du groupe ou d'autres personnes. Pour le dire autrement, l'influence normative décrit la

conformité des individus en vue de d'être appréciés ou acceptés par les autres.

2. **L'influence informationnelle**, pour sa part, est un type de conformité selon laquelle les individus utilisent les attitudes et les actions qu'ils perçoivent autour d'eux comme des critères leur permettant d'adapter leur propre comportement. Elle est basée sur le désir de prendre des décisions éclairées, l'enjeu est épistémique, les individus sont motivés pour donner une réponse correcte. Cette influence est plus importante lorsque les autres sont perçus comme étant précis ou experts et/ou lorsque la situation est perçue comme étant ambiguë ou incertaine. Plus les sujets sont incertains à propos de leur jugement, plus ils sont sensibles à l'influence informationnelle.

L'influence informationnelle n'est pas irrationnelle, il s'agit plutôt d'une voie fonctionnelle permettant de prendre position face à une situation ambiguë. Elle est vue comme une « vraie » influence en ce sens qu'elle est profonde et intériorisée par le sujet. Elle intervient dans le changement à long terme d'une attitude privée.

Les trois formes de conformisme (Kelman, 1958)

Pour aller plus loin, trois formes de conformisme ont été définies par Kelman (1958) en rapport avec les conditions sociales où elles émergent.

1) **La complaisance** (*compliance*) : dans ce cas le conformisme est utilitaire, l'individu souhaite « ne pas avoir d'histoires » ou « avoir la paix », il se conforme pour pouvoir préserver l'approbation du groupe sur lui et continuer d'y être accepté. Les propres croyances du sujet ne sont pas atteintes (différence entre opinion publique et opinion privée). Cette forme de conformisme apparaît en particulier quand la relation d'influence est fondée sur des relations de pouvoir dans lesquelles celui qui cherche à influencer est celui qui a le pouvoir.

2) **L'identification** (*identification*) : dans ce cas le sujet désire maintenir ou établir des relations positives avec un groupe qui l'attire, qui est important pour lui. Le sujet croit éventuellement ce qu'il affiche, mais ce qui lui importe, c'est sa relation au groupe. Cette forme de conformisme se développe si un groupe attractif existe dans l'environnement socio-affectif du sujet : c'est ce que l'on appelle *groupe de référence*. (il est également utile de noter que sur le plan individuel, l'identification est un processus bien connu qui consiste pour un sujet à adopter des modes de penser ou d'agir pour ressembler à une source d'influence, les parents par exemple) ;

3) **L'intériorisation** *(internalization)* : dans ce cas, le conformisme ne vient ni du contrôle social, ni de la visibilité d'un groupe valorisé, mais du fait que le contenu évoqué par la source d'influence est intégré dans le système de valeurs du sujet. Celui-ci modifie alors ses croyances indépendamment de la source d'influence. C'est le cas où l'influence sera durable.

Pour Kelman, l'intériorisation est possible quand la source a une haute crédibilité (notoriété, compétences, prestige), de sorte que son message a pour le sujet valeur de vérité ou d'objectivité. Il s'agit en fait d'une véritable **restructuration cognitive** du sujet, c'est-à-dire d'une modification en profondeur de son mode de pensée.

Dans tous les cas, il faut bien voir que le conformisme à une idée avancée par une source d'influence est le résultat d'une négociation tacite entre les points de vue d'un groupe ou d'un individu qui font autorité et ceux qui s'y trouvent confrontés. Cette négociation a lieu pour résoudre le conflit provoqué par leur divergence. La solution choisie dans le cas du conformisme correspond à une réduction de ce conflit par l'adoption de la norme qui fait autorité.

3. L'influence minoritaire

3.1. Repenser le statut du déviant

▶ Cf. p. 175 *sqq.*

Partant des expériences de Asch (1956) portant sur le conformisme▸, **Moscovici** s'est attaché à proposer un **nouveau modèle de l'influence sociale** en repensant le statut du déviant dans le cadre des situations d'influence. Jusqu'à la proposition de Moscovici (1979) qui consiste à considérer **l'influence des minorités**, la psychologie sociale s'est attachée à étudier les effets de la conformité. On peut même dire que jusqu'alors, était pratiquée une psychologie sociale de la conformité, à l'exception de quelques travaux conduits notamment par le psychologue Hollander. Moscovici (1979, p. 49) ira même jusqu'à parler de « biais de conformité » dans le cadre des travaux portant sur l'influence sociale.

Serge Moscovici (1925-2014) : psychologue social, historien des sciences français d'origine roumaine et l'un des principaux théoriciens de l'écologie politique. Il formera toute une génération de chercheurs en France mais aussi à l'étranger. Il sera reconnu notamment en psychologie sociale et dans des disciplines connexes pour ces travaux portant sur la théorie des représentations sociales et sur l'influence minoritaire.

Pour Moscovici (1979), il était important de dépasser cette vision fonctionnaliste, une vision visant essentiellement à engendrer le conformisme et la convergence laissant volontiers de côté l'étude de la divergence et de la « déviance ». L'idée étant que chaque individu en situation peut désormais être considéré comme source et récepteur d'influence. Si Asch considérait que les effets observés dans son expérience étaient dus à la pression implicite de la majorité, pour Moscovici et Faucheux (1967), c'est davantage le **style de comportement** (entendant ici la consistance des réponses de la source d'influence) qui est à considérer.

Historiquement, la première étude expérimentale ayant permis d'attester de l'existence des effets produits par l'influence minoritaire a été réalisée par Moscovici, Lage et Naffrechoux (1969). Cette expérience a été conduite par les auteurs dans le but de vérifier l'importance de la **consistance**. Elle mobilise le paradigme désormais très connu en psychologie sociale : le **paradigme bleu/vert**.

Expérience de Moscovici, Lage et Naffrechoux (1969)

Dans le cadre de cette situation expérimentale, deux participants compères et quatre participants naïfs devaient estimer la couleur d'une diapositive. La diapositive était bleue.

Dans une condition, tous les compères constituant la minorité donnaient toujours la réponse « vert ».

Dans une autre condition, les compères donnaient aussi des réponses « vert » mais avec une consistance moindre ; ils donnaient cette réponse deux fois sur trois.

Du point de vue des résultats marquants en terme d'influence minoritaire, c'est dans la condition où les compères étaient consistants (36 fois sur 36), que les participants donnaient plus souvent la réponse « vert » (8,42 %). En revanche, si les compères n'étaient plus consistants (24 fois sur 36), la source ne produisait plus d'influence (1,25 % contre 0,25 % en condition contrôle).

Pour aller plus loin, lors d'une interview post-expérimentale, les participants disaient qu'ils avaient effectivement pensé voir plus de nuances vertes dans les diapositives. Ceci démontre un travail cognitif important, un travail qui était déclenché par l'influence exercée par les compères (la source minoritaire).

Plus tard, une autre expérimentation conduite par Moscovici, Mugny et Papastamou (1981) a été réalisée à l'époque des premières campagnes anti-pollution. Moscovici très intéressé par la question de la protection de la nature et du rapport de l'Homme à cette dernière commence donc à entreprendre des recherches sur le thème. Les auteurs cherchaient dans un premier temps à mesurer l'attitude de leurs participants à l'égard de la pollution et de ses causes.

Dans une première phase de l'expérience, ils demandent aux participants de répondre à un questionnaire relatif à la pollution. Les items utilisés dans le cadre de cette recherche prenaient par exemple la forme suivante : « Les ménagères sont gravement mises en cause : elles utilisent de manière inconsidérée les produits de lessive et autres détergents les plus polluants » ou encore « Supermarchés et fabricants d'engrais chimiques se donnent la main pour dénaturer les produits naturels ». Partant, ce questionnaire proposait des items qui attribuaient la responsabilité de la pollution soit à des actes individuels, soit à des groupes industriels.

Deux semaines plus tard, la seconde phase de l'expérience qui correspondait à la phase d'influence commençait. Les expérimentateurs soumettaient alors à tous leurs participants des réponses attribuées à des sources fictives. À cette fin, deux groupes étaient créés selon la source supposée des réponses fournies (notons que les deux sources sont censées avoir répondu au même questionnaire auquel chaque sujet a répondu deux semaines plus tôt). Un premier groupe de participants recevait l'information selon laquelle les réponses provenaient d'une commission gouvernementale : la source d'autorité. Par contraste, un deuxième groupe était informé du fait que les réponses étaient formulées par un groupe écologique marginal : la source minoritaire. Dans les deux cas les réponses étaient extrêmes. La source gouvernementale attribuait la responsabilité de la pollution à des actes individuels tandis que la source écologique l'attribuait aux entreprises industrielles. Les auteurs fournissaient également aux participants du premier groupe un message censé avoir été rédigé par la source gouvernementale proposant des mesures contre les pollueurs individuels. De la même façon, ils fournissaient aux participants du deuxième groupe un message censé avoir été rédigé par la source écologique proposant des mesures contre les pollueurs industriels. Tout de suite après avoir lu le message, les participants remplissaient à nouveau l'échelle d'attitude vis-à-vis de la pollution.

Puis, trois semaines plus tard, les chercheurs demandaient à nouveau aux mêmes participants de remplir à nouveau le questionnaire. Les résultats de l'expérience montrent une influence différée (trois semaines après) de la source minoritaire (le groupe écologique marginal). On note en effet qu'au bout de trois semaines les participants ayant subi l'influence majoritaire de la commission gouvernementale tendent à revenir sur leurs attitudes antérieures.

3.2. Consistances diachronique et synchronique, influences directe et indirecte, dissociation et conversion

La minorité serait donc en capacité d'influencer mais il est comme pour toute dynamique d'influence utile, sinon indispensable d'en préciser les conditions d'apparition et les effets qui en découlent. La spécificité des conditions d'apparition de ce type d'influence a trait à la notion de **consistance** entendue du point de vue d'une double nature « synchronique » et « diachronique ». On peut alors qualifier cette consistance au sens d'un **style de comportement** se manifestant selon deux modalités :

- la **consistance synchronique** renvoie à l'émission d'une réponse unanime à un moment donné ;
- la **consistance diachronique** traduit un mode de réponse de la part de la source maintenu identique au fil du temps.

Pour le dire autrement, afin de produire de l'influence, les individus constituant une minorité doivent tous répondre de la même façon (c'est-à-dire synchronique) et ils doivent maintenir cette réponse dans le temps (c'est-à-dire diachronique).

Il est possible d'emblée d'entendre le terme « minoritaire » selon deux acceptions différentes :

- la première va dans le sens d'une conception numérique de la minorité, on parle alors du **statut numérique minoritaire** de la source d'influence ;
- cependant, une seconde acception peut s'entendre, comme le suggèrent les travaux conduits par Moscovici en écologie politique, comme renvoyant à **la marginalité**. Afin d'asseoir cette deuxième

acception, notons que les travaux portant sur les corrélations illusoires conduits par Schaller et Maass (1989) attestent de l'existence d'un corrélat illusoire entre minorité et déviance, les minorités étant considérées comme étant déviantes.

Les majorités provoqueraient du conformisme, les individus se soumettraient au modèle dominant et aux rôles définis par l'institution et les détenteurs des ressources matérielles et symboliques. Les minorités, quant à elles, provoqueraient l'**innovation**. Les concevoir de la sorte autoriserait la possibilité d'entrevoir des conditions dans lesquelles les individus pourraient s'extirper d'un déterminisme socio-symbolique et provoquer le changement social.

La grande différence entre les deux types d'influence a trait au devenir de l'influence dans le temps et aux processus en jeu. En effet, en suivant les propositions de Moscovici (1979), si les majorités exercent une influence **immédiate**, les minorités, pour leur part, rendent compte d'une influence plus **différée**. En outre, il se trouve que la première est moins durable dans le temps que la seconde. Rappelons à ce titre que les travaux de Asch (1956) montrent bien, contre toute attente de la part de l'auteur, que les participants font preuve de conformisme mais un conformisme de premier niveau si on revient aux considérations et aux travaux de Kelman▸ (1958). On parle en effet de **complaisance** (« *compliance* ») **majoritaire.** D'ailleurs, soyons vigilants quant aux effets délétères de la traduction sur le plan de la compréhension car lorsque Kelman parle de « *compliance* », cela renvoie davantage à une idée de soumission, ce qui situe d'emblée ce type de conformisme à un niveau fonctionnaliste, autrement dit, le sujet subit la pression du groupe et se range à sa position par contrainte normative (sur l'influence normative, voir Deutsch & Gerard, 1955). L'effet est donc immédiat, les participants font preuve de suivisme mais sans adhésion privée à la réponse qu'ils donnent, sans enjeu de type épistémique qui est davantage le fait de l'influence informationnelle (voir Deutsch & Gerard, 1955). Cette différence est attestée dans les travaux conduits par Asch, puisque dès que le sujet a la possibilité de répondre sans avoir la crainte que sa réponse soit entendue par les autres, c'est-à-dire lorsqu'il peut inscrire sa réponse sur une feuille à l'abri du contrôle social exercé par la source, il donne la réponse objectivement correcte.

▸ Cf. encadré p. 180.

Avec les minorités, on assiste à une influence plus profonde qui correspond davantage à ce que Kelman (1958) définit comme le **conformisme**

par intériorisation (« *internalization* »). En effet, la minorité ne produit pas d'influence immédiate, dans la mesure où elle ne provoque pas de pression normative comme la majorité. La production de la pression normative de la part d'une minorité est à proprement parler antinomique. Il s'ensuit que personne ne peut exercer de contrôle social sur des participants qui ne suivent pas une position minoritaire, parce que perçue comme étant déviante *a priori*. En revanche, le travail d'influence de la minorité va davantage s'inscrire dans le temps. Après un certain délai temporel, les participants vont se défaire de l'image construite de cette minorité pour n'en traiter que le message. On assiste alors à une véritable conversion, Moscovici (1980) parle de **conversion minoritaire**. La conversion minoritaire reposerait sur un travail cognitif de dissociation des activités de comparaison sociale et de validation des opinions. En d'autres termes, pour valider les réponses d'une minorité – en les faisant siennes –, il faut du temps, le temps de distinguer ce qui relève du message qu'elle véhicule et du risque d'être comparé à une source qui s'affiche comme étant déviante par rapport à une majorité et qui est donc menaçante pour l'image personnelle.

Pour exemple, les premiers mouvements écologiques étaient perçus au départ comme contestataires, leurs idées restaient marginales, ils étaient perçus comme déviants, c'est d'ailleurs le portrait dressé par Moscovici, Mugny et Papastamou (1981) dans l'opérationnalisation de leur expérimentation. Vingt-cinq ou trente ans plus tard, les idées ont fait leur chemin, elles sont passées d'idées minoritaires à des idées largement partagées, voire fédératrices et normatives, puisque désormais tout le monde s'accorde pour dire que la protection de la nature et de l'environnement est devenue une cause primordiale (voir les travaux réalisés par Félonneau, 2007, à propos de la désirabilité environnementale). En témoigne d'ailleurs l'évolution du nombre de sièges au Parlement européen entre 1974 et 2009 occupés par les partis écologistes passant du statut de minoritaire à celui de majoritaire.

On constate que les prédictions de Moscovici en matière d'influence différée des minorités sont tout à fait pertinentes au regard de l'augmentation de la prise en compte de la question écologique. Cet exemple permet également de voir comment la conversion minoritaire procède du **processus de dissociation** entre le statut de la source (du fait de son image potentiellement négative liée à son statut numérique minoritaire) et le message qu'elle porte. Ici l'intérêt est donc de considérer, comme on l'a vu, que l'influence d'une minorité est possible à partir du moment où l'on ne prend plus en compte son statut minoritaire et que l'on ne traite plus que son message.

4. L'obéissance et la soumission à l'autorité : des travaux de Milgram aux recherches actuelles

Dans les années 1960, **Stanley Milgram** a conduit une série d'expérimentations devenues maintenant très célèbres autour de la question de la soumission à une autorité. Milgram (1963, 1974) s'est intéressé à ce phénomène afin de tenter de comprendre les actes perpétrés par les nazis à l'encontre des Juifs durant la seconde guerre mondiale.

Ces travaux sont devenus tellement célèbres que l'on trouve des références plus ou moins directes dans des films comme *Vol au-dessus d'un nid de coucou* (1975), *The Experimenter* (2015) ou encore dans le cadre d'un documentaire sur le pouvoir de la télévision intitulé *Zone Xtrême* (2009) qui a donné lieu à une réplique de cette expérience en contexte de jeu télévisé.

Le principe général de cette série d'expérimentations est toujours le même : deux personnes (parfois plus selon les variantes, nous y reviendrons) participent à une expérience à l'Université de Yale, après avoir répondu à une annonce publiée dans la presse de New Haven dans laquelle il était précisé qu'ils recevraient 4 dollars pour leur participation à une expérience portant sur la mémoire et l'apprentissage d'une durée d'une heure. Parmi ces deux personnes l'une est toujours naïve, c'est-à-dire complètement aveugle au but de l'expérience et aux intentions et hypothèses du chercheur, l'autre est toujours un compère (complice de l'expérimentateur).

Une fois arrivés dans la salle d'expérimentation dont la disposition est illustrée sur la figure 8, deux participants sont accueillis par l'expérimentateur (le chercheur en charge de l'expérimentation). Il leur présente l'expérience comme portant sur les effets de la punition sur l'apprentissage :

« apprend-on mieux lorsqu'on sait que nos erreurs seront punies ? ». Il procède ensuite à un tirage au sort afin de leur assigner un rôle. L'expérimentateur explique qu'un participant remplira le rôle de l'élève et l'autre celui du professeur. Le tirage au sort étant truqué, le participant naïf sera toujours désigné comme étant le professeur (qui doit infliger les chocs électriques) et le compère comme étant l'élève (la victime fictive). L'élève est alors installé dans une pièce à côté, isolée de l'enseignant par une cloison laissant toutefois la possibilité d'entendre quelqu'un parler et crier…

Fig. 8 Schématisation de la situation expérimentale créée et utilisée dans les expérimentations conduites par Milgram

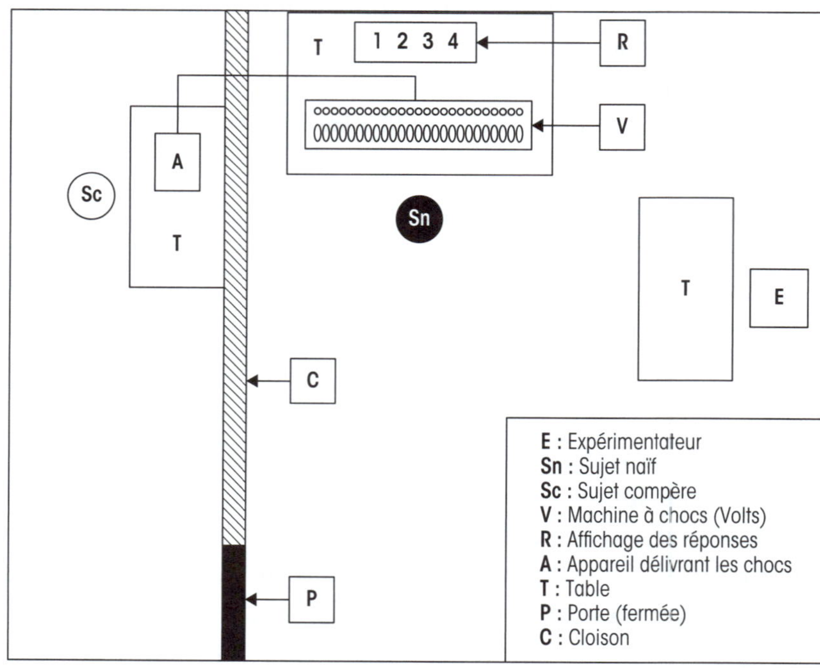

La tâche à réaliser explicitée aux participants est très simple : l'élève doit apprendre pendant un temps limité une série de couples « mot-adjectif », une fois cette phase terminée, le professeur (le participant naïf) donne un mot à l'élève qui doit à son tour compléter avec l'adjectif figurant sur la liste lors de la phase d'apprentissage. Le professeur donne le premier mot et propose ensuite 4 adjectifs possibles. Pour donner sa réponse l'élève doit appuyer sur une console sur le bouton 1, 2, 3 ou 4. Une fois la réponse fournie, elle s'affiche sur un écran dans la salle où se trouve le professeur comme le montre la figure 8. Par exemple, s'il vous dit « voiture » et qu'il est associé dans la liste à « volant », il convient de rappeler ce mot parmi les 4 proposés. Si l'élève donne la bonne réponse, les essais se poursuivent, s'il commet une erreur, le professeur a pour consigne de lui infliger un choc électrique. Les chocs électriques sont administrés au moyen d'une machine (cf. figure 9) censée délivrer des chocs allant crescendo de 15 à 450 volts gradués de 15 en 15 volts, soit 30 niveaux de chocs (i.e., 15, 30, 45, 60, 75, 90, 105,… 450 volts). Il suffit au professeur d'actionner un interrupteur sur la machine pour délivrer le choc.

Fig. 9 Schématisation de l'appareil créé et utilisé dans les expérimentations conduites par Milgram

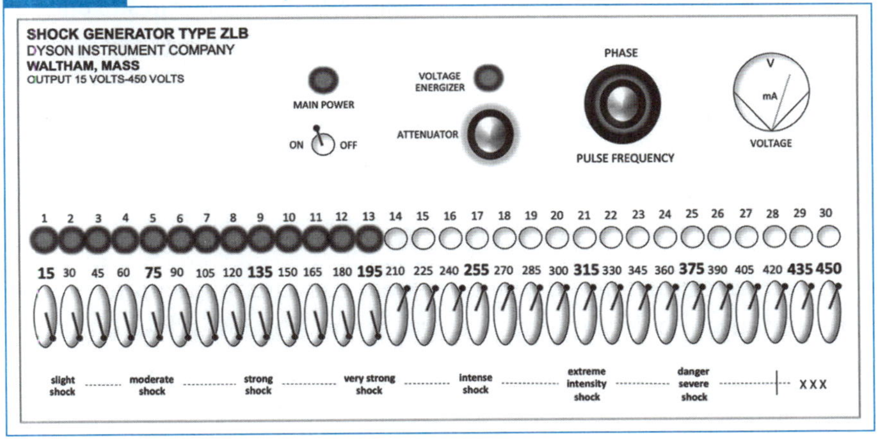

Dans cette expérience tout était bien entendu scénarisé comme en témoigne le tableau 3. Une bande sonore était enregistrée poussant le sujet naïf à penser que les réactions du compère étaient bien réelles.

Tableau 3 Correspondances entre les niveaux d'intensité des chocs électriques administrés et les réactions de l'élève associées

Intensité du choc	Réaction de l'élève
75 volts	L'élève a pour consigne de gémir
120 volts	Il crie et les chocs sont douloureux
150 volts	Il refuse de continuer
270 volts	Il pousse un cri d'agonie
À partir de 300 volts	Il râle une dernière fois et cesse de répondre

Il est clair que les réactions de l'élève poussent le sujet naïf à exprimer des hésitations, voire des refus de continuer. Ces aspects ont également été anticipés par Milgram qui, à chaque fois que le professeur hésitait, lui disait de continuer en utilisant les quatre interventions suivantes qui allaient crescendo en terme de pression :

- *Continuez s'il vous plaît.*
- *L'expérience exige que vous continuiez.*
- *Il est absolument indispensable que vous continuiez.*
- *Vous n'avez pas d'autre choix, vous devez continuer.*

Si après les quatre incitations successives, le professeur hésite encore, l'expérience est alors arrêtée. L'expérimentateur prend alors en compte comme mesure le dernier choc administré à l'élève. Dans l'expérimentation réalisée sous cette forme, 2 sujets sur 3 vont jusqu'au bout et délivrent 450 volts à leur élève. En effet, relativement au tableau 4 ci-dessous, 26 participants sur 40 infligent l'intensité maximale, soit 450 volts, ce qui représente 65 % de soumission totale à l'autorité.

Il est bien évident que ce résultat ne vaut que dans la situation telle que nous venons de la décrire. Afin d'examiner les situations dans lesquelles il était possible d'observer ou non ces effets, Milgram a mis en place une série de variantes de son expérience en faisant varier considérablement les conditions dans lesquelles les participants étaient amenés à interagir avec la victime fictive (cf. tableau 4).

Tableau 4 Liste de variantes de l'expérience conduite par Milgram avec les pourcentages d'obéissance correspondants

Variantes	% d'obéissance
Autorité divisée (désaccord entre les expérimentateurs)	0
Trois professeurs : un naïf et deux compères dont un arrête à 150 et l'autre à 210 volts	10
Expérimentateur part ; un compère dit de continuer	20
Instructions par téléphone	20,5
Contact physique (l'élève et le professeur sont en contact physique)	30

Variantes	% d'obéissance
Proximité (l'élève est juste à côté)	40
Local peu avenant	47,5
Feed-back vocal (on peut juste entendre l'élève parler et crier)	62,5
Feed-back à distance (l'élève ne peut que frapper contre la cloison)	65
Trois professeurs : un naïf et deux compères qui obéissent	72,5
Un pair donne les chocs	92,5
Expérimentateur prend la place de l'élève	100

Les travaux de Milgram (1963, 1974) constituent un des aspects majeurs de la psychologie sociale. Ces recherches ont en effet contribué à la diffusion et la connaissance de la discipline à travers le monde. Les explications avancées par Milgram pour expliquer ce phénomène ont trait à ce qu'il a appelé **l'état agentique.**

« **L'état agentique** correspond à la condition de l'individu qui se considère comme l'agent exécutif d'une volonté étrangère, par opposition à l'état autonome dans lequel il estime être l'auteur de ses actes » (Milgram, 1974, p. 167).

Il est important de noter que cette explication a été quelque peu remise en question par plusieurs auteurs et très récemment. Pour rappel, suite aux attaques dont il avait fait l'objet, notamment par Baumrind (1964) quant aux conséquences négatives de cette expérience sur les participants, Milgram avait en effet répondu en disant que les participants s'étaient déclarés majoritairement satisfaits. Plus précisément, Milgram affirmait que, lors d'un sondage post-expérimental, 84 % des répondants se déclaraient très heureux ou heureux d'avoir pris part à une telle expérience et que seulement 1 % d'entre eux se disait très désolé ou désolé. Toutefois, comme le soulignent Haslam, Reicher, Millard & McDonald (2014) se déclarer heureux ne permet en aucune façon de comprendre le pourquoi d'un tel sentiment et c'est sur ce point que ces auteurs ont focalisé leur attention. En lien avec les différents travaux portant sur la question, ces auteurs ont consulté les archives de Milgram conservées à l'Université de Yale. En lisant les fiches remplies par Milgram lui-même suite aux entretiens post-expérimentaux conduits avec les volontaires ayant participé à son expérience, les auteurs ont découvert que le modèle en lien avec l'état agentique avancé par Milgram ne correspondait pas vraiment au discours tenu par les participants au cours de ces entretiens. En effet, ces derniers ont pu remarquer que les participants expliquaient leur comportement en invoquant des buts collectifs comme le fait de faire progresser la connaissance scientifique, participer pour la science en somme !

Comme le soulignent Haslam *et al.* (2014), la question n'était donc probablement pas de savoir si les conséquences de la participation étaient positives ou négatives (ce qui renvoie clairement au débat entre Milgram et Baumrind) mais davantage de s'interroger sur les raisons d'un tel contentement relevé par Milgram lors de ses investigations post-expérimentales.

5. La prison de Stanford, les rôles sociaux et la désindividuation : d'une expérience fondatrice à « l'histoire d'un mensonge »

La **désindividuation** correspond selon Festinger, Pepitone et Newcomb (1952) à une situation de groupe qui provoque chez les individus une perte de conscience de soi, de leur identité personnelle et du sens de leur individualité. Il est nécessaire avant toute chose de se poser la question des conditions qui favorisent cet état psychologique. Le groupe tout d'abord est en capacité non seulement de galvaniser les individus mais de les rendre également non identifiables. En effet, plus une foule est nombreuse, plus les gens sont susceptibles de se livrer à des actes qu'ils n'auraient pas commis en situation isolée (Mullen, 1986).

Les théoriciens des rôles considèrent en effet que la vie sociale est assimilable à une pièce de théâtre. Un **rôle** est défini à partir d'un ensemble de normes.

La question qui découle assez naturellement après de telles considérations consiste à se demander si c'est par exemple une personne qui rend un endroit violent ou bien si c'est l'endroit qui rend la personne violente.

L'expérience de la prison de Stanford (1971)

Afin de tenter de répondre à cette question Philip Zimbardo a transformé le sous-sol de l'université de Stanford en une prison. De la sorte, il était possible selon le chercheur d'étudier les effets de la situation sur l'adoption d'un rôle social particulier, ici, le fait d'être gardien ou prisonnier dans le cadre d'un univers carcéral créé pour l'occasion.

La désignation en tant que gardien ou prisonnier fut tirée à pile ou face. Les gardiens étaient dotés d'uniformes, de matraques, de sifflets et ils avaient pour consigne de faire respecter certaines règles. Les prisonniers, quant à eux, ont été dénudés, puis incarcérés en ayant pour ordre de porter des tenues humiliantes. Zimbardo remarqua que les gardiens et les prisonniers assimilèrent très rapidement leur rôle. L'expérience était prévue initialement pour durer deux semaines mais, compte tenu de l'évolution des comportements adoptés par les gardiens et les prisonniers, celle-ci a été arrêtée au bout de 6 jours. Une confusion allant crescendo entre les identités des individus et les rôles qu'ils devaient tenir a imposé à Zimbardo de mettre un terme à son expérience. Les gardiens se mirent en effet à traiter les prisonniers comme des « animaux méprisables, prenant plaisir à la cruauté » et les prisonniers, quant à eux, « devenaient des robots déshumanisés et serviles, ne pensant qu'à l'évasion, qu'à leur propre survie et qu'à leur haine croissante des gardiens » (Zimbardo, 1971, p. 3).

Cette expérience atteste donc du poids de la situation dans la mise en œuvre des conduites et la définition des identités. Comme le soulignent d'ailleurs très justement Myers et Lamarche (1992, p. 169), « cette simulation démontre […] comment ce qui était irréel (un rôle artificiel) peut devenir quelque chose de réel ».

Aussi impressionnants soient-ils, les résultats et les conditions de mise en œuvre de cette expérience ont longtemps interrogé les chercheurs. Très récemment, Le Texier (2018), un chercheur en sciences sociales, a réalisé un travail d'investigation minutieux autour de cette expérience. Combinant à la fois analyse d'archives au sein de l'université de Stanford et interviews de certains étudiants ayant participé à cette recherche, Le Texier a pu mettre en évidence de nombreux biais invalidant l'expérience, et révélant que plusieurs aspects déterminants ont été cachés voire détournés afin de mettre en évidence un résultat particulier. Sans rendre compte du détail mais tout en invitant le lecteur à consulter cet ouvrage critique, on apprend que cette expérience n'était pas originale et reprenait quasiment point pour point une autre expérience conduite par certains des étudiants de Zimbardo dont quelques-uns d'entre eux ont participé en tenant des rôles parfois même centraux dans le cadre de l'expérience de la prison de Stanford. Le travail de recherche dans les archives de Le Texier révèle également par exemple que Zimbardo n'a que très peu fait, voire quasiment jamais, mention de cette expérience, la relatant tout au plus tel un prétest de quelques-unes des variables présentes dans l'expérience proprement dite. Notons que ce travail révèle que les réactions qualifiées de spontanées dans la version officielle du compte rendu de cette expérience suivaient en réalité un ensemble de prescriptions formulées dans des documents transmis aux étudiants et lors d'une formation (qui a duré entre 4 et 6 heures) par Zimbardo lui-même alors même que ce dernier a toujours déclaré que les gardiens n'avaient reçu aucune formation ! Ces quelques points montrent d'ores et déjà qu'il est difficile de considérer ce travail de recherche comme étant fiable.

Malgré ce travail réalisé par Le Texier que l'on peut considérer comme étant fourni, documenté et à juste titre très critique à bien des égards, il nous semble qu'il faille faire une distinction très claire entre la critique de l'expérience en tant que telle, la désindividuation de manière particulière et la psychologie sociale de manière générale. En effet, la remise en question d'une expérience ne doit pas nous conduire sur le chemin périlleux de la remise en cause d'un phénomène ou d'une discipline.

▶ Cf. p. 25.

Notons que, malgré la crise de la **reproductibilité**▸ qu'elle traverse (au même titre d'ailleurs que d'autres disciplines), la psychologie sociale est aussi en capacité de fournir un corpus de recherches sérieusement et correctement conduites sur le plan scientifique. En outre, et en ce qui concerne le cas précis de la désindividuation, les recherches ont progressé (voir Postmes & Spears, 1998 pour une méta-analyse) notamment en lien avec la **théorie de l'identité sociale**▸ et ont permis de produire le modèle théorique du SIDE (*Social Identity model for Deinviduation Effects*, Reicher *et al.*, 1995 ; Spears & Lea, 1992, 1994) qui a donné lieu à nombre de recherches fiables et intéressantes sur le sujet.

▶ Voir chapitre 8, p. 225 *sqq.*

À RETENIR

- Les travaux de **Sherif** (1935) démontrent un phénomène de **normalisation** dans le cadre des études portant sur l'effet autocinétique.
- Les majorités provoquent du conformisme, on peut alors parler d'une indépendance relative des participants dans le cadre des travaux de **Asch** (1956).
- Contrairement aux effets provoqués par les majorités, il est possible d'assister à une influence provoquée par les **minorités** dès lors que celles-ci sont consistantes d'un point de vue diachronique et synchronique.
- Les travaux de **Milgram** (1963) attestent de l'impact que peut avoir une source autoritaire et de la **soumission à l'autorité**.
- Les travaux conduits par **Zimbardo** (1971) attestent du **poids de la situation** dans la mise en œuvre des conduites et la définition des identités.

NOTIONS CLÉS

- **Complaisance** (*compliance*) : décrit une forme de **conformisme utilitaire**. Dans ce cas, l'individu se conforme pour pouvoir préserver l'approbation du groupe sur lui et continuer d'y être accepté.
- **Consistance diachronique** : traduit un mode de réponse de la part de la source maintenu identique **au fil du temps**.
- **Consistance synchronique** : renvoie à l'émission d'une réponse unanime **à un moment donné.**
- **Conversion minoritaire** : elle reposerait sur un travail cognitif de **dissociation** des activités de comparaison sociale et de validation des opinions.
- **Désindividuation** : correspond selon Festinger, Pepitone et Newcomb (1952) à une situation de groupe qui provoque chez les individus une **perte** de conscience de soi, de leur identité personnelle et du sens de leur individualité.
- **État agentique** : correspond à la condition de l'individu qui se considère comme l'agent exécutif d'une **volonté étrangère**, par opposition à l'état autonome dans lequel il estime être l'auteur de ses actes.
- **Identification** (*identification*) : traduit le désir de maintenir ou établir des relations positives avec un groupe qui l'attire, qui est important pour lui. Le sujet croit éventuellement ce qu'il affiche, mais ce qui lui importe, c'est **sa relation au groupe**.
- **Influence informationnelle** : type de conformité selon laquelle les individus utilisent les attitudes et les actions qu'ils perçoivent autour d'eux comme des critères leur permettant d'**adapter** leur propre comportement. Elle est basée sur le désir de

prendre des décisions éclairées, l'enjeu est épistémique, les individus sont motivés pour donner une réponse correcte.

- **Influence normative** : peut être définie comme une influence qui émane des attentes positives de la part du groupe ou d'autres personnes. Pour le dire autrement, l'influence normative décrit la conformité des individus en vue de d'être appréciés ou acceptés par les autres.
- **Influence sociale** : peut être définie comme « l'ensemble des processus qui interviennent dans l'élaboration, le maintien, la diffusion ou la modification des **systèmes de croyances**, lors d'**interactions** de nature conflictuelle ».
- **Intériorisation** *(internalization)* : traduit une **forme de conformisme** qui ne vient ni du contrôle social, ni de la visibilité d'un groupe valorisé, mais du fait que le contenu évoqué par la source d'influence est intégré dans le système de valeurs du sujet. Celui-ci modifie alors ses croyances indépendamment de la source d'influence.
- **Normalisation :** correspond dans une situation donnée à **la convergence des opinions** exprimée par un groupe d'individus.

POUR ALLER PLUS LOIN

Bègue, L., & Desrichard, O. (2013). *Traité de psychologie sociale.* Bruxelles : De Boeck.

Doise, W., Mugny, G., & Deschamps, J.C. (1978). *Psychologie sociale expérimentale.* Paris : Armand Colin.

Lévy, A., & Delouvée, S. (2010). *Psychologie sociale. Textes fondamentaux anglais et américains.* Paris : Dunod.

Milgram, S. (1974). *Soumission à l'autorité.* Paris : Calmann-Lévy.

Myers, D.G., & Lamarche, L. (1992). *Psychologie sociale.* Toronto : McGraw-Hill.

Exercice 1

Quelles sont les trois formes de conformisme décrites par Kelman (1958) ?

Exercice 2

Reliez les notions aux auteurs :

1. Moscovici	**a.** Conformisme
2. Asch	**b.** Influence minoritaire
3. Sherif	**c.** Soumission à l'autorité
4. Zimbardo	**d.** Déindividuation
5. Milgram	**e.** Normalisation

Exercice 3

Donnez la bonne réponse.	**Vrai**	**Faux**
1. Dans l'expérience de Sherif (1935) en condition A, les résultats montrent que les premières réponses lors de cette centaine de stimulations sont très similaires pour un seul et même sujet, les amplitudes rapportées sont très peu variables.	☐	☐
2. Dans la condition B chez Sherif (1935), la norme de groupe prend le dessus sur la norme subjective.	☐	☐
3. Le paradigme mis en place par Asch respectait toujours 4 points.	☐	☐
4. Asch ne s'attendait pas à ces résultats, son objectif était d'identifier les conditions dans lesquelles l'indépendance des sujets vis-à-vis des jugements du groupe était maintenue ou au contraire échouait.	☐	☐
5. L'influence normative peut être définie comme une influence qui émane des attentes négatives de la part du groupe ou d'autres personnes.	☐	☐
6. L'état agentique correspond à la condition de l'individu qui se considère comme l'agent exécutif d'une volonté étrangère, par opposition à l'état autonome dans lequel il estime être l'auteur de ses actes.	☐	☐
7. La désindividuation correspond selon Festinger, Pepitone et Newcomb (1952) à une situation individuelle qui provoque chez les individus une perte de conscience de soi, de leur identité personnelle et du sens de leur individualité.	☐	☐

© Fotolia

Qu'allons-nous étudier dans ce chapitre ?

- Ce chapitre présente les processus généraux en jeu quand nous entrons en interaction avec Autrui.
- Il introduit la notion de stéréotype et ses fondements théoriques.
- Il revient enfin sur les effets des stéréotypes et leurs conséquences pour les personnes qui en sont la cible.

CHAPITRE

7 La perception sociale : formation d'impression, stéréotypes, préjugés et discrimination

PLAN DU CHAPITRE

Votre colocataire, avec qui vous suivez vos études de psychologie, fréquente un nouveau copain depuis quelques semaines. Ce dernier passe chez vous pour y déposer des clés. Il vous salue de façon avenante, lâche une blagounette sur votre chat (fort bien nourri, il faut l'avouer) et repart aussitôt. Votre échange n'a duré que quelques secondes. À son retour, votre colocataire vous interroge :

– *Alors, tu as rencontré Wallace ?*

– *Ah oui, je l'ai trouvé très sympa !*

– *Il faudra que je l'invite à manger un soir.*

– *Carrément, il a de l'humour, il a l'air intelligent.*

Dans cet exemple d'une grande banalité, une très brève interaction a pu donner lieu à plusieurs inférences cohérentes sur la personnalité de Wallace (il serait sympathique, drôle et intelligent). Élaborer des opinions, des représentations sur autrui, est ainsi une activité quotidienne que nous pratiquons sans même y réfléchir. Ce phénomène relève pour les psychologues sociaux de la **perception sociale**. Ces représentations que nous avons de l'autre (ou des autres, en situation de groupe) vont orienter le processus de communication et nos comportements à son égard.

Nous verrons dans ce chapitre comment se forment ces premières images d'autrui et comment elles peuvent former un tout cohérent sur la base d'une information minimale. Si ce processus est anodin dans l'exemple décrit ci-dessus, nous verrons également que la perception sociale peut avoir des conséquences bien plus importantes, notamment quand elle est influencée par les stéréotypes sociaux, pouvant mener jusqu'à la discrimination des individus qui en sont la cible.

Formation d'impression : processus psychologique par lequel les individus combinent les diverses informations disponibles à propos d'une personne (personnalité, aptitudes…) pour s'en former une impression cohérente.

1. Comment se forme-t-on une représentation d'autrui ?

Nous l'avons vu, il suffit généralement de quelques instants, parfois d'un seul regard, pour se faire une première impression d'un individu. La compréhension de ce phénomène a donné lieu à un domaine de recherche appelé la **formation d'impression**.

1.1. La formation des impressions

▶ Voir chapitre 1, p. 23.

Solomon Asch (1907-1996) : psychologue social américain d'origine polonaise. Il est resté célèbre pour ses travaux sur le conformisme au sein des groupes (cf. chapitre 6).

Le psychologue **Solomon Asch** (1946), d'inspiration **gestaltiste**▸, fut l'un des premiers à mener des recherches sur la formation d'impressions. Asch s'est demandé si, à partir des diverses informations dont un individu dispose à propos d'autrui, il était capable de s'en former une impression cohérente. Il voulait savoir si cela était possible même quand ces informations n'étaient que très partielles, voire contradictoires. Afin de répondre à cette question, il a réalisé une première expérience durant laquelle on présentait aux sujets une liste d'adjectifs présentant une personne. On demandait ensuite aux sujets d'essayer de se former une impression de cette personne et de la décrire en quelques phrases.

Exemples de formation d'impressions à partir de la liste suivante (adapté de Asch, 1956)

Dynamique – Sûr de soi – Loquace – Froid – Ironique – Curieux – Persuasif

« C'est une personne qui produit une forte impression à la première rencontre. Mais, avec le temps, ses connaissances vont découvrir ce qui se cache derrière le masque : son arrogance et son égoïsme ».

« Il donne l'impression d'être plus compétent qu'il ne l'est réellement. Il est apprécié et jamais mal à l'aise. Il devient facilement le centre de l'attention. Il a des intérêts variés même s'il ne s'y connaît pas forcément. Il a de l'humour, sa présence provoque l'enthousiasme et il accède souvent à des fonctions importantes ».

Asch observe, en accord avec une conception gestaltiste, que les sujets arrivent sans difficulté à intégrer ces différentes caractéristiques pour produire des descriptions **cohérentes** formant un tout organisé. Ils en déduisent également d'autres traits de personnalité, pourtant absents de la liste initiale.

Dans une autre série d'expériences, Asch montre que cette cohérence se construit autour de **traits centraux** (*versus* périphériques), qui influencent davantage la formation d'impression que d'autres.

Imaginez la liste suivante :

Intelligent – Adroit – Chaleureux – Déterminé – Pragmatique – Prudent.

Celle-ci donne majoritairement lieu à une description positive. Si on remplace dans cette liste *Chaleureux* par *Froid*, la description est tout autre, alors qu'un seul adjectif a changé. Suivant le même principe de cohérence, l'impression va s'organiser autour de ce trait central. Dès lors, une personne intelligente et chaleureuse sera probablement perçue comme réfléchie alors qu'une personne intelligente et froide sera perçue comme calculatrice.

Enfin, Asch a montré que la manière de percevoir un individu était guidée par l'ordre de prise de connaissance des différents traits de personnalité. Dans une nouvelle expérience, deux groupes de sujets ont reçu une liste contenant les mêmes traits, mais dans un ordre différent :

- ***ordre A*** : intelligent, travailleur, impulsif, critique, têtu, envieux ;
- ***ordre B*** : envieux, têtu, critique, impulsif, travailleur, intelligent.

Les deux groupes de participants ont donc strictement reçu la même information et on pourrait supposer qu'ils se forment la même impression de la personne cible. Or, dans l'ordre A, les traits positifs apparaissent d'abord et les traits négatifs par la suite, et inversement dans l'ordre B.

Asch observe que les sujets exposés à l'ordre A ont une impression plus favorable de la cible que les sujets exposés à l'ordre B. Selon Asch, ce sont les premiers traits qui orienteraient l'impression, selon un effet de primauté. Les traits suivants seraient donc interprétés au regard de cette première information.

1.2. Les théories implicites de la personnalité

Les premières expériences de Asch ont mis en évidence une logique cohérente dans la formation des impressions. En outre, Asch observe que les impressions formulées à partir d'une série d'adjectifs sont souvent très majoritairement partagées par les sujets de ses expériences. Pour rendre compte de ce phénomène, Bruner et Tagiuiri (1954) avancent que la formation d'impression et les **inférences** de traits pour aboutir à un ensemble structuré sont possibles du fait de l'existence de **théories implicites de la personnalité**. Autrement dit, les individus auraient des croyances à propos des traits de personnalité et de leur agencement, des relations qu'ils entretiennent entre eux. C'est à partir de ces croyances que les individus pourraient déduire directement de nouveaux traits de personnalité à partir d'une seule information sur la personne.

Revenons à Wallace : vous avez déduit de sa petite blague sur votre fidèle félidé qu'il avait de l'humour et de la repartie. Cela a ensuite entraîné une inférence : il est probablement vif d'esprit, *donc* intelligent. Dans nos croyances, ces traits « vont bien ensemble ». Ces théories sont qualifiées d'**implicites** (ou **naïves**) dans la mesure où le sujet ne les a pas explicitement et consciemment construites. Elles sont élaborées sur la base de nos propres expériences, par observations successives, mais également par l'éducation (« *Méfie-toi des personnes froides, elles sont souvent cyniques et calculatrices* »). Elles sont également influencées par le contexte culturel, notamment au travers des films ou des publicités, qui présentent souvent des personnages archétypaux aux traits de personnalité bien définis.

Les théories implicites de la personnalité nous permettent ainsi de nous adapter rapidement, et à moindre coût sur le plan cognitif, à de nouvelles situations impliquant des interlocuteurs inconnus. Il y a ainsi fort à parier que votre impression au sujet de Wallace (*sympathique – drôle – intelligent*) devrait être assez consensuelle, bien qu'elle repose finalement sur… pas grand-chose. Mais au-delà de l'adaptation à notre environnement, une approche plus socio-cognitive de ces phénomènes insiste davantage sur l'idée selon laquelle ces théories implicites reposent sur des représentations socialement élaborées, en fonction notamment des valeurs dominantes à un moment donné dans une société donnée. Elles sont donc susceptibles d'évoluer dans le temps, en fonction des évolutions de la société considérée. Par exemple, Maisonneuve (1979) a montré que les traits caractérisant une personne « sympathique » avaient évolué à vingt ans d'intervalle (entre 1957 et 1977, les traits « gai », « serviable » et « compréhensif » sont devenus beaucoup plus centraux dans cette description, au détriment des traits « sérieux » et « généreux »). Plus largement, « l'organisation des personnes, de leurs relations répond également à la nécessité de mettre de « l'ordre » dans la structure sociale, dans ses règles d'organisation et remplit donc une fonction dans la constitution et le maintien du pouvoir social » (Paicheler, 1984, p. 296). À cet égard, les théories implicites de la personnalité sont également mobilisées lors de conduites sociales d'évaluation (cf. Beauvois, 1982), par exemple dans des relations professionnelles hiérarchiques ou à l'école, où elles vont orienter nos comportements envers autrui (*« Cet élève rêveur et discret doit être paresseux, sans ambition, etc. À note égale, mon appréciation à son égard sera plus sévère que celle d'un élève plus actif, dynamique, etc. »*).

Les travaux dans le champ de la perception sociale permettent ainsi de mieux appréhender ce qui se joue lors d'interactions interpersonnelles du quotidien, via la compréhension de la formation d'impression et la constitution des théories implicites de la personnalité. Ces dernières, socialement élaborées et partagées, nous donnent également des indications sur les traits qui sont valorisés, en fonction des valeurs dominantes à un moment donné. Mais si l'exemple initial mettant en scène Wallace concerne une situation anodine et sans conséquences notables pour les acteurs en jeu, les enjeux de la perception sociale peuvent revêtir une tout autre importance.

2. La perception sociale sous influence : les stéréotypes

Dans différents domaines de la vie sociale (à l'école, au travail, face à la justice, etc.), il est ainsi fréquent que certaines populations soient victimes de stéréotypes qui influencent négativement leur perception par autrui. Il peut arriver que ces stéréotypes conduisent à des préjugés et servent à justifier des discriminations, pouvant être liées au genre, à l'origine ethnique, au handicap, à l'apparence physique, etc. Afin de mieux comprendre ces phénomènes, nous reviendrons plus précisément sur ces termes. Nous allons voir comment se forment les stéréotypes, quelles sont leurs fonctions dans la vie sociale et quelles sont leurs conséquences pour les populations qui en sont victimes.

2.1. Qu'est-ce qu'un stéréotype ?

En 1922, un journaliste politique, Walter Lippman, utilise ce terme issu du domaine de l'imprimerie et l'introduit dans les sciences sociales pour décrire des « images dans nos têtes », simplificatrices, assez rigides et de qualité médiocre, par lesquelles nous chercherions à situer autrui ou des groupes d'individus. Connues de l'ensemble des membres d'un groupe donné, ce sont ainsi des

> « croyances partagées concernant les caractéristiques personnelles, généralement des traits de personnalité, mais souvent aussi des comportements, d'un groupe de personnes » (Leyens, Yzerbyt, & Schadron, 1996, p. 24).

Ces connaissances résultent d'un processus de généralisation et sont caractérisées par une simplification, voire une déformation, de la réalité. Par un processus de catégorisation d'un individu dans un groupe donné (cf. *infra*), on attribue à la personne un ensemble de caractéristiques que l'on considère comme étant partagées par la plupart des membres de son groupe d'appartenance (Brown, 2010). Les stéréotypes constituent ainsi des **catégories descriptives simplifiées.**

Exemple : le stéréotype de la blonde

D'après ce stéréotype, les femmes blondes seraient peu intelligentes, naïves et dénuées de sens pratique. Bien que n'ayant aucun fondement dans la réalité, il fut popularisé dans les années 1950 par des films comme *Les hommes préfèrent les blondes* de Howard Hawks avec Marilyn Monroe et reste tenace de nos jours.

Par exemple, nous savons depuis les premiers travaux de Katz et Braly (1933) sur les stéréotypes nationaux que ces derniers font l'objet d'un fort consensus au sein d'un groupe social donné. Ainsi, pour les étudiants américains interrogés à cette époque, les Afro-Américains étaient très largement perçus comme superstitieux (84 %) et paresseux (75 %) tandis que les Allemands étaient perçus comme étant dotés d'un esprit scientifique (78 %).

Le modèle du contenu du stéréotype (Fiske, Cuddy, Glicke & Xu, 2002)

Selon Fiske *et al.* (2002), l'ensemble des stéréotypes serait structuré autour de deux dimensions fondamentales : la **sociabilité** (ou la chaleur, *warmth* en anglais) et la **compétence :**

→ La chaleur est déterminée par le degré avec lequel l'exogroupe est perçu comme étant en ***compétition*** avec l'endogroupe. Plus la perception de compétition avec l'exogroupe est forte, plus ce dernier sera perçu comme peu chaleureux ou peu sociable.

→ En parallèle, la compétence dépend du ***statut*** (perçu) plus ou moins élevé de l'exogroupe dans la société (en termes de ressources *supposées* sur les plans économiques, d'éducation, d'influence politique, etc.).

Schématiquement, le croisement de ces deux dimensions peut donner lieu à quatre grandes catégories de stéréotypes (cf. tableau 1 pour un exemple issu de la société américaine). Ces derniers sont le reflet des enjeux existants entre les groupes concernés.

Tableau 1 Quatre types de stéréotypes issus du croisement entre compétence et sociabilité

		Compétence	
		Faible	**Élevée**
Sociabilité/ Chaleur	**Élevée**	**Stéréotypes paternalistes** Bas statut / Pas en compétition (ex. : femmes au foyer, personnes âgées)	**Stéréotypes admiratifs** Haut statut / Pas en compétition (ex. : membres de l'endogroupe, proches alliés)
	Faible	**Stéréotypes méprisants** Bas statut / En compétition (ex. : bénéficiaires des minima sociaux)	**Stéréotypes envieux** Haut statut / En compétition (ex. : Juifs, riches)

Source : traduit de Fiske *et al.*, 2002, p. 881.

La généralisation de ces données à tous les individus du groupe en question, malgré l'existence de différences individuelles en son sein, risque de produire des jugements erronés et potentiellement néfastes. Les stéréotypes sont d'autant plus problématiques qu'ils résistent au changement, alors même que des informations les contredisent. Une grande étude réalisée au sein de 49 cultures différentes a pourtant mis en évidence que les stéréotypes associés à un pays n'étaient pas prédictifs des traits de personnalité des habitants qui le composent (Terraciano *et al.*, 2005).

Quelques caractéristiques des stéréotypes

Uniformité : un stéréotype est largement répandu et uniforme au sein d'un groupe.

Simplicité : les images et les caractéristiques véhiculées recèlent généralement peu d'informations (quelques adjectifs).

Prégnance : le degré d'adhésion à un stéréotype peut varier entre individus au sein d'un même groupe (connaissance ≠ adhésion).

Tonalité affective : un stéréotype est rarement neutre (en faveur ou en défaveur).

Contenu : traits sommaires, souvent relatifs au domaine physique et/ou moral.

D'après Maisonneuve, 1975, p. 204

Mais alors, pourquoi avons-nous recours aux stéréotypes ?

■ Les stéréotypes ont une fonction cognitive

Les travaux de Gordon Allport (1954) sur l'origine des préjugés, puis de Jerome Bruner (1956) sur la catégorisation, ont introduit une conception nouvelle des stéréotypes. Ces derniers seraient des conséquences du fonctionnement cognitif normal. La mobilisation de catégories ou schémas de pensée nous permet de simplifier et de réduire la complexité de notre environnement social. La stéréotypisation apparaît ainsi comme une stratégie de traitement de l'information facilitant notre adaptation à cet environnement et la façon dont nous lui donnons du sens.

Fonctionnement cognitif d'après Susan Fiske et Shelley Taylor (1984)

Susan Fiske et Shelley Taylor (1984) ont proposé l'image de **« l'avare cognitif »** (*cognitive miser*) pour décrire notre fonctionnement cognitif. Face à un environnement complexe, nous privilégierions (souvent de façon automatique et non consciente) les stratégies les plus « économiques » en termes de ressources cognitives pour traiter l'information.

Afin de prendre en compte l'importance de la motivation et du contexte, on parle plutôt aujourd'hui de **« tacticien motivé »**.

■ Les stéréotypes ont une fonction identitaire

En référence à la théorie de l'identité sociale▸ (Tajfel & Turner, 1979, 1986), les individus cherchent à obtenir ou renforcer une identité sociale positive, résultant de comparaisons favorables entre leur groupe d'appartenance (endogroupe) et des exogroupes pertinents. En créant de la différenciation intergroupe favorable à l'**endogroupe**, les stéréotypes peuvent contribuer à une identité sociale positive.

▶ Cf. chapitre 8, p. 225 *sqq.*

En psychologie sociale, l'**endogroupe** désigne le groupe d'appartenance d'un individu. Les groupes auxquels il n'appartient pas sont qualifiés « d'**exogroupes** ».

■ Les stéréotypes ont une fonction justificatrice

Pour Jost et Banaji (1994), les stéréotypes permettraient de justifier une attitude ou un comportement personnel (p. ex. de rejet) que l'on adopte envers les autres (*justification de soi*), ainsi que les positions, le statut ou les actions (p. ex. discrimination) réalisées par l'endogroupe à l'égard de l'exogroupe (*justification du groupe*). Les stéréotypes contribueraient enfin à préserver l'organisation sociale existante et à justifier le maintien de l'idéologie, des hiérarchies sociales, de la division des rôles sociaux, de la distribution des richesses et des droits (*justification du système*). Ainsi, les stéréotypes prennent toujours place dans un contexte socioculturel donné et nous donnent des indications sur les relations qui se jouent entre les différents groupes sociaux en présence. Ils sont donc le reflet d'un certain ordre social.

La Théorie de la Justification du Système

Initialement développée par Jost et Banaji en 1994, la Théorie de la Justification du Système (TJS) postule que les individus possèdent une motivation à défendre et à maintenir une vision positive des systèmes sociaux, économiques et politiques existants, et ce même lorsque ces systèmes sont manifestement injustes, défaillants ou illégitimes. Cette motivation – qui n'est pas nécessairement consciente – répondrait à des besoins fondamentaux de réduction de l'incertitude, de la crainte des menaces existentielles et des conflits sociaux (Jost, 2019). Elle se traduit notamment chez les individus par une volonté de maintenir le statu quo. La justification du système inhiberait donc le changement social et la reconnaissance des problèmes qui traversent la société (Wakslak *et al.*, 2007).

2.2. Un processus de base : la catégorisation sociale

La notion de catégorisation sociale est fondamentale dans la compréhension des stéréotypes. En effet, nous avons vu que nos ressources cognitives limitées ne nous permettaient pas de traiter de manière exhaustive les informations qui proviennent de notre environnement. Dans cette optique d'économie, notre système cognitif s'adapterait en utilisant des stratégies nous permettant de simplifier les informations entrantes. Parmi ces stratégies : la **catégorisation**. Il s'agit d'une activité mentale qui consiste à regrouper, dans une même classe, différents objets ou stimuli de notre environnement partageant des propriétés (ou attributs) similaires (Smith & Medin, 1981).

La catégorisation fonctionne pour des objets ou des formes (Tajfel & Wilkes, 1963) mais également pour des personnes. On parlera dans ce cas de **catégorisation sociale**. Ici, plutôt que de retenir l'ensemble des caractéristiques associées à l'ensemble des personnes que nous rencontrons, nous classerions celles-ci en fonction de diverses caractéristiques (observables ou non).

Il s'agirait donc au départ d'un phénomène adaptatif, puisqu'il nous aide à appréhender notre environnement. Mais ce processus amène les individus à déformer la perception de cet environnement, au travers d'un double biais :

- d'assimilation,
- et de contraste.

L'**assimilation** consiste à exagérer les similarités entre les membres d'une catégorie (p. ex. « *les Asiatiques se ressemblent tous* »). Dans le même temps, le **contraste** consiste à percevoir les différences entre les membres de catégories différentes comme plus importantes qu'elles ne le sont réellement. Ce double processus nous amène à percevoir que « nous » sommes très différents les uns des autres au sein de notre groupe de référence (**biais d'hétérogénéité** de l'endogroupe), alors que « eux » sont tous pareils (**biais d'homogénéit**é de l'exogroupe : « *tous les Noirs courent vite* », « *tous les Antillais sont paresseux* », etc.). Les membres d'un exogroupe seront donc perçus comme étant interchangeables et seront dès lors plus susceptibles d'être englobés dans des stéréotypes. Cette activité de catégorisation n'est pas aléatoire mais intervient toujours dans un contexte culturel donné. Comme nous l'avons vu par exemple au travers du stéréotype de la « blonde idiote », les stéréotypes ont une origine socioculturelle, ils sont culturellement déterminés et acquis au travers de l'éducation, des interactions avec autrui, de l'exposition à certains médias, etc.

3. Les effets des stéréotypes : quand la perception sociale mène jusqu'à la discrimination

Les stéréotypes peuvent influencer la perception d'autrui, mais aussi de ses comportements ou de ses performances. Ils peuvent également influencer nos **comportements** envers certains groupes, notamment en situation d'évaluation, comme le recrutement. Nous parlerons alors de discrimination.

La distinction entre stéréotypes, préjugés et discrimination (Fiske, 2008 ; Légal & Delouvée, 2015)

- Les stéréotypes sont des **croyances**, qui peuvent être négatives (p. ex. en terme de compétence, « *Les filles sont nulles en maths* ») mais également positives (p. ex. en terme de sociabilité « *Les Antillais ont le sens de la fête* »).
- Ils sont à distinguer des préjugés, qui sont des **attitudes**, c'est-à-dire marqués par une forte dimension évaluative (« *J'aime* vs *Je n'aime pas* »). Les préjugés renvoient ainsi davantage à une disposition affective, à des jugements de valeur (« *Je me méfie de ces gens-là, j'en ai peur…* ») et sont le plus souvent négatifs.
- Enfin, lorsqu'une attitude positive ou négative à l'égard d'une personne ou d'un groupe social se transforme en **comportement**, on parle alors de discrimination (ou de comportement discriminatoire, « *Je me méfie de ces gens-là, je préfère ne pas les embaucher dans mon entreprise* »).

3.1. Effets sur le jugement et l'interprétation des situations

Les stéréotypes influencent notre jugement d'autrui et l'interprétation de ses comportements. Des personnes issues de groupes différents présentés dans des contextes strictement identiques vont générer des attentes variées en fonction des stéréotypes les concernant.

L'expérience de Duncan (1976) illustre bien cette idée. On montrait un extrait vidéo à des sujets blancs relatant une discussion entre un Blanc et un Noir. Dans l'extrait, la discussion s'anime et l'un des protagonistes finit par pousser l'autre. En fonction des conditions expérimentales, soit il s'agit de l'homme blanc, soit il s'agit de l'homme noir. Les participants de l'expérience devaient évaluer le comportement de « l'agresseur ». Lorsque l'agresseur était blanc, 17 % des sujets estimaient qu'il avait eu un comportement violent. Ils étaient 75 % lorsque l'agresseur était noir. Ce résultat s'explique par l'existence aux États-Unis d'un stéréotype tenace sur la supposée violence des Afro-Américains.

L'activation automatique des stéréotypes

Pour expliquer les résultats observés par Duncan (1976), on pourrait supposer que les participants de son expérience étaient majoritairement racistes. L'explication est en réalité plus subtile.

Patricia Devine (1989) a montré que les stéréotypes sont activés **automatiquement** dès lors que nous sommes en présence d'un membre d'un groupe stéréotypé (ou que les attributs supposés de ce groupe sont évoqués). Devine a également mis en évidence que cette activation est **indépendante du degré d'adhésion** des individus au stéréotype.

Dans une de ses expériences, on présentait aux sujets des mots désignant familièrement les Afro-Américains aux États-Unis (p. ex. « blacks », « negroes », « nigger ») et les stéréotypes leur étant associés (p. ex. « pauvres », « paresseux »). Ces mots s'affichaient pendant une durée extrêmement brève (80 millisecondes), ne permettant pas leur identification consciente par les sujets. Cet **amorçage subliminal** avait pour but d'activer les stéréotypes liés aux Afro-Américains sans que les sujets en aient conscience.

Dans un premier groupe, les sujets étaient exposés à 80 % de mots associés aux stéréotypes (*amorçage stéréotypé*).

Dans un second groupe, les sujets étaient seulement exposés à 20 % de mots stéréotypés (*amorçage neutre*).

Dans un second temps, prétendument indépendant de la première phase, les sujets devaient lire un court paragraphe relatant les comportements d'un certain Donald, comportements ambigus au plan de leur caractère agressif (p. ex. *refuser de payer son loyer tant que son appartement n'a pas été repeint*). Les sujets devaient ensuite émettre des jugements sur cette personne, notamment sur son hostilité. Conformément à ses hypothèses, Devine observe que les sujets placés dans la condition « amorçage stéréotypé » évaluent Donald comme étant plus hostile que dans la condition « amorçage neutre ». Ce résultat va bien dans le sens d'une activation automatique du stéréotype, influençant les jugements ultérieurs des sujets. En outre, Devine avait mesuré le degré de racisme des sujets au début de l'expérience : elle observe que l'influence de l'amorçage stéréotypé est indépendante du niveau de racisme des sujets.

Définition

> **Amorçage subliminal :** technique d'expérimentation consistant à présenter un stimulus (p. ex. un mot ou une image) à un sujet durant un intervalle de temps trop bref pour être traité consciemment. Cet amorçage vise à rendre saillant chez le sujet une information (p. ex. un stéréotype) afin de vérifier si cette dernière influence implicitement ses jugements ou comportements ultérieurs. Cette technique est souvent utilisée dans l'étude des stéréotypes, afin de contourner les biais de désirabilité sociale.

3.2. Effets sur les explications mobilisées par les individus

Au-delà d'un impact sur les jugements et l'interprétation des comportements, les stéréotypes peuvent également influencer les explications mobilisées par les individus. En effet, les individus tendent à réaliser des inférences concernant les événements qui marquent leur quotidien. Afin d'expliquer ces événements, les individus recherchent des causes, des explications et réalisent des **attributions**▸. Ces attributions (internes ou externes) peuvent être guidées par des stéréotypes.

▶ Cf. chapitre 2 sur les attributions.

Par exemple, dans le cadre de l'expérience de Deaux et Emswiller (1974), lorsque les sujets devaient évaluer les performances d'hommes et de femmes sur des tâches dites masculines, une réussite équivalente était expliquée par la compétence pour les hommes, et par la chance pour les femmes. En revanche, pour des tâches dites féminines, la compétence était mobilisée aussi bien pour expliquer les performances des hommes que des femmes.

3.3. Effets sur les performances : la menace du stéréotype

Les stéréotypes ont également un impact sur les personnes qui en sont la cible. La menace du stéréotype constitue l'une des illustrations les plus connues de ce phénomène. La première recherche à avoir mis en lumière ce phénomène a été réalisée par Steele et Aronson (1995). Il s'agissait alors de déterminer si le stéréotype selon lequel les Afro-Américains ont une intelligence limitée pouvait expliquer les moins bonnes performances académiques de cette communauté en comparaison aux Américains blancs.

La menace du stéréotype : l'expérience princeps (Steele et Aronson, 1995)

Dans le cadre de cette expérience, Claude Steele et Joshua Aronson, deux psychologues sociaux américains, ont fait passer à des étudiants, noirs et blancs, un test issu d'une épreuve d'évaluation utilisée à l'entrée des universités américaines ainsi que trois items renvoyant à la résolution d'anagrammes complexes.

Les sujets étaient répartis dans deux groupes.

Dans le premier groupe, la tâche était présentée comme étant révélatrice de l'intelligence des participants dans les domaines de la lecture et du raisonnement verbal (condition « diagnostique »).

Dans le second groupe, renvoyant à la condition « non diagnostique », la présentation du test ne renvoyait pas à l'idée d'une mesure de l'intelligence (ce terme n'était pas employé) mais plutôt au fait de déterminer les mécanismes psychologiques mis à l'œuvre dans le cadre de la résolution de problèmes verbaux.

Les auteurs faisaient alors l'hypothèse suivante : le stéréotype négatif associé aux Noirs dans le cadre de la tâche diagnostique induirait une pression évaluative supplémentaire (en plus de celle associée à une situation d'évaluation) perturbant la performance. Dès lors, la performance des Noirs pourrait être inférieure à celle des Blancs dans le cadre de la tâche diagnostique mais les performances de ces deux groupes devraient, en revanche, être comparables dans le cadre de la tâche « non diagnostique », puisque cette dernière ne renvoyait pas à une mesure de l'intelligence (caractéristique visée par le stéréotype). Les auteurs ont effectivement pu constater que, dans le cadre de la tâche « non diagnostique », les performances des Noirs n'étaient pas différentes de celles des Blancs. Cet effet renvoie donc à la menace du stéréotype, menace qui se caractérise par la peur de confirmer par ses performances le stéréotype négatif visant son groupe d'appartenance.

Un certain nombre de facteurs influençant la menace du stéréotype ont été identifiés :

- l'importance accordée par les individus au domaine sur lequel porte le stéréotype (plus les personnes y accordent de l'importance, plus la menace sera élevée et les performances affectées) ;
- le degré auquel l'individu s'identifie au groupe qui est la cible du stéréotype.

La menace du stéréotype a été étudiée concernant un ensemble de groupes et de tâches différentes (les femmes et les mathématiques, les personnes âgées et la mémoire, les Blancs *vs* Noirs concernant les performances athlétiques, etc.). Elle amène à constater que les performances des individus peuvent être influencées par le contexte social (et plus spécifiquement par la perception, le jugement d'autrui). Ce phénomène présente ainsi des conséquences importantes qui peuvent dépasser le cadre individuel, dans la mesure où elles peuvent entraîner le retrait de certains groupes sociaux des domaines pour lesquels ils sont visés par un stéréotype négatif.

3.4. Effets sur les comportements : la discrimination

Comme nous l'avons évoqué au départ, les stéréotypes et les préjugés peuvent donner lieu (bien que non systématiquement) à des comportements discriminatoires. Ces comportements sont multiples, allant du registre non verbal (regard biaisé, évitement, maintien d'une distance sociale), à des comportements plus directs et plus agressifs (mise à l'écart, insultes, agression physique).

Exemple illustrant les phénomènes de discrimination à l'embauche : l'expérience de Word, Zanna et Cooper (1974)

Des participants blancs devaient interviewer, dans le cadre d'entretiens d'embauche, des candidats noirs ou blancs. Filmés à leur insu, les participants se tenaient à plus grande distance des interviewés noirs que des blancs. En outre, ils réalisaient des entretiens 25 % plus courts avec les candidats noirs.

La discrimination, si elle s'observe relativement fréquemment au quotidien, n'en demeure pas moins difficilement mesurable compte tenu du caractère illégal et contre-normatif de ce type de comportement. Il s'agira alors généralement de procéder à des mesures indirectes, de mettre en place des procédures qui empêchent le sujet de se douter de ce que mesure réellement le chercheur. Différentes méthodologies ou mesures sont ainsi disponibles, allant de la mesure de la longueur et de la qualité des interactions à la mise en place de test de discrimination (p. ex., envoyer des CV au profil strictement identique, hormis sur l'origine ou le sexe des candidats, et comparer les pourcentages d'entretiens d'embauche obtenus), méthode largement relayée par les médias français.

Réduire les préjugés : l'hypothèse du contact

De nombreux chercheurs se sont intéressés à l'étude des variables susceptibles de limiter les conflits entre les groupes et, de ce fait, l'effet des stéréotypes, des préjugés ainsi que les comportements de discrimination.

Dans cette optique, **Gordon Allport** (1954) a proposé l'hypothèse du contact, selon laquelle des interactions répétées entre les membres de différents groupes pourraient diminuer les tensions et les préjugés intergroupes, du fait d'une meilleure connaissance mutuelle. Pour que le contact ait un effet positif, Allport identifie quatre caractéristiques importantes :

- l'égalité de statut entre les membres des deux groupes lors des interactions,
- la coopération (poursuite d'un objectif commun),
- le soutien institutionnel et social (le contexte sociopolitique doit être favorable),
- le potentiel de connaissance (ou qualité du contact) : les contacts doivent être assez fréquents, de longue durée et entraîner une certaine proximité entre les membres des deux groupes.

Une méta-analyse réalisée par Pettigrew et Tropp en 2006 sur plus de 500 études a permis de conclure que le contact réduit effectivement les préjugés entre les groupes. La corrélation est d'autant plus forte quand les conditions repérées par Allport sont respectées▸.

▶ Cf. aussi chapitre 8.

4. Conclusion : le rôle central de la motivation

Nous avons abordé au cours de ce chapitre les processus en jeu dans la perception sociale. Nous avons vu que la formation d'une impression pouvait se faire de façon extrêmement rapide, en ayant recours aux théories implicites de la personnalité ainsi qu'aux stéréotypes. Mais, dans notre quotidien, il arrive également que nous nous engagions dans des tentatives plus approfondies de connaissance d'autrui.

Afin de rendre compte de ces différentes stratégies, le **modèle du continuum** (Fiske & Neuberg, 1990) intègre la motivation des individus ainsi que les informations disponibles dans la situation. L'idée de continuum fait référence à différentes étapes entre deux « extrêmes » opposés : d'un côté, si l'individu est peu motivé pour aboutir à une connaissance précise de son interlocuteur et/ou dispose de peu d'informations à son sujet, la formation d'impression et les réponses ultérieures à son égard s'appuieront uniquement sur des informations catégorielles (p. ex. des stéréotypes). À l'opposé, si l'individu est fortement intéressé par son interlocuteur et que la catégorisation initiale n'est pas satisfaisante, la formation d'impression et les réponses ultérieures reposeront sur un traitement plus approfondi des attributs individuels de la personne cible (cf. figure 1). D'après ce modèle, la formation d'impression serait donc un **processus séquentiel** (en étapes successives).

Fig. 1 Le Modèle du continuum

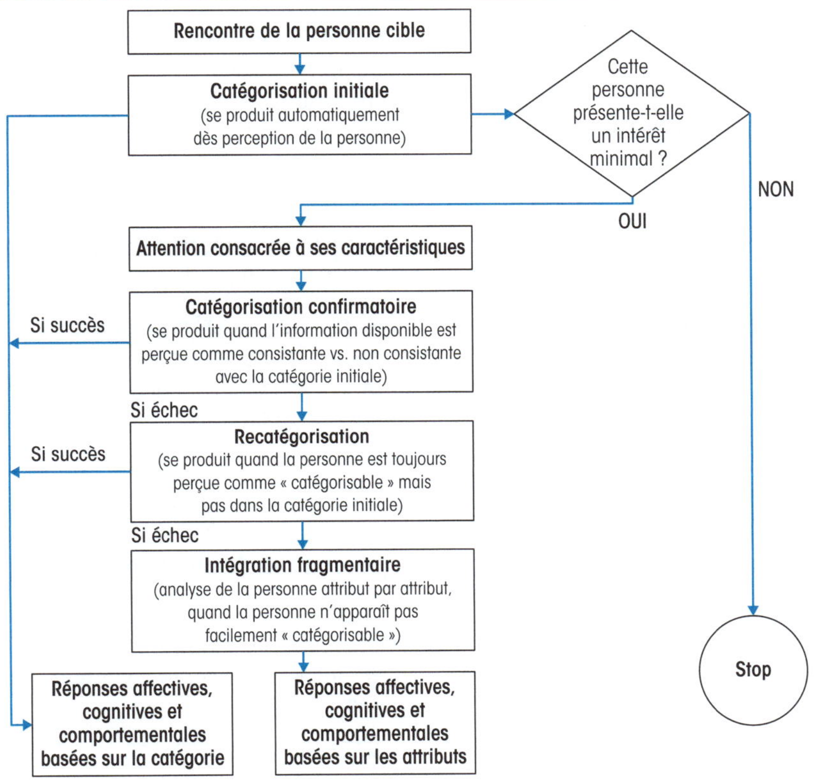

Adapté de Fiske et Neuberg, 1990, p. 5.

On retrouve ici l'idée du « tacticien motivé », dont le traitement de l'information sociale dépendra de la motivation et de la situation.

▶ Voir p. 206.

À RETENIR

- La **perception sociale** constitue un vaste champ de recherche en psychologie sociale. On s'y intéresse aux processus guidant l'élaboration d'opinions et de représentations sur autrui et à la façon dont ces représentations orientent nos réactions (affectives, cognitives et comportementales) à son égard.
- Les travaux sur la **formation d'impressions** mettent en évidence que les individus parviennent à se forger une image cohérente d'autrui sur la base d'informations minimales. Cela est rendu possible par l'existence de **théories implicites de la personnalité**, élaborées au cours de la socialisation de l'individu.
- La perception sociale est également influencée par les **stéréotypes**, croyances socialement partagées portant sur les caractéristiques des groupes sociaux. Résultat d'un processus de **catégorisation sociale**, les stéréotypes nous permettent de simplifier notre environnement, de renforcer notre identité sociale et de justifier nos rapports avec les autres groupes.
- Du fait de leur **activation automatique**, les stéréotypes influencent l'interprétation des situations et l'explication d'événements, parfois de façon non consciente. Ils peuvent également aboutir à **des préjugés et de la discrimination** envers les membres des groupes qui en sont la cible.
- Pour aboutir à la formation d'une impression, la mobilisation d'informations strictement catégorielles ou plus personnelles et précises dépendra de la **motivation** de l'individu et des informations à sa disposition dans la situation.

NOTIONS CLÉS

- **Catégorisation sociale** : processus psychologique consistant à regrouper en catégories des individus ou des groupes.
- **Discrimination** : ensemble de comportements (le plus souvent négatifs) émis envers les membres d'un groupe social donné du simple fait de leur appartenance à ce groupe.
- **Formation d'impression** : processus psychologique par lequel les individus combinent les diverses informations disponibles à propos d'une personne pour s'en former une impression cohérente.
- **Menace du stéréotype** : phénomène par lequel la crainte de confirmer un stéréotype visant l'endogroupe conduit à une baisse des performances en situation d'évaluation.
- **Préjugés** : ensemble d'attitudes (le plus souvent négatives) envers un groupe social donné.

- **Stéréotype** : croyance socialement partagée envers les caractéristiques des membres d'un groupe social donné.
- **Théories implicites de la personnalité** : représentations naïves des liens qu'entretiennent entre eux les traits de personnalité.

POUR ALLER PLUS LOIN

LÉGAL, J.-B., & DELOUVÉE, S. (2015). *Stéréotypes, préjugés et discrimination*, Paris : Dunod.

LEYENS, J.-P., & SCAILLET, N. (2012). *Sommes-nous tous des psychologues ?*, Bruxelles : Mardaga.

WHITLEY, B., & KITE, M. (2013). *Psychologie du préjugé et de la discrimination*, Bruxelles : De Boeck.

Ressource numérique

Documentaire *La Fabrique du préjugé* : https://vimeo.com/112960157

Exercice 1

Donnez la bonne réponse. Vrai/Faux

		Vrai	Faux
1.	Se former une impression cohérente d'autrui nécessite très peu d'informations.	☐	☐
2.	L'ordre dans lequel nous prenons connaissance des informations sur autrui n'a pas d'effet sur la formation d'impression.	☐	☐
3.	C'est par le biais des théories implicites de la personnalité qu'un individu peut inférer des traits de personnalité à partir d'une seule information sur autrui.	☐	☐
4.	D'après le modèle du contenu du stéréotype, l'ensemble des stéréotypes serait structuré autour de deux dimensions : la sociabilité et la compétence.	☐	☐
5.	La perception, chez les membres d'un exogroupe, d'une faible sociabilité et d'une forte compétence risque d'aboutir à des stéréotypes paternalistes.	☐	☐
6.	Les stéréotypes associés à un pays sont le plus souvent prédictifs des traits de personnalité de ses habitants.	☐	☐
7.	Les stéréotypes ont une fonction cognitive, dans la mesure où ils permettent aux individus de réduire la complexité de l'environnement social.	☐	☐
8.	La catégorisation sociale conduit les individus à accentuer les ressemblances intra-catégorielles (biais d'assimilation) et les différences inter-catégorielles (biais de contraste).	☐	☐
9.	Les stéréotypes conduisent nécessairement à des comportements discriminatoires.	☐	☐
10.	Dans l'expérience de Devine (1989), l'activation des stéréotypes envers les Afro-Américains était d'autant plus forte chez les sujets qui présentaient un fort niveau de racisme.	☐	☐
11.	Les résultats de l'expérience de Steele et Aronson (1995) sur la menace du stéréotype ont montré qu'il n'y avait pas de différence significative de performance entre les sujets noirs et les sujets blancs dans la condition non diagnostique de l'intelligence.	☐	☐
12.	Le modèle du continuum (Fiske & Neuberg, 1990) postule que les individus fortement motivés à se former une impression précise de leur interlocuteur mobiliseront prioritairement des informations catégorielles.	☐	☐

Exercice 2

Dans le film *Gran Torino* (2008), Clint Eastwood interprète le personnage de Walt Kowalski, un vieux retraité grincheux et passablement raciste. Ce dernier exprime de forts préjugés négatifs envers ses voisins asiatiques, issus de la communauté hmong. Dans un quartier miné par les violences entre bandes rivales, les circonstances contraignent Kowalski à s'interposer à plusieurs reprises pour protéger ses voisins hmong Thao et Sue. Dès lors, une amitié se noue progressivement, basée sur une relation égalitaire : Kowalski est invité à un barbecue de famille et découvre la culture hmong, il trouve un emploi à Thao qui fait de petits travaux de bricolage chez lui, la famille lui offre régulièrement des cadeaux... En l'absence d'intervention des autorités, ils vont chercher à se défendre ensemble contre les attaques des membres d'un gang. Kowalski est ainsi amené par les événements à revenir sur ses préjugés initiaux.

Dans ce bref résumé du film, identifiez trois caractéristiques (sur les quatre listées par Gordon Allport) qui ont permis au contact de ses voisins de réduire les préjugés négatifs de Kowalski.

© Yoshitaka / Fotolia

Qu'allons-nous étudier dans ce chapitre ?

- Ce chapitre vise à présenter un champ de recherche important en psychologie sociale : les relations intergroupes et leurs déterminants.
- Il introduit les principaux cadres théoriques permettant de comprendre ces relations et évoque quelques aspects méthodologiques pour les étudier.
- Il revient enfin sur les modèles visant à mieux appréhender et réduire les conflits intergroupes.

CHAPITRE

8 Les relations intergroupes

PLAN DU CHAPITRE

▶ Cf. Chapitre 1, p. 18

▶ Cf. Chapitre 1, p. 28

Introduction

Nous avons vu précédemment, avec Serge Moscovici (1984), que la psychologie sociale remettait en question la séparation entre l'individuel et le collectif▶. Cette discipline s'est donc rapidement emparée du groupe comme objet d'étude, ce dernier étant le cadre privilégié de l'articulation entre le psychologique et le social. Sous l'impulsion d'auteurs comme **Kurt Lewin**▶, on considère que le groupe n'est pas une somme de mécanismes individuels mais possède une dynamique qui lui est propre.

Dans cette perspective, on peut définir le groupe comme

> « un ensemble social, identifiable et structuré, caractérisé par un nombre restreint d'individus et à l'intérieur duquel ceux-ci établissent des liens réciproques, jouent des rôles selon des normes de conduites et des valeurs communes, dans la poursuite de leurs objectifs » (Fischer, 1990, p. 95).

Dans les années 1930 à 1950, les travaux sur les groupes restreints jouent un rôle important dans le développement de la psychologie sociale comme discipline appliquée. Le groupe y est vu comme l'instance privilégiée de résolution des problèmes sociétaux, pouvant conduire au changement individuel et social. Cette période voit ainsi l'émergence de nombreuses recherches sur des thèmes tels que le leadership, la cohésion et la communication intragroupe, la prise de décision, etc. (cf. Aebischer & Oberlé, 1998 ; Oberlé, 2015, pour des ouvrages de synthèse sur ces questions).

À partir des années 1950, les psychologues sociaux s'intéressent également à la question des relations entre les groupes. Ébranlés par la barbarie de la Seconde Guerre mondiale, ils cherchent en particulier à comprendre quels sont les ressorts de l'hostilité entre les groupes et par quels moyens la réduire. Certains auteurs proposent des explications centrées prioritairement sur des déterminants individuels, comme la personnalité. Une des plus célèbres reste la **théorie de la personnalité autoritaire**, proposée en 1950 par le philosophe et sociologue **Theodor W. Adorno** (1903-1969) et ses collaborateurs.

Études sur la personnalité autoritaire (Adorno, 1950)

Adorno et ses collaborateurs ont réalisé une enquête aux États-Unis auprès de plus de 2 000 personnes. Les réponses à différentes questions d'opinions permettaient aux auteurs de définir un score sur une échelle de fascisme (« échelle F »). Ils ont ainsi identifié un certain nombre de traits de personnalité (conformisme, soumission à l'autorité, agressivité, superstition, etc.) qui seraient à l'origine de tendances autoritaires, antidémocratiques et intolérantes envers les minorités. Ces traits seraient influencés à l'origine par l'éducation parentale.

Pour les tenants de modèles centrés sur les processus intra-individuels, les conflits intergroupes seraient également une conséquence de l'activité de **stéréotypisation**, largement automatique.

▶ Cf. chapitre 7.

Si cette perspective intra-individuelle est pertinente pour rendre compte d'une partie des mécanismes sociocognitifs à l'œuvre, elle ne permet pas de saisir de manière pleinement satisfaisante ce qui est en jeu dans les relations intergroupes. Nous reviendrons donc dans ce chapitre sur des théories qui permettent de l'enrichir. Nous aborderons également quelques pistes permettant d'envisager une réduction des conflits intergroupes.

1. La compétition pour l'acquisition de ressources limitées : la théorie des conflits réels

La célèbre comédie musicale *West Side Story* (1957) met en scène la rivalité entre deux groupes dans le quartier de l'Upper West Side à New York : d'un côté les Sharks (immigrés d'origine portoricaine), de l'autre côté les Jets (d'origines irlandaise, italienne et polonaise). En conflit pour le contrôle de leur territoire, les préjugés racistes et les comportements hostiles fusent entre ces deux communautés, jusqu'au dénouement tragique.

Le thème de la rivalité entre groupes est récurrent dans les arts. En psychologie sociale, une des premières tentatives d'explication des relations intergroupes a été proposée par Muzafer Sherif (1966)▸.

▶ Cf. chapitre 6.

Selon lui, ces relations peuvent être compétitives ou coopératives. Afin de maintenir ou d'améliorer leur position dans l'espace social, les groupes chercheraient à accéder à des ressources, matérielles (territoire, ressources naturelles, emplois, etc.) mais aussi symboliques (pouvoir politique, prestige, etc.). L'hostilité entre les groupes surviendrait en raison d'une **concurrence pour l'accès à ces ressources**, quand ces dernières sont perçues comme étant limitées. Cette compétition engendre des conflits entre les groupes, ce qui explique l'appellation de **théorie des conflits réels** (TCR).

L'expérience de la « Caverne des voleurs »

Sherif et ses collaborateurs (1961) ont réalisé une série d'études afin de mettre à l'épreuve leurs hypothèses, dont l'expérience dite de la **« Caverne des voleurs »** (du nom du parc *Robbers Cave* en Oklahoma aux États-Unis où elle a eu lieu). Cette dernière s'est déroulée au sein d'un camp de vacances réunissant 22 enfants de 11 et 12 ans, au profil comparable. D'une durée de 3 semaines, elle était divisée en trois étapes successives :

- Lors de l'**étape 1**, les enfants étaient répartis en deux groupes évoluant en complète indépendance l'un de l'autre pendant une semaine. Durant cette période, chaque groupe s'est structuré de son côté et on a vu émerger des leaders et des modes de fonctionnement propres à chaque groupe.

➡

- **L'étape 2** était une phase de « friction ». Les deux groupes étaient mis en compétition via différents jeux, avec des attributions de prix et d'avantages aux gagnants. Cette mise en compétition a entraîné rapidement le développement d'attitudes et de comportements négatifs, voire hostiles, à l'égard de l'exogroupe. En parallèle, la cohésion de l'endogroupe était renforcée.
- **L'étape 3** constituait une phase « d'intégration ». Les deux groupes ont participé ensemble à des tâches orientées vers un objectif commun nécessitant une coopération (p. ex. le dépannage du car qui devait les ramener d'une sortie ou la recherche de l'origine d'une pénurie en eau potable). Ces situations les ont placés en situation d'interdépendance et leurs interactions leur ont permis d'atteindre des buts ou **objectifs supra-ordonnés**. On a alors constaté une diminution des tensions et de l'hostilité entre les deux groupes

Pour Sherif, le conflit d'intérêts collectifs est donc **à l'origine** des préjugés et des comportements hostiles. Dans *West Side Story*, ça serait ainsi la compétition pour contrôler un territoire limité qui provoquerait les tensions entre Jets et Sharks. Ces dernières seraient renforcées par l'activation de stéréotypes, les deux bandes représentant des minorités ethniques différentes.

La TCR permettrait ainsi d'expliquer pourquoi les groupes de bas statut social ont davantage de préjugés envers les étrangers. Ces derniers seraient perçus comme étant en concurrence pour l'obtention d'emplois peu qualifiés et de prestations sociales (voir p. ex. Staerklé *et al.*, 2007). Cet exemple montre par ailleurs que la **perception d'une menace** est plus importante que la réalité effective du conflit.

Selon la TCR, la résolution de tels conflits ne peut se faire que dans la coopération autour d'un objectif commun, ce qui s'avère souvent complexe dans la réalité (cf. *infra*). Les travaux autour de la **théorie de la privation relative** relativisent également ces résultats (cf. Azzi & Klein, 2013). Ils montrent que l'apparition (ou non) d'un conflit dépend aussi de l'évaluation subjective que fait le groupe de sa propre situation. Si les membres du groupe estiment ne pas pouvoir améliorer leur situation et se comparent à d'autres qui vivent une situation de privation comparable, ils n'agiront pas nécessairement pour modifier leur situation (alors même qu'ils sont objectivement défavorisés).

Suite aux travaux de Sherif, les psychologues sociaux se sont demandés si la compétition pour l'accès à des ressources était une condition nécessaire pour provoquer un conflit intergroupe.

2. Le conflit intergroupe pour acquérir ou maintenir une identité collective positive

Au début des années 1970, le psychologue **Henri Tajfel** formule une hypothèse alternative à celle de Sherif : même **en l'absence de compétition**, il existerait des processus de différenciation entre les groupes.

Henri Tajfel (1919-1982)

Henri Tajfel est un psychologue social britannique d'origine polonaise. De confession juive, il est contraint de fuir la Pologne pour poursuivre ses études. Durant la Seconde Guerre mondiale, il est fait prisonnier de guerre. En parallèle, de nombreux membres de son entourage sont exterminés dans les camps nazis. Suite à ces expériences personnelles, il se tourne vers la psychologie sociale et se spécialise dans l'étude des relations intergroupes et des dimensions sociocognitives des préjugés. Cofondateur de l'Association européenne de psychologie sociale expérimentale, il est le **père de la théorie de l'identité sociale.**

2.1. La théorie de l'identité sociale

Afin de valider cette hypothèse générale, Tajfel et ses collaborateurs à l'Université de Bristol vont d'abord réaliser une série d'expériences visant à montrer que le simple **sentiment d'appartenance** à un groupe aboutirait à favoriser ce groupe d'appartenance au détriment d'autres groupes.

La mise en évidence du biais de favoritisme de l'endogroupe : le paradigme des groupes minimaux

Tajfel, Billig, Bundy et Flament (1971) ont réalisé deux expériences reposant sur une procédure similaire : créer aléatoirement deux groupes pour les besoins immédiats de l'expérience, sans aucun conflit d'intérêt ni compétition intergroupe préalable, sans aucune interaction et sur une base totalement arbitraire, d'où l'appellation de **paradigme des groupes minimaux**.

Prenons l'exemple de leur première expérience : dans une première phase, les sujets étaient exposés à une série de diapositives figurant des nuages de points et ils devaient en estimer le nombre. La présentation des diapositives étant très brève, il était impossible de compter précisément les points. L'expérimentateur précisait ensuite qu'il avait observé deux grandes tendances dans les réponses des sujets (une tendance à la surestimation du nombre de points et une tendance à la sous-estimation) et que, sur cette base, ces derniers allaient être divisés en deux groupes. En réalité, cette répartition était **aléatoire** et visait uniquement à créer deux groupes « minimaux ».

La seconde phase de l'expérience portait prétendument sur la prise de décision. Les sujets devaient attribuer une rémunération à des participants dont ils ne connaissaient que l'appartenance groupale : soit membre de leur groupe (endogroupe), soit membre de l'exogroupe. Rappelons que les sujets ne se connaissaient pas et n'avaient **aucune interaction** au cours de l'expérience. Par ailleurs, le fait de favoriser leur groupe n'avait aucun effet sur leurs gains personnels. Les résultats montrent que les sujets ont alloué en moyenne un montant plus élevé aux membres de l'endogroupe qu'aux membres de l'exogroupe.

Cette tendance à favoriser spontanément les membres de son groupe (ce groupe fût-il « minimal ») a été observée de nombreuses fois, avec différentes variantes. On parle alors de **biais de favoritisme de l'endogroupe**.

Identité sociale : partie du concept de Soi façonnée par nos appartenances groupales.

Suite à ces premiers travaux, Tajfel et son étudiant John Turner développent, dans les années 1970, la **Théorie de l'Identité Sociale** (TIS) afin de rendre compte des comportements intergroupes, qu'ils distinguent des comportements strictement interpersonnels.

Afin de distinguer les comportements sociaux, Tajfel et Turner proposent un continuum allant d'un **pôle interpersonnel** à un **pôle intergroupe**.

Les comportements strictement interpersonnels seraient uniquement déterminés par les caractéristiques personnelles des individus en jeu (p. ex. une relation amicale).

À l'opposé, les comportements strictement intergroupes seraient uniquement déterminés par l'appartenance groupale des individus (p. ex. un affrontement entre hooligans).

On peut résumer la TIS en quelques idées forces :

- Les individus chercheraient à acquérir ou à maintenir une **image positive** d'eux-mêmes. Cela repose notamment sur le fait d'appartenir à un groupe auquel ils se sentent attachés et qu'ils peuvent valoriser. Dans cette perspective, le groupe est ici défini comme « une collection d'individus qui se perçoivent comme membres d'une même catégorie, qui attachent une certaine valeur émotionnelle à cette définition d'eux-mêmes et qui ont atteint un certain degré de consensus concernant l'évaluation de leur groupe et de leur appartenance à celui-ci » (Tajfel & Turner, 1979, p. 40).
- Par le biais de la **catégorisation sociale**, les individus associent les autres (et eux-mêmes) à différents groupes sociaux et leur attribuent les caractéristiques supposément associées à ces groupes▸. Par des mécanismes de **comparaison sociale** avec des exogroupes pertinents, les individus cherchent à différencier et valoriser l'endogroupe afin de maintenir ou acquérir **une identité sociale positive**. Ce serait une des fonctions du biais de favoritisme pro-endogroupe.

▶ Cf. chapitre 7.

- Si la comparaison avec un exogroupe pertinent est défavorable à l'endogroupe, les individus peuvent recourir à différentes stratégies afin de maintenir une identité sociale positive :
  - changer de groupe (**mobilité individuelle**, p. ex. masquer ses origines pour intégrer l'exogroupe dominant) ;
  - chercher un critère de comparaison plus favorable à l'endogroupe (**créativité sociale**, p. ex. la campagne *#Asiatiques de France* de 2017 qui démonte les stéréotypes et valorise au contraire la contribution de cette communauté à la France) ;

– tenter de faire évoluer la position de son groupe (**compétition sociale**, p. ex. la lutte pour la mise en place de mesures de discrimination positive pour les groupes défavorisés).

Fig. 1 Théorie de l'identité sociale : système de croyances et stratégies associées

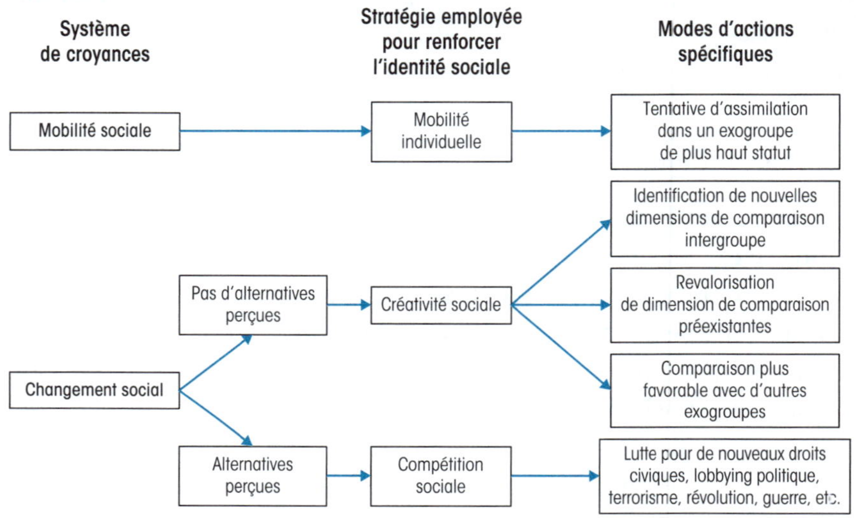

(adapté de Hogg & Vaughan, 2018, p. 435).

Comme le résume la figure 1 ci-dessus, le choix de l'une ou l'autre de ces stratégies dépend notamment du système de croyances socialement partagées par les membres du groupe. Tajfel et Turner distinguent, d'une part, les croyances en la **mobilité sociale**, selon lesquelles il n'y aurait pas de frontières perméables entre les groupes. Dans ce contexte, les stratégies de mobilité individuelle apparaissent comme les plus envisageables. D'autre part, Tajfel et Turner identifient les croyances dans le **changement social**. Elles supposent l'existence d'une forte stratification et hiérarchisation sociale et peu de perméabilité entre les groupes. Les groupes y adhérant privilégieraient plutôt des stratégies de créativité ou de compétition sociales. Ce dernier choix dépendra de la perception d'alternatives (ou non) à l'organisation sociale existante. La TIS présente donc un fort intérêt pour comprendre les phénomènes de changement social.

Un cas particulier : les cas de déviance intragroupe et l'effet « brebis galeuse »

Dans les années 1980, des travaux ont permis de mettre à jour d'autres stratégies de maintien d'une identité sociale positive, notamment quand cette dernière est menacée par un propre membre de l'endogroupe. Marques, Yzerbyt et Leyens (1988) ont réalisé une expérience au cours de laquelle des étudiants belges devaient évaluer d'autres étudiants (fictifs), dont la description variait en fonction de :

- leur appartenance groupale : étudiants belges (endogroupe) ou étudiants d'Afrique du Nord (exogroupe).
- leur caractère : sympathique (socialement désirable), antipathique (socialement indésirable) ou neutre.

Les résultats (cf. figure 2) mettent en évidence un biais de favoritisme endogroupe classique : sur une échelle en 7 points, un étudiant belge sympathique est jugé de façon plus favorable qu'un étudiant d'Afrique du Nord sympathique. En parallèle, un étudiant belge antipathique est jugé avec plus de sévérité qu'un étudiant d'Afrique du Nord antipathique.

Fig. 2 Effet brebis galeuse

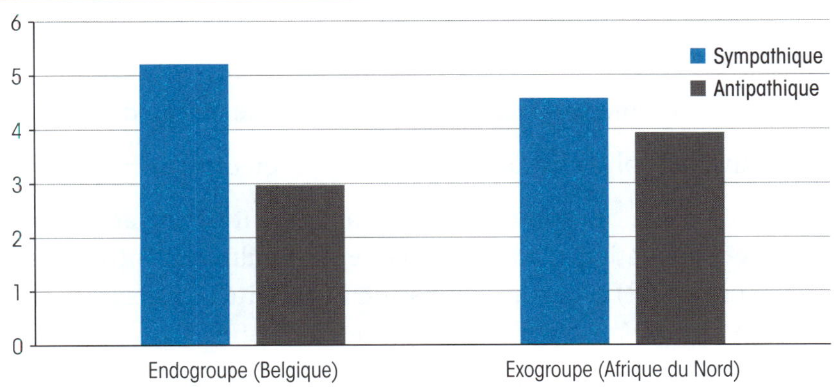

(d'après Marques *et al.*, 1988, Étude 1*)

* Les résultats pour la condition « neutre » ont volontairement été omis pour faciliter la lecture du graphique.

Par la suite, cet effet a été reproduit à de nombreuses reprises. On parle donc d'effet « brebis galeuse » (ou *black sheep effect*) lorsque les individus jugent un membre valorisé de l'endogroupe de façon plus favorable qu'un membre valorisé de l'exogroupe, et qu'ils jugent, dans le même temps, un membre déviant de l'endogroupe de façon plus défavorable qu'un membre déviant de l'exogroupe (pour une synthèse, cf. Pinto & Marques, 2008).

2.2. La théorie de l'autocatégorisation

La théorie de l'autocatégorisation (TAC), proposée par John Turner et ses collaborateurs (1987), est un prolongement de la TIS. Turner cherche à y préciser les conditions dans lesquelles les individus vont (ou non) s'identifier à un groupe et se comporter (ou non) comme des membres de ce groupe. Dans la TAC, la notion de Soi est centrale. **Le Soi** est constitué de « *l'ensemble des éléments qui nous définissent. Il est composé des attitudes, des croyances que les individus ont d'eux-mêmes* » (Martinot, 2002, p. 8).

Selon Turner *et al.* (1987), les situations sociales dans lesquelles nous nous trouvons rendent plus ou moins saillantes les différentes facettes du Soi, et notamment nos appartenances groupales. Plus généralement, ces représentations de soi sont organisées de façon hiérarchique suivant trois niveaux, du plus concret au plus abstrait :

- le niveau individuel (identité personnelle),
- le niveau intermédiaire (identité sociale, c'est le niveau du groupe),
- et le niveau le plus abstrait (identité en tant qu'espèce).

Le choix d'une catégorie dépendra notamment de son **accessibilité cognitive** (la situation rend-elle saillante les similitudes entre les individus en présence ?) et de son **adéquation à la réalité** (la catégorie activée est-elle pertinente pour rendre compte de la situation ?).

Par exemple, si vous comparez vos notes au dernier examen de psychologie sociale avec des camarades de promo, c'est votre identité d'étudiant en psychologie qui sera rendue saillante par la situation.

Une fois la catégorisation (ou l'autocatégorisation) réalisée, il se produirait un processus de **dépersonnalisation** selon lequel l'individu ne va plus définir autrui (ou lui-même !) seulement à partir de ses caractéristiques personnelles mais à partir des normes et des comportements de son groupe d'appartenance.

3. Réduire les tensions intergroupes ?

Nous avons évoqué dans le chapitre précédent l'hypothèse du contact initialement formulée par Allport (1954), selon laquelle des interactions répétées entre les membres de différents groupes pourraient, sous certaines conditions, diminuer les tensions et les préjugés intergroupes▸. Pour rappel, ces interactions produisent des effets positifs si certaines conditions sont réunies : l'égalité de statut entre les membres des deux groupes lors des interactions, la coopération (cf. Sherif, 1966 dans ce chapitre), le soutien institutionnel et social et la qualité du contact.

▶ Cf. chapitre 7.

Afin d'approfondir ces hypothèses, les psychologues sociaux ont proposé des stratégies de réduction des conflits intergroupes basées sur la théorie de l'identité sociale.

3.1. La décatégorisation

Brewer et Miller (1984) partent du constat suivant : le processus de catégorisation sociale serait à l'origine des rapports compétitifs et potentiellement conflictuels entre les groupes, via le biais de favoritisme pro-endogroupe. Dès lors, ils proposent un modèle de **décatégorisation** (ou de **personnalisation**) selon lequel les contacts entre membres de groupes différents devraient être conçus comme des situations de contact interpersonnel, se focalisant sur les caractéristiques individuelles des personnes en jeu plutôt que sur les identités collectives. Si les membres de deux groupes se perçoivent davantage comme des individus séparés et ont des interactions personnalisées et répétées, les biais intergroupes devraient être réduits.

La décatégorisation au cinéma

Le cinéma américain s'est saisi à de nombreuses reprises de cette idée dans des films traitant des rapports entre Blancs et Noirs.

Le film *La chaîne* (1958) met ainsi en scène deux prisonniers en cavale (interprétés par Sydney Poitier et Tony Curtis) attachés à la même chaîne et donc contraints de coopérer pour échapper à la police, malgré leur racisme réciproque. Au fil de leurs péripéties, l'appartenance groupale passe en second plan (décatégorisation) et des liens d'amitié vont se développer (personnalisation).

On retrouvera Sydney Poitier dans *La chaleur de la nuit* (1967) sur un thème similaire (coopération forcée entre deux policiers pour résoudre une enquête aboutissant à une relation de respect mutuel).

Plusieurs études expérimentales ont confirmé cette hypothèse générale. Par exemple, Bettencourt, Brewer, Croak et Miller (1992) ont constaté que les contacts qui favorisaient les interactions personnalisées (p. ex. lorsque l'interaction coopérative était axée sur la personne plutôt que sur la tâche) produisaient des attitudes plus positives envers les membres de l'exogroupe. Si cette perspective est intéressante, elle a été critiquée pour son manque d'opérationnalité dans des situations réelles de tensions intergroupes. En effet, si la décatégorisation semble fonctionner ponctuellement dans une situation expérimentale, cela n'implique pas nécessairement une **généralisation** des attitudes positives observées à l'ensemble des membres de l'exogroupe (p. ex., Amir, 1976). Par ailleurs, la décatégorisation semble impossible dans les situations où la catégorisation en endogroupe *vs* exogroupe est trop marquée (p. ex. dans le cas de conflits durables, comme en Israël et en Palestine).

3.2. Vers une identité de groupe commune ?

Gaertner et ses collaborateurs (1989) proposent pour leur part de favoriser la **recatégorisation** pour réduire les conflits intergroupes. Selon cette perspective, il s'agirait de permettre une définition de la catégorisation des groupes à un niveau plus élevé d'inclusivité des catégories (niveau supra-ordonné), de manière à réduire les conflits intergroupes.

Dans l'Histoire récente, on peut prendre l'exemple de la construction européenne. Après deux guerres mondiales les ayant opposés, les peuples français et allemand ont tenté de construire une **catégorie supra-ordonnée** dans laquelle ils pourraient se retrouver : l'identité européenne. Malheureusement, comme le montre l'actualité récente, cette stratégie montre ses limites. D'une part, elle peut être perçue comme une menace pour l'identité initiale (p. ex., Parant, 2014). Pour reprendre l'exemple de l'Europe, cela explique en partie le repli actuel sur les identités nationales. D'autre part, cette solution tend à déplacer le problème plutôt qu'à le régler. En effet, la catégorisation dans un nouveau groupe supra-ordonné peut renforcer les tensions avec des exogroupes communs. Par exemple, on a observé une réduction des tensions entre Allemands de l'Ouest et Allemands de l'Est au moment de la réunification allemande en 1990, ces deux groupes se retrouvant dans une nouvelle identité commune. En parallèle, plus les individus se percevaient comme Allemands, plus ils développaient des attitudes négatives envers les non-Allemands (Kessler & Mummendey, 2001, cités par Whitley & Kite, 2013).

3.3. La différentiation mutuelle intergroupe

Hewstone et Brown (1986) ont quant à eux critiqué le modèle de décatégorisation. Pour ces auteurs, le fait d'appartenir à un groupe répondrait à des besoins fondamentaux des individus. Dès lors, ils proposent un modèle alternatif : la **différentiation mutuelle** (ou **catégorisation saillante**). Face au problème de la généralisation des attitudes positives à l'ensemble des membres de l'exogroupe, ils prennent le contre-pied de Brewer et Miller (1984) en supposant que les contacts intergroupes seraient plus susceptibles de donner lieu à une généralisation des attitudes si l'appartenance groupale était rendue plus saillante au cours du contact. Ce dernier doit reposer sur une situation **d'interdépendance coopérative** entre les groupes en présence. Ces relations de coopération devraient susciter des attitudes mutuellement favorables à l'égard des membres de l'autre groupe, tout en permettant une **distinction positive** de chaque groupe.

Par exemple, Brown et Wade (1987, cités par Gaertner *et al.*, 2000) ont composé deux équipes d'étudiants qui avaient pour objectif commun de produire un article de magazine. Quand les membres des deux groupes ont travaillé à partir de rôles distincts sur la tâche conjointe (un groupe travaillant sur les figures et la mise en page, l'autre sur le texte), l'expérience du contact a eu un effet plus positif sur les attitudes intergroupes que lorsque les groupes ont travaillé séparément à partir de rôles similaires ou ont travaillé ensemble sans qu'un rôle distinct soit attribué à un groupe ou à l'autre.

Pour Hewstone et Brown (1986), il est nécessaire que l'identification avec les catégories initiales soit maintenue pour que l'information issue de ces interactions positives soit stockée au niveau de ces étiquettes catégorielles et permette la généralisation à l'ensemble de l'exogroupe (Gaertner *et al.*, 2000). Ainsi, il est plus probable que les attitudes positives soient généralisées lorsque les interactions impliquent des membres très typiques de l'exogroupe plutôt que des membres atypiques (p. ex. Wilder, 1984). Ces résultats sont intéressants car ils montrent que la catégorisation sociale ne conduit pas fatalement à une augmentation des préjugés, comme pourrait le suggérer une lecture trop simpliste de la TIS.

3.4. Vers une reformulation de la théorie du contact (Pettigrew, 1998)

Pettigrew (1998) a tenté d'intégrer les résultats issus de ces différents modèles dans un cadre plus général. Il insiste sur la nécessité de penser les effets du contact de façon **séquentielle**, comme une suite d'étapes se déroulant dans un contexte favorable (cf. figure 3). Pour Pettigrew, la décatégorisation facilite les contacts initiaux. Ce n'est qu'une fois que le contact est bien établi dans le temps que la catégorisation saillante peut produire des effets positifs généralisables. La dernière étape consiste en la reconnaissance possible d'une catégorie supra-ordonnée d'appartenance commune. Cette prise en compte de la dimension temporelle permet de mieux comprendre pourquoi certaines stratégies peuvent produire des effets contre-productifs. Par exemple, si la recatégorisation arrive trop tôt, l'identité initiale sera menacée.

Fig. 3 La théorie du contact reformulé

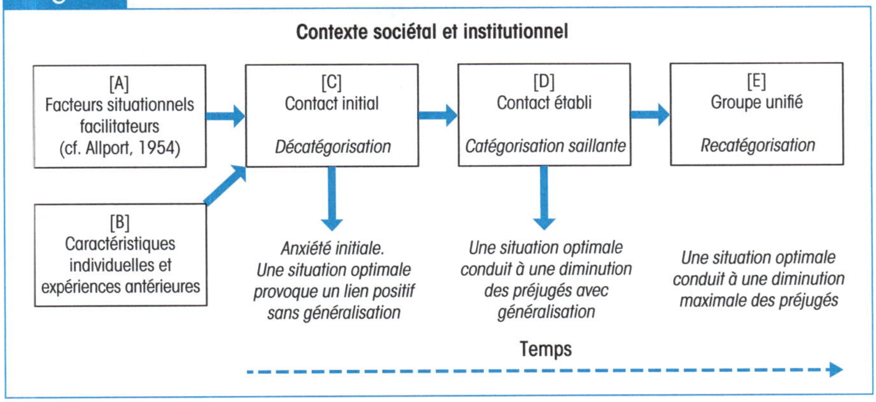

4. Conclusion : une prédisposition humaine à former des sociétés hiérarchisées ?

D'après la Théorie de la Dominance Sociale (TDS) proposée par Sidanius et Pratto en 1992, les conflits intergroupes découleraient plus largement de l'existence d'une « prédisposition » humaine à former des sociétés hiérarchisées. La TDS postule ainsi que « les sociétés humaines tendent à s'organiser en hiérarchies sociales dans lesquelles au moins un groupe jouit d'un statut social et d'un pouvoir supérieurs à ceux des autres groupes » (Pratto *et al.*, 2006, p. 271-272 ; cités par Suchier *et al.*, 2022), conduisant notamment à une répartition inégalitaire des ressources. Proposition intégrative, la TDS cherche à identifier les processus qui produisent et maintiennent ces rapports de domination, en mobilisant plusieurs niveaux d'analyse (psychologique, interpersonnel, contextuel, institutionnel) (Sidanius *et al.*, 2004).

Ainsi, à un niveau individuel, cette prédisposition se manifesterait par un ensemble d'attitudes favorables envers les systèmes de hiérarchie sociale basés sur les groupes, l'Orientation à la Dominance Sociale (ODS). Cette dernière est plus marquée chez les individus à qui bénéficient cette hiérarchie (p. ex., membres de groupes de haut statut et de sexe masculin) (Pratto *et al.*, 1994). Une forte ODS serait liée à l'adhésion à un ensemble de « mythes légitimateurs », ensemble d'idéologies, attitudes, valeurs, croyances ou stéréotypes qui permettent d'apporter une justification à l'existence d'inégalités sociales (Sidanius & Pratto, 1993), comme par exemple le sexisme ou la méritocratie. En outre, une forte ODS se traduirait aussi par un soutien accru à des mesures favorisant une répartition inégalitaire des ressources entre les groupes qui composent une société donnée (Pratto *et al.*, 1998) et un rejet des politiques visant à réduire les inégalités sociales (p. ex., programmes sociaux, droits des femmes, etc.).

La TDS a fait l'objet de critiques, notamment de Jost qui lui reproche de naturaliser l'ordre social « en encourageant une vision fataliste du changement social et politique » (2011, p. 31). Mais comme le souligne Suchier (2021), la TDS insiste aussi en parallèle sur le rôle fondamental des institutions dans le maintien, mais aussi potentiellement dans la remise en question, des hiérarchies sociales. En effet, ces dernières peuvent permettre une répartition à grande échelle des ressources (matérielles et symboliques) dans un espace social donné (Sidanius *et al.*, 2004), cette répartition pouvant être inégalitaire ou plus juste. En parallèle, la socialisation des individus au sein d'institutions qui tendent à accentuer la hiérarchisation sociale va renforcer leur Orientation à la Dominance Sociale (ODS), mais l'inverse étant également vrai pour les institutions qui tendent à atténuer cette hiérarchisation (Sidanius *et al.*, 1994 ; cités par Suchier *et al.* 2022).

À RETENIR

- L'étude des **relations intergroupes** est un champ de recherche important en psychologie sociale. Il vise à mieux appréhender et réduire les conflits intergroupes, en se décentrant d'explications basées exclusivement sur des déterminants individuels.
- D'après la **théorie des conflits réels**, les conflits surviennent quand les groupes sont en **compétition** pour accéder à des ressources limitées (matérielles et/ou symboliques). Les stéréotypes, préjugés et comportements discriminatoires seraient des conséquences des conflits d'intérêts collectifs.
- Les travaux réalisés autour de la **théorie de l'identité sociale** ont montré que des mécanismes de **catégorisation sociale** et de **favoritisme de l'endogroupe** apparaissent dès lors qu'un sentiment d'appartenance à un groupe est activé, même en l'absence de toute compétition. La **théorie de l'autocatégorisation** précise les conditions dans lesquelles les individus vont (ou non) s'identifier à un groupe et se comporter (ou non) comme des membres de ce groupe.
- Les individus chercheraient à acquérir ou à maintenir une identité sociale positive, ce qui passe par des **comparaisons sociales** favorables avec des exogroupes pertinents. Ces comparaisons peuvent donner lieu à différentes stratégies (mobilité individuelle, créativité sociale ou compétition sociale).
- Différentes stratégies permettent de réduire les tensions intergroupes : la **décatégorisation** (amener les membres de groupes distincts à se percevoir davantage comme des individus séparés), la **recatégorisation** (permettre une catégorisation à un niveau supra-ordonné) et la **différentiation mutuelle** (placer deux groupes en situation d'interdépendance coopérative).

NOTIONS CLÉS

- **Biais de favoritisme de l'endogroupe** : tendance des individus à favoriser spontanément les membres de leur groupe d'appartenance au détriment des membres d'autres groupes.
- **Décatégorisation** (ou personnalisation) : processus par lequel les membres de groupes distincts tendent à se percevoir davantage comme des individus séparés.
- **Différentiation mutuelle intergroupe** : stratégie visant à placer les membres de deux groupes distincts en situation d'interdépendance coopérative afin de générer des attitudes favorables et une distinction positive de chaque groupe.
- **Effet « brebis galeuse »** : évaluation d'un membre valorisé de l'endogroupe de façon plus favorable qu'un membre valorisé de l'exogroupe et, parallèlement, d'un membre déviant de l'endogroupe de façon plus défavorable qu'un membre déviant de l'exogroupe.

- **Identité sociale** : partie du concept de Soi façonnée par nos appartenances groupales.
- **Paradigme des groupes minimaux** : ensemble de situations expérimentales visant à étudier les relations intergroupes, dans lesquelles on répartit aléatoirement en groupes distincts des individus qui ne se connaissent pas et n'ont aucune interaction au cours de l'expérience.
- **Recatégorisation** : catégorisation de groupes distincts à un niveau supra-ordonné afin d'accéder à une identité de groupe commune.
- **Tajfel** Henri (1919-1982) : psychologue social britannique, spécialiste des relations intergroupes à l'origine de la théorie de l'identité sociale.
- **Théorie des conflits réels** : postule que les conflits intergroupes surviennent quand leurs membres sont en compétition pour accéder à des ressources limitées.

POUR ALLER PLUS LOIN

Azzi, A. E., & Klein, O. (2013). *Psychologie sociale et relations intergroupes*, Paris : Dunod.

Guimond, S. (2010). *Psychologie sociale : perspective multiculturelle*, Bruxelles : Mardaga.

Licata, L. (2007). La théorie de l'identité sociale et la théorie de l'autocatégorisation : le Soi, le groupe et le changement social, *Revue électronique de psychologie sociale, 1*, 19-33.

Yzerbyt, V., Demoulin, S. (2019). *Les relations intergroupes*, Grenoble : Presses Universitaires de Grenoble.

Ressources numériques

Vidéo « La leçon de discrimination » qui reprend les travaux de Jane Elliott :

https://www.youtube.com/watch?v=iDyZf5xOLVY

Vidéo qui présente une petite expérience basée sur le paradigme des groupes minimaux :

https://www.dailymotion.com/video/x2bhsx1

Exercice 1

Les politiques nationales d'intégration menées par les États reposent, de façon plus ou moins explicite, sur des conceptions particulières des rapports entre les groupes qui les composent (Guimond, 2010).

Ainsi, les États-Unis ont adopté une politique de **« melting-pot »**. Reprenant l'image du creuset, elle repose sur une volonté de « fondre » les différents groupes culturels dans un groupe nouveau. Dans les faits, c'est généralement le groupe dominant (ici, les protestants anglo-saxons blancs, descendants des premiers immigrants européens) qui impose son modèle aux minorités.

Pour le **modèle républicain français**, le citoyen est « l'unité de base de la République, avec pour conséquence, que seuls les individus et non les communautés soient reconnus et intégrés » (Kamiejski, Guimond, De Oliveira, Er-Rafiy, & Brauer, 2012, p. 51). Il s'agit bien évidemment d'un idéal qui n'empêche pas les phénomènes de discrimination envers les groupes minoritaires.

Enfin, le **multiculturalisme**, tel qu'il est prôné au Canada depuis les années 1970, défend l'implication de l'État dans la reconnaissance et la promotion de la diversité culturelle. Ce rôle actif de l'État pour favoriser l'intégration a pour but d'éviter un glissement vers le communautarisme.

Sur la base de cette brève description, reliez chaque pays au modèle de rapports intergroupes qui sous-tend sa politique d'intégration :

1. États-Unis	**a.** Décatégorisation
2. France	**b.** Recatégorisation
3. Canada	**c.** Différentiation mutuelle intergroupe

Exercice 2

Dans les années 1960, la ségrégation raciale était très présente aux États-Unis (p. ex., la loi interdisant les mariages mixtes entre personnes de couleurs différentes n'a été abrogée qu'en 1967). Les traits physiques caractéristiques des Noirs, comme la couleur de peau ou les cheveux, étaient très largement dévalorisés par la majorité (blanche) de la population et souvent associés à la laideur. C'est dans ce contexte qu'est apparu le mouvement culturel *Black is Beautiful*. Porté par des Afro-Américains, il visait à lutter contre ces jugements racistes et à valoriser la culture noire en transformant en atouts ces attributs initialement dévalorisés (p. ex. par l'affirmation de la coiffure afro ou la mise en valeur du corps noir par la mode).

Dans le cadre de la théorie de l'identité sociale, comment qualifieriez-vous cette stratégie de changement social ?

© kubko / Fotolia

Qu'allons-nous étudier dans ce chapitre ?

- Ce chapitre vise à présenter les concepts et les méthodes en lien avec l'étude de la pensée sociale et de ses non-dits et des représentations sociales.
- Il s'agit d'une introduction aux principales orientations de la théorie des représentations sociales (sociogénétique, structurale et sociodynamique).
- Ce chapitre propose quelques orientations méthodologiques de recueil du contenu et de la structure des représentations sociales et une introduction aux voies d'analyse des données.

CHAPITRE

9 Pensée sociale et représentations sociales

Michel-Louis Rouquette (1948-2011) : psychosociologue français. Il enseigne dans des universités françaises de Montpellier, Paris 8 et termine sa carrière à l'Université Paris Descartes. Il est reconnu pour ces travaux portant sur la pensée sociale et son architecture, les rumeurs, les représentations sociales.

Tératologie : science des anomalies congénitales et héréditaires. Ici Rouquette souhaite mentionner le fait que la pensée sociale a été longtemps considérée comme une forme de pensée anormale.

1. L'étude de l'« autre pensée »

La pensée sociale (Rouquette, 1973, 2009) a été qualifiée d'**« autre pensée »** (Rouquette, 1992, p. 50). Pourquoi parler d'une « autre pensée » ? Commençons par une citation de **Michel-Louis Rouquette,** un auteur particulièrement important dans ce champ d'étude. Selon Rouquette (1992, p. 50) :

> « En consacrant le seul discours rationnel comme calque théorique de l'ordre du monde, notre histoire depuis la Renaissance a voulu exclure les autres formes de pensée (marginales, déviantes, hérétiques, dissidentes, magiques, etc.) et les faire tenir pour autant de formes avortées qui composeraient une **tératologie** de la cognition ».

Suivant cet auteur, loin de constituer une forme de pensée « anormale », la pensée sociale est vue comme une forme de pensée qui permet de faire coïncider des idées, des croyances, des raisonnements qui *a priori* n'iraient pas ensemble. Concrètement, elle permet de détecter une cohérence, une logique, un équilibre là où d'un point de vue formel, scientifique et donc rationnel on y décèlerait un illogisme. On a coutume en effet d'opposer en sciences sociales le **sujet optimal** au **sujet social** (Rouquette, 1994b), la pensée rationnelle à la pensée sociale (Guimelli, 1999 ; Rouquette, 1973). Ce qui est rationnel (répondant à la logique formelle) devrait être insensible au contexte social, en revanche, ce qui relève du social (les croyances et comportements « naturels » sinon « irrationnels ») trouve son essence même et par là ses significations dans ce dernier.

D'une façon plus précise, on entend par sujet optimal un sujet qui interagit avec son environnement en mobilisant une pensée logico-scientifique basée sur un raisonnement de type hypothético-déductif indépendant du contexte social et des enjeux normatifs et/ou identitaires qui en découlent.

En effet, si la méthode du scientifique consiste à utiliser la démonstration pour administrer la preuve du bien-fondé de son propos, c'est-à-dire qu'il procède par la formulation d'hypothèses et pose ses conclusions en référence aux présupposés scientifiques qu'il a préalablement exposés, le sujet social, quant à lui, adopte une logique inverse qui consiste à conclure et à justifier *a posteriori* une telle conclusion.

On parlera donc dans ce chapitre de l'« autre pensée » (Rouquette, 1992, p. 50-51), d'une rationalité située, cette pensée contextualisée et contextuelle, soumise aux variations sociales et culturelles.

Pourquoi donc s'intéresser à une telle forme de pensée ?

Son étude apparaît comme étant majeure pour trouver des voies de compréhension concernant la façon dont les groupes sociaux élaborent des croyances et raisonnements visant par exemple la différenciation avec d'autres groupes ou encore l'appréhension de tel ou tel objet social (comme le travail, les études, la santé, l'environnement, la drogue, l'alcool, etc.).

Comme on vient de l'effleurer, l'expression de cette pensée sociale se fait au moyen de différents concepts ou notions qui sont hiérarchisés entre eux. Ces concepts ou notions renvoient tour à tour à l'idéologie, aux représentations sociales, aux attitudes et aux opinions. Il est évident que nul ne pourrait les superposer. Comme l'indique d'ailleurs Rouquette (1996, 2009 ; voir également Flament & Rouquette, 2003), leur organisation est hiérarchisée en fonction de deux critères (figure 1) :

- la variabilité intra-individuelle et interindividuelle,
- et le niveau d'intégration.

Plus l'on considère des modalités allant vers l'idéologie plus la variabilité s'estompe. Cela se comprend aisément car les idéologies sont plus stables, plus fédératrices et sont davantage en capacité d'homogénéiser que les représentations sociales qui, à leur tour, fédèrent davantage que les attitudes qui sont à leur tour elles-mêmes plus fédératrices que les opinions. La question du niveau d'intégration répond, quant à elle, à un autre principe. On parlera d'un **système hiérarchisé par relations d'emboîtement**.

Concrètement, une idéologie donnera naissance à plusieurs représentations sociales qui elles-mêmes comprendront plusieurs attitudes lesquelles seront en capacité de générer et de gérer un ensemble d'opinions.

Il s'agira alors de considérer l'organisation de ces niveaux au sein d'une **architecture sociocognitive** (Rouquette, 1996) ou encore d'une architecture des modalités d'expression de la pensée sociale (Flament & Rouquette, 2003).

Fig. 1 Architecture globale de la pensée sociale

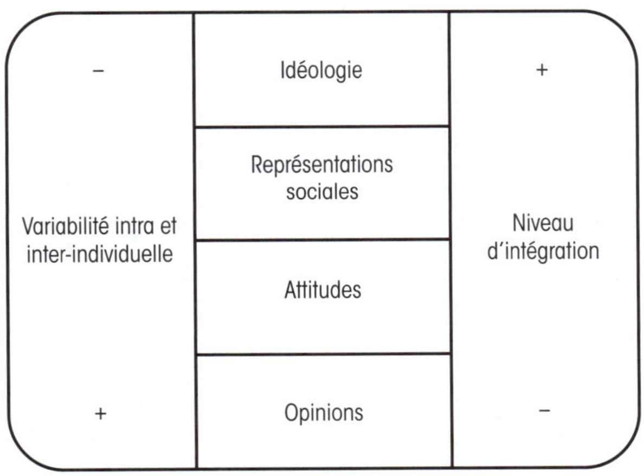

Adapté de Flament et Rouquette (2003).

Parmi ces modalités d'expression, une notion considérée comme étant carrefour dans le champ des sciences sociales a été proposée par Moscovici (1961), il s'agit des **représentations sociales.** La théorie formulée par Moscovici, nous allons le voir, a donné lieu à différentes orientations, chacune ayant développé un ensemble méthodologique dans le but de les appréhender afin de répondre à des enjeux sociaux et sociétaux.

2. La théorie des représentations sociales : panorama des orientations théoriques

C'est dans l'ouvrage de **Serge Moscovici** (1961) consacré à l'image de la psychanalyse dans la société française que la notion de « représentation

Représentation collective : selon Durkheim (1912) dans les *Formes élémentaires de la vie religieuse* le concept de représentation collective désigne des façons communes de perception et de connaissance bien distinctes des représentations individuelles, qui recèlent « un savoir qui dépasse celui de l'individu moyen ».

Serge Moscovici (1925-2014) : psychologue social, historien des sciences français d'origine roumaine et l'un des principaux théoriciens de l'écologie politique. Il formera toute une génération de chercheurs en France mais aussi à l'étranger. Il sera reconnu notamment en psychologie sociale et dans des disciplines connexes pour ces travaux portant sur la théorie des représentations sociales et sur l'influence minoritaire.

sociale » apparaît pour la première fois. Pourtant, à cette époque déjà, ce concept n'est pas complètement nouveau. En effet, Moscovici (1961), dans son étude *princeps*, a tenté d'« adapter » à la réalité des sociétés modernes la notion de « **représentation collective** » proposée par Émile Durkheim (1898).

Bien qu'inspirée directement du concept de « représentation collective », la notion de « représentation sociale » proposée par Moscovici (1961) s'en différencie de façon incontestable. Considérant que les sociétés modernes sont de plus en plus caractérisées par le changement et la diversité, pour Moscovici le temps des représentations collectives est révolu. Les individus et les groupes étant confrontés à une grande quantité d'informations nouvelles (qui ne cesse d'aller *crescendo* aujourd'hui encore de par les nouveaux moyens de communication et de diffusion de l'information), les opinions et les mentalités sont de fait en perpétuel changement et sont rarement partagées par tous les membres d'une société au même moment. Ainsi, pour Moscovici, l'idée de « représentation sociale » cadre mieux avec cette réalité nouvelle. Ce concept occupe alors une place intermédiaire entre « représentations individuelles » et « représentations collectives ». Moscovici (1976, p. 39) va très bien traduire cette idée en disant que ce concept occupe une « position mixte » entre concepts sociologiques et psychologiques.

Fig. 2 Positionnement des représentations sociales entre concepts psychologiques et sociologiques

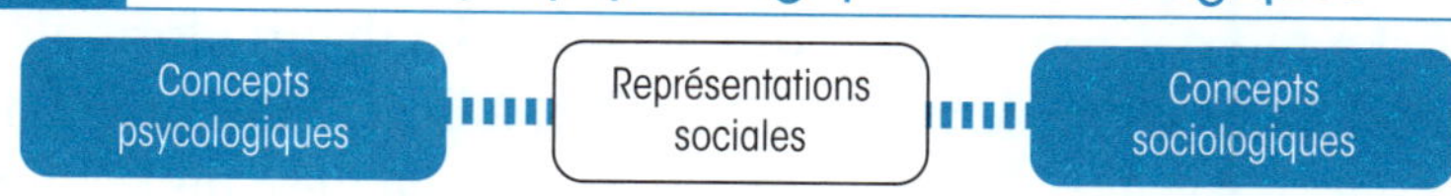

Moscovici (1976), p. 39.

Ainsi on peut donc dire que les représentations sociales en tant qu'ensemble de croyances, de cognition et d'opinions sont :

- d'une part, posées comme consensuelles au sein des ensembles sociaux, mais pas nécessairement du point de vue sociétal,
- d'autre part, définies comme étant plus stables que les représentations individuelles, mais pouvant se transformer au fil du temps.

Elles sont par conséquent inscrites dans les dynamiques sociales et en sont également le moteur.

Enfin, elles s'inscrivent dans un double mouvement de détermination : elles déterminent les pensées et comportements individuels, mais sont également modifiables par l'action des individus. Les représentations sociales apparaissent, dans cette perspective, comme un cadre d'étude propice pour les psychologues sociaux.

Différentes orientations théoriques ont été développées dans le cadre de cette théorie, elles ne sont en rien exclusives et doivent toujours être considérées comme complémentaires en ce qui concerne leurs apports respectifs.

2.1. Le modèle sociogénétique

Dès la formulation de la théorie, Moscovici (1961) souhaite avant tout proposer une description de la genèse et du développement des représentations sociales. Selon lui, l'apparition de la nouveauté ou de l'inconnu telle une situation nouvelle ou un objet nouveau qui apparaît dans le champ social (comme une maladie par exemple) favorise l'émergence d'une représentation sociale. La nouveauté, dès lors qu'elle apparaît, comporte peu d'information disponible à son propos. Les discours la concernant sont souvent parcellaires, incomplets et l'information est alors très dispersée au sein des différents groupes sociaux impliqués par l'émergence de cet objet (c'est ce que Moscovici dénomme la **dispersion de l'information**). Ces caractéristiques de l'objet sont en capacité de perturber le cours habituel des événements et des interactions sociales. Elles peuvent susciter inquiétude, vigilance et méfiance et retiennent l'attention (l'apparition d'une maladie nouvelle ou celle d'un changement politique ou social majeur en sont de bons exemples). D'une telle attention va découler une grande motivation à comprendre et à maîtriser cette nouvelle réalité supposant la mise en œuvre d'une activité cognitive importante. Les individus ressentent alors le besoin de développer des conduites et des discours cohérents à propos d'un objet. C'est ce que Moscovici appelle **la pression à l'inférence** qui provoque alors une augmentation des communications que celles-ci se situent à un niveau interpersonnel ou qu'elles proviennent des médias. Ces communications prendront la forme de débats qui, par divers canaux, résultent en l'émergence de positions majoritaires dans les différents groupes sociaux. Ces positions majoritaires donnent lieu à un consensus qui s'opère par la sélection d'informations en se focalisant sur les aspects qui font l'objet d'attentes de la part du groupe d'appartenance. C'est ce que Moscovici appelle la **focalisation.**

L'émergence ou la naissance d'une représentation est donc relative à l'apparition de ces trois phénomènes :

- la dispersion de l'information,
- la focalisation,
- la pression à l'inférence.

Mais ces phénomènes eux-mêmes se développent sur la toile de fond de deux processus majeurs définis par Moscovici :

- l'objectivation,
- l'ancrage.

■ L'objectivation ou quand ce qui est abstrait devient concret

L'objectivation renvoie à la façon dont l'objet nouveau va être rapidement simplifié, imagé et schématisé. Les différentes facettes de l'objet, de l'événement ou du phénomène nouveau vont être extraites de leur contexte. Les groupes concernés vont donc opérer une sélection en fonction des informations auxquelles ils ont accès et en fonction du système de valeur qui est le leur dans une volonté de maîtrise et de communication possible des aspects relatifs à cette nouveauté. Cette sélection aboutit à la formation d'un noyau figuratif qui rend compte d'une image simplifiée à grands traits de l'objet ou de l'événement en question. Les individus transforment un concept en une **image simplifiée**, en un **noyau figuratif**. Enfin, en pénétrant dans le corps social au moyen des communications, en se généralisant de manière collective, cette schématisation de l'objet se substitue à la réalité même de l'objet et se « naturalise ». On assiste à une « chosification » du concept qui devient un élément, un être de la réalité. La représentation est ainsi constituée et prend le statut d'évidence.

▶ Cf. figure 3.

C'est ainsi qu'à propos de l'émergence de la représentation de la psychanalyse dans la société française▸, Moscovici a constaté l'apparition d'un noyau figuratif composé de quatre éléments : le conscient, l'inconscient, le refoulement et le complexe qui sont totalement extraits de leur contexte théorique initial. Ils sont aussi naturalisés dans le sens où les individus ne considèrent plus qu'il s'agit de notions théoriques abstraites mais bien d'éléments concrets et observables de l'appareil psychique.

L'ancrage ou quand l'étrangeté devient familière

Le processus d'ancrage complète celui d'objectivation. Il rend compte de la façon dont l'objet nouveau va trouver sa place dans le système de pensée préexistant des individus et des groupes. L'objet nouveau va être considéré en fonction d'un déjà connu, de catégories et d'un réseau de significations familières.

L'ancrage selon Moscovici

Selon Moscovici (1976, p. 58) l'ancrage permet de « rendre familier l'insolite et insolite le familier, changer l'univers tout en le gardant comme notre univers ».

Moscovici (1961) propose en effet l'idée générale selon laquelle nous interprétons les *stimuli* environnants en fonction de connaissances et croyances déjà présentes au sein de notre système de pensée. Telle est, selon l'auteur, la fonction du processus d'ancrage à l'œuvre dans la genèse représentationnelle. Force est d'admettre, en envisageant de tels propos, que le présent n'est finalement que le résultat de l'interprétation de la nouveauté en fonction de cadres existants. Notons que parmi les mécanismes à l'œuvre dans la formation des représentations sociales, on relève le **processus analogique**.

Selon Guimelli (1999, p. 76), l'analogie « peut être définie comme un procédé de généralisation des propriétés caractéristiques d'un objet X à un objet Y ». Pour l'auteur, X représenterait l'objet ancien et Y l'objet nouveau. Par analogie, on assisterait à un transfert de caractéristiques de l'objet source (X) vers l'objet cible (Y). Une fois ce transfert effectué, selon Moscovici (1976, p. 264), « les réalités sous-jacentes sont groupées dans la même rubrique et s'éclairent mutuellement ».

Outre le très bel exemple d'analogie entre la psychanalyse et la confession présenté par Moscovici (1961, 1976), Viaud (2006) rapporte de très belles analogies entre le Sida et la maladie de la vache folle. Selon Viaud (2006), cette analogie est rendue possible par la prise en compte d'un critère supra-ordonné renvoyant à un système d'opposition entre nature et contre-nature. De la même manière que l'homosexualité était représentée comme une orientation sexuelle allant contre nature, le fait de donner des farines animales à manger à des herbivores l'était également.

Selon ce dernier auteur, « l'analogie a pour fonction de permettre une compréhension presque immédiate en rapportant l'inconnu au déjà connu, en utilisant une représentation comme organisateur d'une autre représentation. Certains événements anciens servent en quelque sorte de matrice pour rendre compte de l'étrange et permettent d'appréhender et d'ordonner la réalité à expliquer » (Viaud, 2006, p. 41).

Par ailleurs, en fonction de groupes sociaux, l'objet va être interprété de manière différente répondant de la sorte toujours à un enjeu de type identitaire. L'objet nouveau en étant ancré dans un déjà-là familier, et en jouant à plein dans la définition de l'identité du groupe, il devient un médiateur et joue un rôle important dans les relations entre les groupes. Toutefois, l'intégration de cet objet nouveau dans des cadres de pensée plus anciens est en capacité de modifier également les cadres anciens d'ancrage de la nouveauté. Moscovici (1976, p. 56) souligne à ce propos que ce processus participe à la reconstruction de l'objet. Selon lui, « représenter une chose, un état n'est en effet pas simplement le dédoubler, le répéter ou le reproduire, c'est le reconstituer, le retoucher, lui en changer le texte ». Ancrer c'est avant tout « rendre familier l'insolite et insolite le familier, changer l'univers tout en le gardant comme notre univers » (Moscovici, 1976, p. 58). Les savoirs et langages vont alors passer au travers de « vases communicants » (Moscovici, 1976, p. 58), opération visant au final la construction d'un objet compatible avec notre cadre de pensée de référence.

Fig. 3 Schématisation des conditions sociales d'émergence d'une représentation sociale

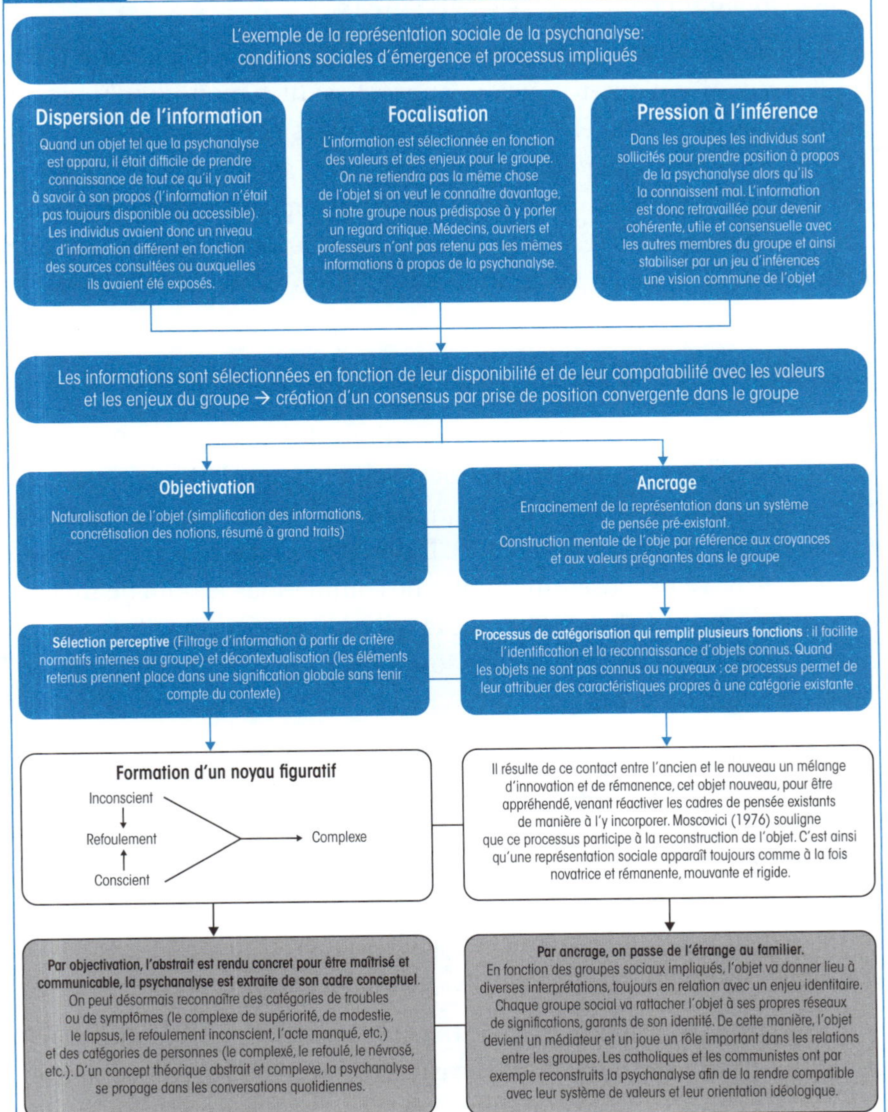

Adapté à partir de Moscovici (1976), Guimelli (1999) et Rateau & Lo Monaco (2013).

Cette orientation théorique a donc été largement préoccupée par le repérage du processus de genèse des représentations sociales. Ce courant souligne l'importance à accorder au langage et aux discours car il considère que c'est dans les interactions et dans l'espace public que se construisent les représentations. Cependant, si les représentations sont considérées comme étant inscrites dans le langage, elles sont abordées également comme un langage à part entière.

Afin de pouvoir rendre compte de ces aspects, cette orientation théorique préconise d'opter pour des approches dites monographiques et qualitatives de recueil et d'analyse des discours et des pratiques (c'est-à-dire techniques ethnographiques, enquêtes sociologiques, analyses historiques, entretiens approfondis, focus-group, analyses du discours, analyses documentaires, techniques d'associations verbales, par ex. : Kronberger & Wagner, 2000 ; Markovà, 2003 ; Wagner *et al.*, 1999).

2.2. Le modèle structural

Ce modèle prend appui sur les propositions de Moscovici (1961) mais se réfère également aux travaux de Asch (1946) relatifs à la perception sociale et la formation des impressions et aux noyaux de causalité unitaires énoncés par Heider (1927). Dans cette perspective, **Jean-Claude Abric** (1976) va proposer une approche connue sous le nom de **théorie du noyau central** (Abric, 1993, 2001) qui a largement contribué à clarifier la logique sociocognitive qui soutient l'organisation générale des représentations sociales.

Jean-Claude Abric (1941-2012) : psychologue social français, auteur de nombreux ouvrages et reconnu pour ses travaux dans le champ des représentations sociales. Il sera à l'origine de la théorie du noyau central et fondera avec Claude Flament l'approche structurale ou « aixoise » des représentations sociales. Jean-Claude Abric est également reconnu pour son travail autour de la psychologie de la communication.

Abric va proposer de dépasser le cadre purement génétique du concept de noyau figuratif pour lui attribuer un rôle prépondérant dans toute représentation constituée, c'est-à-dire dans toute représentation stabilisée du point de vue de sa construction. Selon Abric (1976) tous les éléments de la représentation n'assurent pas les mêmes fonctions et ne possèdent pas tous les mêmes caractéristiques. Il va alors proposer de distinguer les éléments centraux des éléments périphériques.

Les éléments, appelés **éléments centraux,** forment ce que Abric nomme « noyau central ». Cette structure, interne à la représentation, assure deux fonctions essentielles. Les éléments composant le noyau central sont générateurs de sens et c'est donc grâce à eux que les autres éléments composant le champ représentationnel acquièrent une signification et une valeur spécifique pour les individus. Ils assurent également une fonction organisatrice : c'est autour du noyau que s'agencent les autres éléments de la représentation. Et c'est ce même noyau qui détermine les relations que ces éléments entretiennent les uns avec les autres.

Les éléments, placés sous la dépendance du noyau, sont appelés **« éléments périphériques »**. Ces éléments périphériques permettent le fonctionnement de la représentation comme grille de « décryptage » des situations sociales rencontrées par les individus. Si le noyau central peut se comprendre comme la partie abstraite de la représentation, le système périphérique doit être entendu comme sa partie concrète et opérationnelle.

En définitive, selon Abric, les représentations sociales fonctionnent comme une entité, mais avec deux composantes dont le statut est à la fois différent et complémentaire :

1. **Le système central** structure les éléments cognitifs relatifs à l'objet. Il est le fruit des déterminismes historiques, symboliques et sociaux particuliers auxquels sont soumis les différents groupes sociaux et il est fortement lié à leur histoire. Il se caractérise par deux propriétés fondamentales. Il présente tout d'abord une grande stabilité, et assure la pérennité de la représentation. Cette stabilité du noyau lui confère une grande résistance aux facteurs de changement qui pourraient mettre en cause la représentation ainsi constituée. Il est également le lieu de consensus de la représentation. Il représente la base partagée par les membres d'un même groupe social à propos d'un objet donné. Cette notion de partage a fait l'objet de récentes recherches qui montrent que les éléments centraux sont perçus par les individus comme étant plus partagés avec les autres membres d'un groupe que les éléments périphériques (Bonetto, Piermattéo, Moliner, & Lo Monaco (2019). On constate par exemple que depuis plus de vingt ans les recherches sur la représentation sociale des études chez les étudiants renvoie à un ensemble de cognitions centrales (c'est-à-dire composant le noyau central) qui n'a quasiment pas évolué (travail, acquisition de connaissance, investissement). Il permet à chaque membre du groupe de « voir les choses » à peu près de la même façon et c'est par son intermédiaire que se définit l'homogénéité du groupe par rapport à un objet de représentation donné. Il joue ainsi un rôle déterminant au niveau identitaire à la fois dans la reconnaissance des membres appartenant à son propre groupe et donc de ceux qui n'en font pas partie mais également au niveau des rapports entretenus par les différents groupes sociaux.

Claude Flament (1930-2019) : psychologue social français, spécialiste de la psychologie mathématique, auteur de nombreux ouvrages et reconnu pour ses travaux dans le champ des communications en réseaux, de l'analyse de similitude et des représentations sociales. Il fondera avec Jean-Claude Abric l'approche structurale ou « aixoise » des représentations sociales.

2. Si le noyau central, de par sa stabilité, peut être défini comme étant relativement indépendant du contexte (Abric, 1994) ou trans-situationnel (Flament, 1995 ; Lo Monaco, Lheureux & Halimi-Falkowicz, 2008 ; Lo Monaco *et al.*, 2017 ; Wagner, Valencia & Elejarrieta, 1996), **le système périphérique**, quant à lui, est en prise avec les contingences quotidiennes et permet l'adaptation de la représentation à des contextes sociaux variés. Flament lui assigne trois fonctions essentielles de prescription de comportements, de personnalisation de la représentation, de protection du noyau central (cf. encadré *infra)*.

Les trois fonctions du système périphérique

1) Le système périphérique prescrit les comportements et les prises de position en permettant aux individus de savoir ce qu'il est normal de dire ou de faire dans une situation donnée, compte tenu de la finalité de celle-ci.

2) Le système périphérique permet une personnalisation de la représentation et des conduites qui lui sont attachées. Selon le contexte, une même représentation peut donner lieu à des prises de positions interindividuelles différenciées au sein du groupe. Ces différences restent compatibles avec le système central mais correspondent à une variabilité parfois importante à l'intérieur du système périphérique (Flament, 1995).

3) Le système périphérique protège le noyau central en cas de nécessité et joue le rôle de « pare-chocs » de la représentation. En ce sens, la transformation d'une représentation sociale s'opère dans la plupart des cas par la modification préalable de ses éléments périphériques.

Avec l'approche structurale, les représentations sociales ne sont plus de simples « univers d'opinions », mais deviennent des ensembles structurés. C'est ainsi que l'étude de leur structure va ici prendre le pas sur celle de leurs contenus. Par ailleurs, l'approche structurale offre un cadre d'analyse qui permet de saisir l'interaction entre le fonctionnement individuel et les contextes sociaux dans lesquels évolue l'individu. Enfin, parce qu'elle propose des concepts formalisés, l'approche structurale va permettre la formulation d'hypothèses concernant l'adaptation sociocognitive des acteurs sociaux face aux évolutions de leur environnement. Et ces hypothèses sont à l'origine de l'utilisation de la méthode expérimentale dans l'étude des représentations sociales.

2.3. Le modèle sociodynamique

C'est à partir du processus d'ancrage défini par Moscovici que **Willem Doise** (voir Clémence, 2001 pour une présentation générale) va proposer un modèle théorique visant à concilier la complexité structurelle des représentations sociales et leur insertion dans des contextes sociaux et idéologiques pluriels. Selon Doise, les représentations ne peuvent s'envisager que dans une **dynamique sociale** qui, par le biais des rapports de communication, place les acteurs sociaux en situation d'**interaction.** Cette dynamique sociale, lorsqu'elle s'élabore autour de questions importantes, suscite des prises de position spécifiques, liées aux insertions sociales des individus. C'est-à-dire que les positions exprimées à propos d'une question donnée dépendent fondamentalement des appartenances sociales de chacun, ce qui renvoie au processus d'ancrage décrit par Moscovici. La question des relations entretenues entre les positions sociales et les représentations sociales a été abordée au départ par Doise (1990) en considérant l'ancrage moscovicien comme faisant référence à l'inscription de l'objet de représentation dans un ensemble de rapports symboliques et sociaux.

L'effet des positions sociales sur la structure représentationnelle

Les travaux menés par Flament (1996) portant sur les représentations du travail et du chômage abordent également cette question et révèlent l'existence d'un **effet des positions sociales sur la structure représentationnelle**.

L'auteur montre que la **variable qualification** (sujets diplômés à Bac + 3 ou plus *versus* sujets non diplômés) apparaît comme étant la plus prédictive alors que les variables « âge » (25-30 ans *versus* 50-60 ans) ou encore « statut » (salarié *versus* chômeur) ont un pouvoir de prédiction moins important.

Dans une recherche ultérieure, Flament (1999) confirme les résultats obtenus par Tafani (1997) à propos de la représentation sociale des études sur une population comparable (étudiants de l'université des lettres et sciences humaines d'Aix-en-Provence). Ces travaux révèlent dans leur ensemble que les enfants de parents ayant fait des études supérieures (nommés les « Héritiers » par Flament, 1999) accordent plus d'importance à la finalité intellectuelle des études supérieures que les enfants de parents n'ayant pas suivi de cursus universitaire (nommés les « non-Héritiers »), ces derniers accordant plus d'importance à la finalité pragmatique des études. Ce résultat a d'ailleurs été confirmé par Tafani et Bellon (2001). En définitive, l'importance accordée à l'une ou l'autre des deux finalités « s'avère contingente des positions sociales des individus, et en premier lieu, des capitaux économique et culturel dont ils disposent » (Tafani & Bellon, 2003, p. 271).

Une autre recherche menée par Viaud (1999) portant sur les représentations sociales de l'économie rend compte également de la détermination des représentations sociales par les positions occupées dans l'espace social. Plus précisément, l'auteur s'attache à étudier l'effet positions sociales sur la transformation des représentations sociales et démontre que les individus dominés engagés dans une stratégie de mobilité sociale adoptent la représentation correspondante à leur nouveau groupe social d'appartenance (le groupe dominant). Les résultats de Viaud (1999) soulignent le rôle régulateur du principe d'homologie structurale consistant à rendre conformes les représentations partagées relativement aux positions sociales occupées par les individus (Tafani & Bellon, 2001).

En posant le principe d'**homologie structurale** dans la théorie des champs sociaux, **Bourdieu** (1977, 1979) propose l'existence d'une correspondance entre les conditions objectives d'existence résultant de la division du travail, les asymétries positionnelles qui s'établissent au sein des différents champs sociaux et les positions exprimées par les individus. Dans ce cadre, les variations interindividuelles situées aux niveaux praxique et/ou des opinions exprimées sont posées comme le produit d'un ensemble d'asymétries positionnelles reflétant la place occupée par les individus dans le système des rapports de production. Selon l'auteur, cette position spécifique et déterminante occupée par les individus serait le résultat d'un classement opéré à partir de deux dimensions :

- le capital économique,
- et le capital culturel.

Ces deux dimensions constituent alors le **capital symbolique** générant un classement des individus dans le champ social en fonction de la position qu'ils occupent. Loin d'être des positionnements figés et considérant que les propos de l'auteur prennent corps dans un modèle dynamique, des stratégies de confirmation et de dépassement de la position sociale occupée sont alors notables. En effet, pour les uns, il s'agira de confirmer une position dominante au travers des différentes prises de positions adoptées, on parlera de reproduction sociale. Pour les autres, l'enjeu consistera en un dépassement de la position de dominés. On parlera dans ce cas de **mobilité sociale ascendante**.

Par ailleurs, Bourdieu (1998) considère que les rapports de genre entraînent également une asymétrie de type positionnel. En effet, l'auteur pose que le genre est à même de rendre compte des positions sociales des sujets dans l'espace social. Il s'agit d'admettre, dans cette perspective, que les asymétries de genre sont assimilables à un rapport de domination traduisant une vision androcentrique de notre société.

Dans cette perspective, l'étude des représentations sociales doit faire appel à des méthodes multivariées permettant de mettre en évidence des liens entre éléments cognitifs mais également entre des individus ou des groupes et des éléments cognitifs (Doise, Clémence & Lorenzi-Cioldi, 1992). En référence aux travaux de Bourdieu (1977, 1979), il s'agit alors d'établir des principes d'homologie entre les positions sociales des individus et leurs prises de position de manière à faire émerger les principes organisateurs des représentations étudiées (Clémence, 2001 ; Lorenzi-Cioldi & Clémence, 2001, 2010 ; Palmonari, 2016).

2.4. Le modèle dialogique

Marková (2003) a proposé une perspective initiée par Bakhtine, philosophe, théoricien en littérature et précurseur de la sociolinguistique, qui a fondé la notion de dialogisme. Pour Bakhtine, le dialogisme est, en littérature, l'interaction qui se constitue entre le discours du narrateur principal et les discours des autres personnages, ou entre deux discours internes d'un personnage. Par extension, la perspective dialogique constitue une manière particulière de considérer le discours, conçu comme inscrit dans un ensemble d'autres discours présents, passés, virtuels ou anticipés. En effet, le discours des autres, qu'ils soient présents ou absents, constitue le matériau à partir duquel chacun parle, exprime une opinion, élabore un récit, etc. Selon Marková et Orfali

(2005, p. 27), « l'essentiel dans le dialogisme concerne les relations plutôt que les entités individuelles ».

Le modèle dialogique développe ainsi l'idée qu'en plus des représentations sociales que les individus partagent sur un objet donné, ils disposeraient d'un répertoire de connaissances, de croyances et d'opinions propres à d'autres groupes concernant ce même objet. Ces répertoires seraient préférentiellement activés en fonction des cadres communicationnels et des logiques et enjeux conversationnels dans lesquels s'inscrivent les interactions sociales (Laurens, 2016 ; Laurens & Lemoine, 2014). La connaissance de sa propre perspective et de celle prêtée à un autrui particulier déterminerait alors, d'une part, la relation entretenue avec ce dernier, et d'autre part, le contenu même des représentations. En dépassant l'appréhension de la construction sociale des significations comme l'émanation d'une soumission à la coercition exercée par la société, et en s'éloignant ainsi de la position durkheimienne, Moscovici avait déjà mis au centre de ses préoccupations la notion d'interaction sociale comme moteur de la construction des représentations.

3. La distance à l'objet : une conception multifactorielle du rapport entretenu avec l'objet

Abric (2001) propose de considérer, dans une perspective intégrative, la notion de distance à l'objet. Selon l'auteur, le rapport entretenu à l'égard de l'objet peut être envisagé de façon multifactorielle. En effet, outre le niveau de pratique de l'objet, Abric (2001, pp. 89-90) envisage également sa connaissance plus ou moins grande (cf. Stewart, 2000 ; Salesses, 2004, 2005) ainsi que l'implication personnelle (cf. Baggio & Rouquette, 2006 ; Rouquette & Guimelli, 1995 ; Rouquette, 1997 ; Guimelli & Abric, 2007 ; Guimelli, 2001, 2002) ou psychosociale (Lo Monaco, Apostolidis, & Dany, 2013) par rapport à ce dernier.

Par ailleurs, la distance à l'objet a fait l'objet d'une validation empirique (Dany & Abric, 2007) concernant son rôle dans l'appréhension de la relation existant entre les individus et les objets de représentation sociale.

Nous allons dès à présent décrire tour à tour les variables en jeu dans le cadre de cette distance à l'objet à savoir les niveaux de pratique, d'implication et de connaissance.

Fig. 4 Schématisation de la distance à l'objet proposée par Abric (2001)

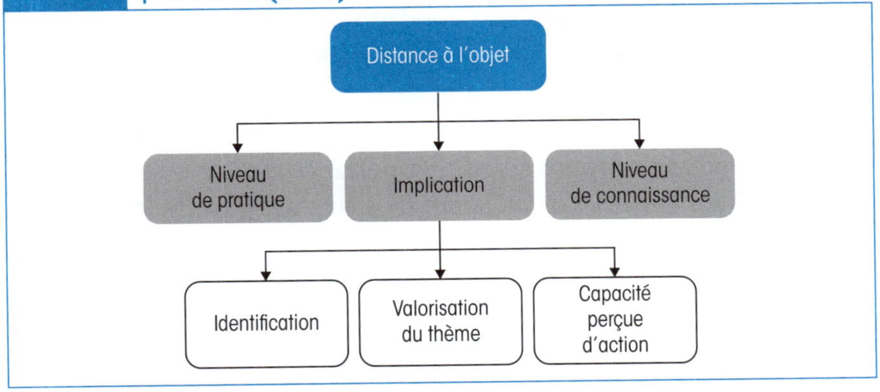

3.1. Le rôle du niveau de pratique

Les travaux menés par **Guimelli** (1988, 1989, 1998b) ont ouvert un champ de recherche au sein même de l'approche structurale des représentations sociales. L'auteur étudiant les représentations de la chasse a pu révéler l'importance du rôle des pratiques sociales quant à leur transformation mais également son implication dans le processus de structuration de ces dernières.

En ce qui concerne les travaux réalisés par Guimelli (1988, 1989, 1998b), l'accès à des pratiques nouvelles d'ordre écologique (pratiques de gestion du territoire, repeuplement, construction d'abri pour la période hivernale, etc.) a entraîné une modification de la représentation sociale au sein du groupe des chasseurs interrogés par l'auteur. L'apparition de la myxomatose (maladie apparue en 1952) ayant provoqué la disparition progressive depuis de nombreuses années du lapin représentant alors le gibier le plus chassé, a fortement menacé la pérennité de l'activité de chasse. Les chasseurs ayant tenté de remédier à ce problème en s'investissant notamment financièrement dans la recherche afin de trouver une solution médicinale pour ce gibier, n'ont pas engagé un travail sociocognitif de transformation de la représentation sociale de la chasse dès le départ. Ce point met en lumière la stabilité du noyau central de la représentation sociale. À l'évidence, les éléments périphériques ont certainement rempli leur rôle de protection durant de nombreuses années préservant ainsi la représentation de toute transformation structurale. Pourtant, l'idée d'accéder à une pratique nouvelle de gestion du territoire et d'intégrer dans leur conception de la chasse, une dimension écologique n'était pas étrangère aux chasseurs à l'époque. Guimelli (1988, 1998b) pour révéler cet état de fait a entrepris une analyse de contenu très conséquente des revues cynégétiques les plus diffusées et note l'augmentation progressive de l'importance attribuée à cette thématique au fil des années. Outre, le fait de s'être tourné vers le passé afin de mieux saisir l'état présent de la représentation sociale sous étude, l'originalité de sa recherche consiste en l'identification d'un facteur qui va s'avérer être le moteur de tout un champ de recherche durant les années qui suivirent.

Ainsi, un grand nombre de travaux menés en référence à ce cadre conceptuel concerne les relations entre représentations sociales et pratiques sociales. Parmi toutes ces productions, on peut distinguer deux thématiques d'étude. En effet, une partie des travaux a porté sur les effets des représentations sociales sur les pratiques, d'une part, et l'autre partie sur les effets de ces dernières sur les représentations, d'autre part.

3.2. Le rôle du niveau d'implication

Il s'agit selon Guimelli (1998, p. 84) d'« une variable explicative majeure de la pensée sociale ». Cette variable est modélisée comme étant tricomponentielle :

- la première dimension nommée **« identification »** renvoie directement au fait de se sentir concerné ou non par l'objet étudié ;
- la deuxième dimension nommée **« valorisation du thème »** traduit l'importance accordée à l'objet en question ;

- la troisième dimension nommée **« capacité perçue d'action »** concerne la portée des actions que le sujet pense pouvoir exercer en direction de l'objet, autrement dit, la perception d'une capacité à agir ou non en direction de l'objet.

En formulant cette conceptualisation de l'implication comme espace en trois dimensions indépendantes, Rouquette (1997) propose en réalité une voie de classement des objets sociaux. En définitive, les trois dimensions de l'implication permettraient de saisir comment différents objets sont investis au niveau psychosocial et comment ils se situent les uns par aux autres. Ainsi, appréhender un ensemble d'objets au moyen de l'implication revient donc *a priori* à saisir comment le social investit ces différents objets à travers la relation subjective que le sujet individuel ou social entretient avec eux. Il s'agirait donc à proprement parler d'un référentiel subjectif construit dans et par le social, ce qui plaide pour une définition de l'implication en tant que concept qui doit être appréhendée selon une perspective psychosociale (Lo Monaco, Apostolidis, & Dany, 2013). Ceci est d'ailleurs d'autant plus pertinent quand on sait, par exemple, le rôle central joué par l'implication dans la transmission des messages dans le cadre de l'étude des rumeurs (Rouquette, 1980, 1990, 1994).

3.3. Le rôle du niveau de connaissance

Concernant le niveau de connaissance des données empiriques sont disponibles. En effet, les travaux conduits par Lo Monaco et Guimelli (2008), Stewart (2000) ou encore Salesses (2004, 2005) révèlent d'une manière générale que les significations attribuées à un objet sont sous la dépendance du niveau de connaissance entretenu à l'égard de ce dernier et le rôle qu'il joue dans la structuration des représentations sociales.

Salesses (2005) rapporte en effet différents niveaux de connaissance (par description, par expérience directe, à partir de la pratique effective autonome réduite, à partir de la pratique effective autonome intensive). Les résultats obtenus par l'auteur indiquent que la prise en compte de ce facteur en complément de la pratique sociale est un gage de finesse en ce qui concerne la compréhension des objets sociaux que nous étudions.

Lo Monaco et Guimelli (2008) ont pu par ailleurs montrer en référence à l'étude de la représentation sociale du vin que les participants disposant d'un niveau de connaissance concernant le vin étaient moins sensibles aux débats et aux polémiques gravitant autour de cet objet.

4. Les méthodes de recueil et d'analyse des représentations sociales

En vertu des considérations théoriques énoncées *supra*, on comprend qu'un des objectifs majeurs pour les auteurs impliqués dans une démarche de recherche située dans le cadre de la théorie des représentations sociales a été, dès le départ, de disposer d'un ensemble méthodologique apte et valide afin de pouvoir les saisir.

Les travaux consacrés concernant cet aspect (Abric, 1994c, 2003a, 2003b ; Doise, Clémence & Lorenzi-Cioldi, 1992 ; Flament, 1981 ; Guimelli, 1998b ; Guimelli & Rouquette, 1992 ; Moliner, 1988, 1989 ; Moliner, Rateau & Cohen-Scali, 2002 ; Rouquette & Rateau, 1998 ; Vergès, 1992) témoignent de ce souci prononcé de disposer de méthodes valides afin d'attester de la pertinence des résultats éprouvés lorsqu'on mobilise ce cadre conceptuel.

On peut d'ores et déjà établir deux distinctions du point de vue des méthodes disponibles.

La première consiste à différencier les méthodes en tant que procédures de recueil et en tant que voie de traitement des données recueillies. Si certaines méthodes présentent de façon conjointe ces deux aspects, ce n'est pas le cas de toutes et il serait abusif de confondre ces deux points.

La seconde distinction davantage propre à la théorie du noyau central nous amène à préciser que deux types d'outils sont envisageables :

- les premiers permettent à la fois le recueil du contenu (c'est-à-dire les éléments associés à l'objet) et l'identification de la structure (c'est-à-dire le système central et le système périphérique) ;

– les seconds, pour leur part, permettent soit d'identifier uniquement la structure représentationnelle, soit uniquement le contenu.

Cela suppose, pour les premiers, une phase de recueil préalable permettant d'identifier les contenus que l'on devra tester dans le cadre de ces méthodes et, pour les seconds, de mobiliser des outils aptes à révéler, une fois le contenu recueilli, l'identification de son organisation structurale (voir Lo Monaco & Rateau, 2016 pour une synthèse).

Le recueil du contenu d'une représentation sociale peut se faire, notamment, par des associations libres, des entretiens non directifs et semi-directifs (Moliner, Rateau, & Cohen-Scali, 2002).

Tableau 1 Classement des méthodes en fonction du repérage du contenu et de la structure

	Repérage du contenu	Repérage de la structure
Entretien de recherche	X	
Associations verbales	X	Hypothèses structurales au moyen de l'évocation hiérarchisée
Technique de Mise en Cause		X
Test d'Indépendance au contexte		X

Toutes les options méthodologiques ne sont pas présentées pour des raisons de concision. Pour plus de détails voir Lo Monaco & Rateau (2016) ; Lo Monaco, Piermattéo, Rateau, &Tavani (2017).

4.1. L'entretien de recherche

Il est donc possible de recourir aux **entretiens non directifs** et **semi-directifs**. Les premiers nécessitent la formulation d'une question inaugurale (Haas & Masson, 2006), les seconds la création d'un guide d'entretien sur la base d'une recherche documentaire ou bien de la passation d'une première série d'entretiens non directifs. Il s'agit dans le cadre de ces entretiens d'adopter quoi qu'il en soit une posture non directive (Abric, 1999), c'est-à-dire un ensemble d'attitudes favorisant la libre expression du participant, une expression dénuée de toute influence exercée par l'interviewer.

4.2. Les associations verbales

Une autre voie concerne l'utilisation des associations verbales (voir Moliner & Lo Monaco, 2017 pour un ouvrage sur la question). Il s'agit d'une méthode de recueil qui a été et qui est toujours très utilisée dans le cadre de l'étude des représentations sociales (Lo Monaco *et al.*, 2017 ; Moliner & Lo Monaco, 2017). Cette méthode repose sur l'**association libre** à propos de laquelle Abric (1994, p. 66) nous livre qu'il s'agit selon lui probablement d'« une technique majeure pour recueillir les éléments constitutifs du contenu de la représentation ». Initiée par Grize, Vergès et Silem (1987), Vergès (1992) en propose une version différente en préconisant de croiser la fréquence, indicateur de « saillance » dans le champ représentationnel, avec le rang moyen qui est le reflet d'une propriété plus qualitative, directement liée à « l'importance » que les sujets accordent à l'item. Le croisement des deux critères permet alors de classer les items en quatre catégories (cf. tableau 1).

Concrètement, il s'agit de demander aux participants d'associer en mots (c'est-à-dire des induits) à un inducteur (en général, l'objet de représentation sous étude). Selon les techniques utilisées, des consignes ensuite de classement sont utilisées. Dans le cadre de l'association libre, on considérera que les mots apparus en premier dans la suite associative sont les plus importants pour les participants. Dans le cadre de la méthode des évocations hiérarchisées (Abric, 2003), on demande aux participants de classer les mots par ordre d'importance selon un second temps suivant le premier temps d'association (voir figure 5).

Fig. 5 Distinction entre les évocations libres et les évocations hiérarchisées

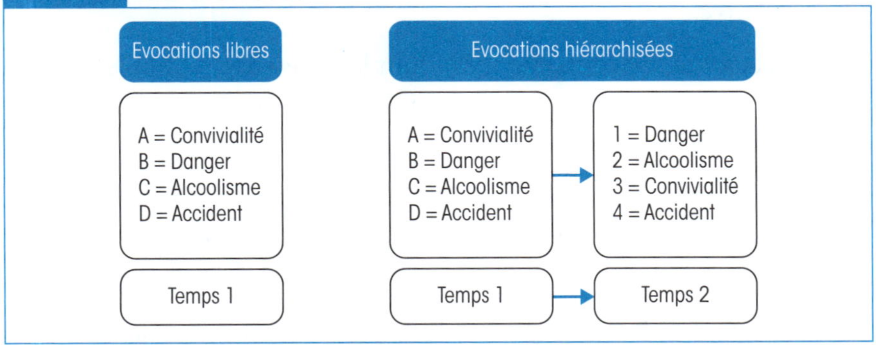

Que ce soit dans le cadre des évocations libres ou bien des évocations hiérarchisées, il est possible de classer les éléments recueillis selon deux indices. Tout d'abord, l'indice de fréquence d'apparition qui nous renseigne sur le nombre de fois où l'induit a été associé (c'est-à-dire le nombre de personnes qui l'a associé). Ensuite, dans le cadre de l'évocation libre on classera également les éléments sur la base de leur rang d'apparition dans la suite associative et dans le cadre des évocations hiérarchisées sur la base de l'importance qui leur a été accordée.

Tableau 2 Tableau Fréquence X Rang/Importance

		Importance/Rang	
		Élevé(e)	Faible
Fréquence	Élevée	A	C
	Faible	B	D

On distingue à partir de ce tableau plusieurs catégories d'éléments représentationnels :

- **A** = ceux qui sont fréquemment évoqués et dont le rang moyen (ou l'importance moyenne) tend vers 1 dans la suite associative ;
- **B** = ceux qui sont peu évoqués, mais dont le rang moyen (ou l'importance moyenne) tend vers 1 dans la suite associative ;

- **C** = ceux qui sont fréquemment évoqués, mais dont le rang moyen (ou l'importance moyenne) tend vers le dernier rang dans la suite associative.
- **D** = ceux qui sont peu évoqués (dont la fréquence est faible) et dont le rang moyen (ou l'importance moyenne) tend vers le dernier rang dans la suite associative.

Selon Vergès (1992) ou Abric (2003), les items qui apparaissent dans la première catégorie (A) sont ceux qui ont la probabilité la plus forte d'appartenir au noyau central de la représentation.

Des travaux plus récents conduits par Piermattéo, Tavani et Lo Monaco (2018) se sont intéressés à la manière dont les associations verbales recueillies sont catégorisées par les chercheurs. Les résultats de ces recherches ont donné lieu à la technique de contextualisation sémantique qui repose sur un principe très simple : les participants sont sollicités après la phase d'association verbale pour formuler une phrase permettant d'illustrer le sens donné à chacune de leur production associative. De cette manière, les résultats obtenus par Piermattéo *et al.* (2018) démontrent que les chercheurs engagent beaucoup moins leur subjectivité dans l'interprétation des mots ou expressions associés par les participants. Ils montrent également que lorsqu'il s'agit d'examiner le niveau de convergence dans le classement de telle ou telle association dans telle ou telle catégorie, les chercheurs semblent davantage être en accord lorsqu'ils ont la possibilité d'examiner les phrases produites par les participants que lorsqu'ils n'en ont pas l'occasion.

La technique de contextualisation sémantique semble donc permettre de rendre compte d'une manière plus objective du sens attribué par les participants à leurs productions associatives.

4.3. L'identification du statut structural des éléments : la technique de mise en cause

Développée par Moliner (1988, 1989, 1992), la technique de mise en cause (MEC) constitue la technique qui a permis pour la première fois le **repérage systématique** du statut « central *versus* périphérique » des

éléments représentationnels. La MEC repose sur la propriété symbolique des éléments centraux (c'est-à-dire l'assignation de sens à l'objet). Ces éléments, nous l'avons vu, sont indispensables (non négociables, pour reprendre le terme utilisé par Moscovici, 1992) pour définir l'objet. Sans eux, il est impossible pour l'individu de se représenter l'objet car celui-ci perd sa signification. Cette technique permet donc de tester le caractère négociable ou non des éléments représentationnels.

La MEC repose sur le principe de la double négation et permet de savoir si l'absence de lien entre l'élément représentationnel et l'objet de représentation (première négation) est inacceptable (deuxième négation) ou acceptable (absence de deuxième négation). Si l'absence du lien entre l'élément et l'objet de représentation s'avère inacceptable pour la majorité des personnes interrogées, cela signifie que cet élément participe de façon non négociable à la définition de l'objet et qu'il est donc central.

À titre d'exemple, concernant la représentation sociale du travail, on demandera aux participants de répondre à la question suivante : « *À votre avis, une activité peut-elle être qualifiée de "travail", si celle-ci ne donne pas lieu à une rémunération ?* » Si la majorité des participants répond par la négative à une telle question, on considérera alors que l'élément rémunération fait partie du noyau central de la représentation sociale du travail. À l'inverse, si une majorité des participants répond par l'affirmative à une cette question, on considérera alors que l'élément rémunération fait partie du système périphérique.

4.4. Le Test d'Indépendance au Contexte (TIC)

Compte tenu du fait que la double négation utilisée dans le cadre de la technique de mise en cause posait souvent des problèmes de compréhension aux participants, Lo Monaco, Lheureux et Halimi-Falkowicz (2008) ont proposé une méthode qui se fonde sur une autre propriété des éléments centraux : **l'insensibilité relative au contexte** (Abric, 1994). Considérant donc qu'un élément central est « trans-situationnel », celui-ci devrait être caractéristique de l'objet de représentation quelle que soit la situation. Ainsi il est possible de formuler la question de la manière suivante :

« À votre avis, "le travail" est-ce une activité qui implique toujours, dans tous les cas, une rémunération ? »

Face à cette question, si les participants répondent de manière affirmative, alors l'élément peut être considéré comme central. Au travers de leur présentation de cette méthode, Lo Monaco, Lheureux et Halimi-Falkowicz ont pu démontrer qu'elle permettait de recueillir des résultats convergents avec un test de mise en cause, tout en représentant un coût cognitif perçu moins important pour les participants (voir Bouriche, 2014 et Piermattéo, Lo Monaco, & Girandola, 2016 pour des utilisations récentes). Moliner et Guimelli (2015) ont par ailleurs qualifié cette méthode de bonne alternative à la technique de mise en cause.

4.5. Les voies d'analyse des données

Il est évident que nul ne saurait être exhaustif quant aux voies de traitement des données dans le cadre de ce chapitre, ce n'est d'ailleurs par l'objectif que l'on fixe pour un tel exposé. Toutefois et en lien avec le **modèle sociodynamique** (Doise, 1990 ; Doise, Clemence, & Lorenzi-Cioldi, 1992 ; Palmonari, 2016), il est important de montrer que l'étude des représentations sociales en lien avec la théorie des principes organisateur des prises de position a eu recours à des **méthodes multivariées** en termes d'analyse de données. Ces méthodes multivariées permettent également d'entrevoir des options méthodologiques permettant de traiter les données issues des questionnaires utilisés dans le cadre d'autres approches et de créer des liens féconds entre différentes orientations théoriques dans le champ d'étude des représentations sociales.

Concrètement, en lien avec les propositions de Doise, il est possible de recourir à différents types d'analyse multivariées comme les analyses factorielles afin de mettre en évidence un ensemble de dimensions, un ensemble de façons de se représenter l'objet. Il convient alors dans un premier temps de recueillir le contenu de la représentation sociale sous étude. Cela peut être réalisé au moyen d'entretiens de recherche ou de questionnaires d'associations verbales. À partir du matériel verbal recueilli, il est possible de créer un certain nombre d'items qui constitueront par la suite un questionnaire.

Ce questionnaire comporte donc des items en lien avec la représentation sociale étudiée et pour chacune des propositions les participants sont invités à se positionner en termes d'accord ou de désaccord sur des échelles de type Likert. Les données recueillies font ensuite l'objet d'analyses multivariées (comme des analyses factorielles par exemple, voir Doise, Clémence, & Lorenzi-Cioldi, 1992, pp. 125-135). Ces analyses autorisent la mise en évidence de plusieurs dimensions qui représenteront les différents principes organisateurs de la représentation sociale. Par exemple, Tafani, Bellon et Apostolidis (2003), à propos de la représentation sociale des études, ont pu révéler que les étudiants rapportaient plusieurs manières de se représenter les études. Leurs résultats témoignent d'une finalité pragmatique (faire des études par exemple pour obtenir un diplôme et un emploi), d'une finalité intellectuelle (faire des études pour s'enrichir culturellement), et enfin, d'une dimension en lien avec l'investissement (faire des études demande de la volonté, du travail et ce n'est pas sans difficulté).

5. Les non-dits de la pensée sociale : entre contextes et expression(s)

Nous venons de voir que de nombreuses méthodes ont été développées dans le cadre de l'étude du contenu des représentations sociales, de leur organisation ainsi que de leur structure. À partir de telles considérations, et concernant certains objets sociaux qualifiés de « sensibles » par Guimelli (1998) et Guimelli et Deschamps (2000), il est possible de se demander si les personnes qui répondent aux questionnaires ou qui s'expriment dans le cadre des entretiens que l'on conduit disent tout ce qui leur vient spontanément à l'esprit. En effet, à propos d'objets comme les gitans (Guimelli & Deschamps, 2000 ; Piermattéo *et al.*, 2014), l'alcool (Dany & Lo Monaco, 2013 ; Lo Monaco *et al.*, 2009), l'islam (Flament, Guimelli, & Abric, 2006) ou encore le vin (Lo Monaco & Guimelli, 2008, 2011), l'homosexualité (Piermattéo & Guimelli, 2012), il est tout à fait envisageable que les participants ne nous disent pas tout et que certains aspects de la représentation soient « masqués » en fonction du contexte dans lequel ils sont invités à répondre.

Depuis maintenant plus de vingt ans, certains chercheurs travaillant dans le cadre de l'étude de la pensée sociale et des représentations sociales se sont attachés à identifier ces contextes qui favorisent ou au contraire inhibent cette expression.

Ces travaux partent de l'idée selon laquelle les contenus, les idées associées répondent la plupart du temps à des enjeux de type normatif conduisant les participants à formuler des réponses que l'on peut aisément qualifier de politiquement correctes. Pour autant, il est indispensable de questionner la valence positive des termes associés tant le contexte social et politique nous donne à voir qu'il est tout à fait possible de rencontrer des idées opposées sur le plan de la valence attitudinale à propos de certains objets qui font débat dans notre société.

Afin de mettre en évidence que sous certaines conditions les individus opéreraient une sélection des idées à transmettre à leur interlocuteur, Guimelli (1998) et Guimelli et Deschamps (2000) proposent de manipuler les contextes d'expression. Dans cette perspective, ils utilisent une **technique dite de substitution.** Il s'agit en réalité de faire varier le contexte d'expression en créant deux situations d'expression. :

- la première place le sujet en situation d'expression en son nom propre (condition standard),
- dans la seconde, dite *de substitution*, le sujet doit répondre « comme le feraient les Français en général ».

Les résultats obtenus à partir de cette procédure permettent de mettre en évidence une expression facilitée d'éléments contre-normatifs en contexte de substitution. Cette technique a fait l'objet de recherche à la fois dans le cadre de l'étude des associations verbales (Guimelli & Deschamps, 2000 ; Lo Monaco *et al.*, 2009), dans le cadre de la passation d'entretiens non-directifs (Piermattéo & Guimelli, 2012) ainsi que dans des questionnaires mobilisant des échelles de type Likert (Guimelli, Lo Monaco, & Deschamps, 2010). C'est dans le contexte de substitution que l'on voit apparaître certains éléments qui ne sont pas exprimés dans les conditions dites « normales » de recueil. Par exemple, concernant les recherches réalisées à propos des gitans, en consigne standard 26 % des participants associent le terme « voleur » aux gitans alors qu'ils sont 64 % en consigne de substitution !

De façon parallèle à la réalisation des travaux portant sur la consigne de substitution, une série d'expériences portant sur une manipulation différente du contexte d'expression des sujets a également été réalisée.

Ces recherches portent sur l'utilisation de la **technique de décontextualisation normative** proposée par Abric (2003). Il ne s'agit plus de faire varier la consigne d'expression mais le statut de l'enquêteur, statut en relation directe avec l'objet étudié. En effet, Gilbert et Hixon (1991) et d'autres auteurs à leur suite (voir notamment Stangor, Van Allen, Swim & Sechrist, 2002) ont déjà procédé à ce type de manipulation. Dans leurs travaux, Gilbert et Hixon (1991) mobilisent la variable « assistante de l'expérimentateur ». Dans un cas l'assistante est de type asiatique, dans l'autre, elle est de type européen. Les auteurs observent que la présentation différenciée de l'assistante n'a d'effet sur l'expression des sujets que si au préalable un stéréotype a été activé. Partant, pour Abric (2003), il s'agit, d'un point de vue procédural, de manipuler la présentation de l'enquêteur afin de faciliter l'expression de cognitions contre-normatives dans le cas où est induite une ressemblance entre l'enquêteur et l'enquêté. Par contraste, il s'agit d'inhiber cette même expression lorsque c'est une dissemblance qui est induite.

Manipulation du statut de l'enquêteur : expérience de Flament, Guimelli et Abric (2006)

Dans une de leurs expériences, Flament, Guimelli et Abric (2006) étudiaient les prises de positions d'étudiants à propos de la représentation sociale de l'Islam.

Les auteurs manipulaient le statut de l'enquêtrice ainsi que la consigne d'expression donnée aux sujets expérimentaux (ils utilisaient de façon conjointe les techniques de substitution et de décontextualisation normative).

Le statut de l'enquêtrice constituait une première **variable indépendante** (« enquêtrice ») selon deux modalités. Ces modalités étaient opérationnalisées de la façon suivante : deux enquêtrices différentes sollicitaient les participants pour participer à une recherche ;

- la première enquêtrice, d'origine maghrébine, se présentait en affirmant s'appeler Yamina,
- la seconde, de type européen, affirmait pour sa part s'appeler Céline.

La mobilisation de cette variable indépendante a permis aux auteurs de révéler une expression des aspects négatifs relatifs à l'Islam plus importante face à Céline que face à Yamina.

5.1. L'imputation représentationnelle

S'ajuster dans la relation suppose d'inférer ce que l'autre pense ou du moins ce que l'on croit qu'il pense. Cette inférence pourrait relever d'un processus imputationnel de représentations sociales (Lo Monaco, 2016 ; Prost, Piermattéo, & Lo Monaco, 2022) des manières de penser d'autrui. On entend par processus imputationnel un processus par lequel un individu ou un groupe infère et prête une manière de se représenter un objet à un autre groupe ou individu. Notons que cette manière d'envisager l'imputation a donné lieu par le passé à des propositions plus ou moins développées. En effet, Rouquette (1997), et bien plus tôt Doise (1973), faisaient déjà état de telles imputations de la part d'un groupe à l'endroit d'un autre. Même si ces caractéristiques imputées peuvent être entendues comme des « constructions projetées » (Rouquette, 1997, p. 120), elles renvoyaient à des traits (*i.e.*, sympathiques, mesquins, avares, violents, etc.) ou encore à des évaluations des attitudes, des intentions, voire des comportements. Ici, l'argument va davantage dans le sens d'une imputation des manières de penser un objet, d'une projection de constructions socio-représentationnelles. Précisons toutefois que ces imputations ne sauraient être comprises comme reflétant la réalité. En tant que projections, elles doivent nécessairement être considérées comme construites et remplissant un rôle fonctionnel. Par exemple, en évoquant les rapports conflictuels entre les Français et les Italiens à la fin du XIXe siècle à Aigues-Mortes, Rouquette (1997, p. 121) rend bien compte de cet aspect lorsqu'il rapporte qu'« il est évident qu'aucun Italien n'aurait reconnu ce monde pour sien et qu'il aurait pu expliquer ou justifier en d'autres termes ce qui lui était reproché ». L'auteur va même plus loin en expliquant que les justifications des Italiens n'auraient de toute façon pas pu changer les choses, étant donné que toute justification aurait été alors interprétée dans le sens de l'imputation première.

6. Les nexus ou l'étude des passions collectives

La pensée sociale fait également référence à d'autres notions parmi lesquelles certaines sont en lien direct avec la psychologie collective et c'est particulièrement le cas des nexus.

L'histoire regorge d'exemples de haine populaire, de foules rebelles et criminelles, de massacres collectifs, ou de violence. Ces passions ont d'ailleurs toujours suscité la fascination mais aussi l'inquiétude et l'angoisse. La source de ces comportements collectifs se situe très souvent dans un mot, un message, un slogan capable de cristalliser les valeurs et les passions.

Ces mots dont la valeur affective est très forte suscitent l'adhésion ou la répulsion de toute une nation. Un mot à lui seul capable de provoquer le changement.

Ces mots renvoient au concept de nexus élaboré par Rouquette (1994). Selon Rouquette (1994), les nexus sont « des noyaux de sens irraisonnés qui ont une forte valeur de référentiel et un important pouvoir mobilisateur pour une communauté donnée à une époque donnée ». Ces termes comme la patrie, la justice, la liberté sont peu nombreux dans une période historique particulière et sont, toujours selon Rouquette (1994), des nœuds affectifs prélogiques. Ces nœuds sont dits affectifs dans le sens où ils cristallisent des valeurs ou des contre-valeurs et fournissent des critères d'adhésion ou de rejet. Ils sont enfin définis comme prélogiques car ils se forment et s'activent en amont de la rationalité une fois prononcés et une fois l'adhésion à leur égard emportée, le raisonnement à leur propos devient secondaire, ils provoquent des agissements qui répondent à la pulsion. Le nexus marque donc l'Histoire (comme la Patrie en 14-18), mais il n'est valable que pour une communauté donnée à une époque donnée. Autrement dit, un nexus peut créer un effet d'étiquette à un moment donné de l'Histoire et être complètement inefficace à une autre période. Pour exemple, la patrie était mobilisatrice en 1914-1918, elle ne l'est plus aujourd'hui. En effet, Lo Monaco, Rateau et Guimelli (2007) ont pu montrer que, sur une liste de 10 termes incluant la liberté, l'égalité, la fraternité, la justice etc., le terme Patrie était celui qui suscitait le moins de mobilisation dans le cas de sa menace chez les jeunes interrogés.

À titre d'exemple de ces effets d'étiquettes, nous reviendrons sur une expérience conduite par Rouquette (1994) mobilisant un dispositif expérimental très simple, mais qui n'en reste pas moins très astucieux, qui a permis de mettre en évidence ces effets d'étiquette. Il s'intéressait alors au terme « Nazi ».

6.1. Le nexus « Nazi »

Rouquette (1994) a sélectionné 8 propositions du programme du NSDAP (*Nationalsozialistische Deutsche Arbeiterpartei – Parti national-socialiste des travailleurs allemands*). Par exemple, certaines de ces propositions tenaient en ces termes : « Tous les citoyens doivent avoir les mêmes droits et les mêmes devoirs », « Nous demandons la participation aux bénéfices des grandes entreprises », « Nous demandons la réalisation d'un vaste système de retraites de vieillesse ». Ces propositions n'ont aucune connotation xénophobe ou antisémite et se prêtent à des attributions diverses. Elles ont été présentées à trois groupes d'étudiants comme provenant soit d'un parti politique, soit du parti national socialiste, soit du parti Nazi. Il est évident que si les étudiants ne se prononçaient qu'en fonction de leur système d'attitudes, alors les réponses devraient être tendanciellement identiques dans les trois groupes. Pour le dire autrement, si les étudiants ne traitent que le contenu des propositions et non les étiquettes des partis en jeu dans le message, alors les réponses doivent être similaires dans les trois conditions. On est en effet contre ou on est pour l'égalité des droits et des devoirs. Les résultats obtenus sont pourtant bien différents de cette rationalité. Les réponses dénotent en effet un rejet plus important des propositions dès lors que celles-ci sont attribuées au parti Nazi plutôt qu'au parti politique ou au parti national socialiste.

Fig. 6 Résultats obtenus par Rouquette (1994) à propos du nexus Nazi

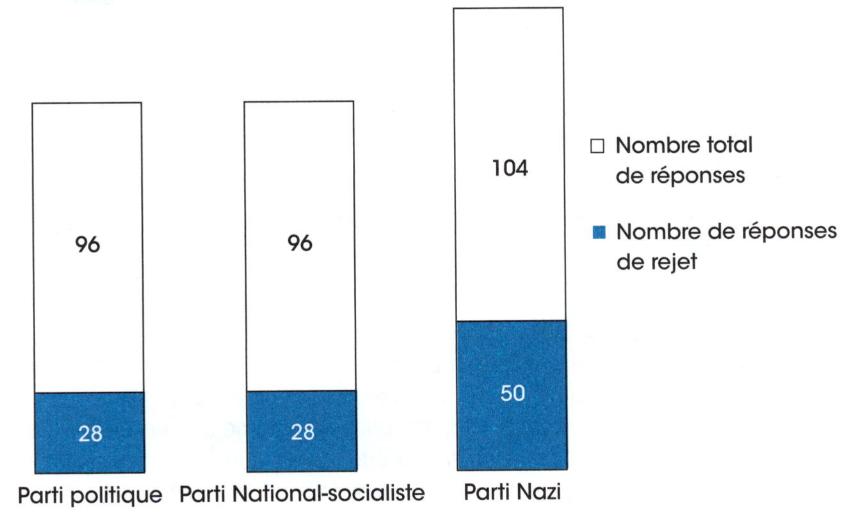

En conclusion, les messages émis en direction des cibles peuvent voir leur impact modulé en fonction de la coloration affective et politique des mots qui les composent.

L'ensemble des éléments présentés dans le cadre de ce chapitre dénote à la fois toute la complexité de l'étude de la pensée sociale et tout l'intérêt que celle-ci représente au regard des problématiques sociétales qui préoccupent les psychologues sociaux aujourd'hui. Il paraît clair que l'étude de la pensée sociale et des représentations sociales nous permet d'accéder aux savoirs du quotidien, ces savoirs qui doivent être recueillis et décryptés afin de mieux comprendre les raisonnements et conduites tenues par les individus et les groupes en société.

À RETENIR

- La **pensée sociale** est une forme de pensée contextualisée et contextuelle, soumise aux variations sociales et culturelles.
- L'étude de la pensée sociale est majeure pour trouver des voies de compréhension concernant la façon dont les groupes sociaux élaborent des **croyances** et **raisonnements** visant par exemple la différenciation avec d'autres groupes ou encore l'appréhension de tel ou tel objet social.
- Le concept de **représentations sociales** occupe une « position mixte » entre concepts sociologiques et psychologiques.
- L'**objectivation** et l'**ancrage** ont été définis comme deux processus majeurs dans le cadre de la formation des représentations sociales. L'objectivation renvoie à la façon dont l'objet nouveau va être rapidement simplifié, imagé et schématisé. Le processus d'ancrage complète celui d'objectivation. Il rend compte de la façon dont l'objet nouveau va trouver sa place dans le système de pensée préexistant des individus et des groupes. L'objet nouveau va être considéré en fonction d'un déjà connu, de catégories et d'un réseau de significations familières.
- **Abric** propose **l'approche structurale** des représentations sociales considérant que tous les éléments de la représentation n'assurent pas les mêmes fonctions et ne possèdent pas tous les mêmes caractéristiques. Il va alors proposer dans le cadre de la théorie du noyau central de distinguer les éléments centraux des éléments périphériques.
- Pour **Doise**, dans le cadre du **modèle sociodynamique**, les représentations ne peuvent s'envisager que dans une dynamique sociale qui, par le biais des rapports de communication, place les acteurs sociaux en situation d'interaction. Cette dynamique sociale, lorsqu'elle s'élabore autour de questions importantes, suscite des prises de position spécifiques, liées aux insertions sociales des individus.
- Dans le cadre de l'étude de la pensée sociale et des représentations sociales, les travaux portant sur la **zone muette des représentations sociales** se sont attachés à identifier les contextes qui favorisent ou au contraire inhibent l'expression d'aspects socialement indésirables. Ces recherches partent de l'idée selon laquelle les contenus, les idées associées répondent la plupart du temps à des enjeux de type normatif conduisant les participants à formuler des réponses que l'on peut aisément qualifier de politiquement correctes.

NOTIONS CLÉS

- **Association libre :** technique de recueil utilisée dans le cadre de l'étude entre autres des représentations sociales consistant à demander à des participants d'associer à partir d'un inducteur x plusieurs induits ou réponses associatives.
- **Décontextualisation normative :** technique proposée par Abric (2003) et reprise ensuite par Flament, Guimelli et Abric (2006). Largement inspirée des travaux portant sur l'effet expérimentateur, elle consiste, par la manipulation du statut de l'enquêteur, à générer une perception d'une proximité ou d'une distance entre l'enquêteur et l'enquêté.
- **Distance à l'objet :** notion que l'on doit à Abric (2001) qui prévoit que le rapport d'un individu doit être considéré comme plus ou moins distal ou proximal en fonction du niveau de pratique qu'il entretient à l'égard de l'objet, le niveau de connaissance qu'il possède à son propos et le niveau d'implication qui le caractérise.
- **Homologie structurale :** concept que l'on doit à Bourdieu (1977, 1979) qui pose qu'il existe une correspondance entre les structures sociales de référence dans lesquelles s'inscrivent les individus et les groupes et les structures cognitives.
- **Implication :** notion proposée par Rouquette (1997) qui traduit le rapport entretenu par les groupes à l'égard d'un objet. Cette notion a été modélisée comme comportant trois dimensions correspondant à l'identification, la valorisation du thème et la capacité perçue d'action.
- **Processus d'ancrage** : il complète celui d'objectivation. Il rend compte de la façon dont l'objet nouveau va trouver sa place dans le système de pensée préexistant des individus et des groupes. L'objet nouveau va être considéré en fonction d'un déjà connu, de catégories et d'un réseau de significations familières. Moscovici (1961) propose en effet l'idée générale selon laquelle nous interprétons les *stimuli* environnants en fonction de connaissances et croyances déjà présentes au sein de notre système de pensée.
- **Processus d'objectivation :** processus qui renvoie à la façon dont l'objet nouveau va être rapidement simplifié, imagé et schématisé. Les groupes concernés vont donc opérer une sélection en fonction des informations auxquelles ils ont accès et en fonction du système de valeur qui est le leur dans une volonté de maîtrise et de communication possible des aspects relatifs à cette nouveauté. Cette sélection aboutit à la formation d'un noyau figuratif qui rend compte d'une image simplifiée à grands traits de l'objet ou de l'événement en question.
- **Représentations sociales :** ensemble de croyances, de cognition et d'opinions qui sont, d'une part, posées comme consensuelles au sein des ensembles sociaux, mais pas nécessairement du point de vue sociétal et, d'autre part, définies comme étant plus stables que les représentations individuelles, mais pouvant se transformer au fil du temps. Elles sont par conséquent inscrites dans les dynamiques sociales et en sont également le moteur.

- **Technique de Mise en cause :** technique élaborée par Moliner (1988, 1989) qui consiste à diagnostiquer le statut structural des éléments composant le champ représentationnel. Selon cette technique, si l'absence de lien entre l'élément et l'objet est non négociable, on établit alors que l'élément est central, dans le cas inverse, il est alors périphérique.
- **Technique dite de substitution :** technique utilisée initialement par Guimelli et Deschamps (2000) dans le cadre de l'étude de la zone muette des représentations sociales. Cette technique fait varier deux contextes d'expression, l'un qualifié de standard qui suppose que le participant s'exprime en son nom propre, l'autre, qualifié de substitution dans lequel le participant est invité à s'exprimer au nom d'un groupe d'appartenance élargi (p. ex., les Français en général).
- **Test d'Indépendance au Contexte :** technique élaborée par Lo Monaco, Lheureux et Halimi-Falkowicz (2008) qui consiste à diagnostiquer le statut structural des éléments composant le champ représentationnel. Cette technique permet d'établir si le caractère trans-situationnel (central) ou contingent (périphérique) des éléments représentationnels.
- **Théorie du noyau central :** théorie que l'on doit à Abric (1976) et qui prévoit que les éléments qui composent le champ représentationnel sont organisés selon un double système central et périphérique. Cette théorie assigne des fonctions spécifiques aux éléments centraux et aux éléments périphériques permettant d'assumer à la fois le caractère stable et mouvant ou changeant d'une représentation sociale.
- **Zone muette :** selon Guimelli et Deschamps (2000), la zone muette des représentations sociales correspond à un sous-ensemble spécifique de cogitions qui ne serait pas exprimé dans des conditions normales d'enquête du fait de son caractère socialement indésirable.

POUR ALLER PLUS LOIN

Abric, J.-C. (2003). *Méthodes d'étude des représentations sociales.* Toulouse : Erès.

Guimelli, C. (1999). *La pensée sociale.* Paris : Presses Universitaires de France.

Lo Monaco, G., Delouvée, S., & Rateau, P. (2016). *Les représentations sociales. Théories, méthodes et applications.* Bruxelles : De Boeck.

Moliner, P. & Lo Monaco, G. (2017). *Méthodes d'association verbale pour les sciences humaines et sociales. Fondements conceptuels et aspects pratiques.* Grenoble : Presses Universitaires de Grenoble.

Moscovici, S. (1976). *La psychanalyse, son image, son public.* Paris : Presses Universitaires de France.

Rouquette, M.-L. (2009). *La pensée sociale.* Toulouse : Erès.

Exercice 1

L'émergence ou la naissance d'une représentation est relative à l'apparition de trois phénomènes, merci de bien vouloir les citer.

Exercice 2

Reliez les auteurs aux notions (attention, il est possible de relier plusieurs notions à un même auteur).

1. Moscovici	**a.** Ancrage
	b. Mise en cause
2. Rouquette	
	c. Zone muette
3. Abric	
	d. Implication
	e. Objectivation
4. Guimelli	
	f. Noyau central
5. Doise	**g.** Modèle sociodynamique
	h. Modèle structural
	i. Valorisation du thème
6. Moliner	**j.** Dispersion de l'information
	k. Pression à l'inférence
	l. Focalisation

Exercice 3

Donnez la bonne réponse.	**Vrai**	**Faux**
1. L'ancrage pour Moscovici (1961) renvoie à la façon dont l'objet nouveau va être rapidement simplifié, imagé et schématisé.	☐	☐
2. L'analogie « peut être définie comme un procédé de généralisation des propriétés caractéristiques d'un objet X à un objet Y ».	☐	☐

3. L'orientation sociodynamique préconise d'opter pour des approches dites monographiques et qualitatives de recueil et d'analyse des discours et des pratiques.	☐	☐
4. Le système périphérique structure les éléments cognitifs relatifs à l'objet. Il est le fruit des déterminismes historiques, symboliques et sociaux particuliers auxquels sont soumis les différents groupes sociaux et il est fortement lié à leur histoire.	☐	☐
5. Le principe d'homologie structurale propose l'existence d'une correspondance entre les conditions objectives d'existence résultant de la division du travail, les asymétries positionnelles qui s'établissent au sein des différents champs sociaux et les positions exprimées par les individus.	☐	☐
6. L'objectivation rend compte de la façon dont l'objet nouveau va trouver sa place dans le système de pensée préexistant des individus et des groupes.	☐	☐
7. L'implication selon Rouquette (1997) est constituée de deux dimensions.	☐	☐
8. En lien avec l'implication, l'« identification » traduit l'importance accordée à l'objet en question.	☐	☐
9. En lien avec l'implication, la « capacité perçue d'action » concerne la portée des actions que le sujet pense pouvoir exercer en direction de l'objet, autrement dit, la perception d'une capacité à agir ou non en direction de l'objet.	☐	☐
10. Cette formulation : « À votre avis, une activité peut-elle être qualifiée de "travail", si celle-ci ne donne pas lieu à une rémunération ? » correspond au test d'indépendance au contexte.	☐	☐
11. Dans le cadre de la consigne de substitution, le sujet doit répondre en son nom propre.	☐	☐
12. Le système central est en prise avec les contingences quotidiennes et permet l'adaptation de la représentation à des contextes sociaux variés.	☐	☐
13. La technique de substitution consiste, d'un point de vue procédural, à manipuler la présentation de l'enquêteur afin de faciliter l'expression de cognitions contre-normatives.	☐	☐
14. En lien avec l'implication, la « valorisation du thème » renvoie directement au fait de se sentir concerné ou non par l'objet étudié.	☐	☐
15. Le contexte d'expression « standard » dans le cadre de la technique de substitution consiste à placer le sujet en situation d'expression en son nom propre.	☐	☐
16. Cette formulation : « À votre avis, "le travail" est-ce une activité qui implique toujours, dans tous les cas, une rémunération ? » correspond à la technique de mise en cause.	☐	☐

Références bibliographiques

Aarts, H., & Dijksterhuis, A. (2003). The silence of the library: environment, situational norm, and social behavior. *Journal of Personality and Social Psychology*, *84*, 18-28.

Abric, J.-C. (1976). *Jeux, conflits et représentations sociales.* Aix-en-Provence : thèse de doctorat d'État de l'Université de Provence.

Abric, J.-C. (1993). Central system, peripheral system: their functions and roles in the dynamics of social representations. *Papers on social representations*, *2*, 75-78.

Abric, J.-C. (1994). Les représentations sociales : aspects théoriques. In J.-C. Abric (Ed.), *Pratiques sociales et représentations* (pp. 11-35). Paris : Presses Universitaires de France.

Abric, J.-C. (1999). *Psychologie de la communication.* Paris : Armand Colin.

Abric, J.-C. (2001). L'approche structurale des représentations sociales : développements récents. *Psychologie et Société*, *4*, 81-103.

Abric, J.-C. (2003). La recherche du noyau central et de la zone muette des représentations sociales. In J.-C. Abric (Ed.), *Méthodes d'études des représentations sociales* (pp. 59-80). Ramonville Saint-Agne : Érès.

Adams, R.E., Santo, J.B., & Bukowski, W.M. (2011). Presence of a best friend buffers the effect of negatives experiences. *Developmental Psychology*, *47*, 6, 1786-1791.

Adarves-Yorno, I., Haslam, S. A., & Postmes, T. (2008). And now for something completely different? The impact of group membership on perceptions of creativity. *Social Influence*, 3(4), 248-266.

ADARVES-YORNO, I., POSTMES, T., & HASLAM, S.A. (2006). Social identity and the recognition of creativity in groups. *British Journal of Social Psychology, 45*, 479-497.

ADORNO, T. W., FRENKEL-BRUNSWIK, E., LEVINSON, D. J., & SANFORD, R. N. (1950). *The authoritarian personality.* Oxford: Harpers.

AEBISCHER, V., & OBERLÉ, D. (1998). *Le groupe en psychologie sociale.* Paris : Dunod.

AJZEN, I. (1991). The theory of planned behavior. *Organizational Behavior and Human Decision Processes, 50* (2), 179-211.

AJZEN, I. (2020). The theory of planned behavior : Frequently asked questions. *Human Behavior and Emerging Technologies, 2*(4), 314-324.

ALARCON, G. M., LYONS, J. B., CHRISTENSEN, J. C., KLOSTERMAN, S. L., BOWERS, M. A., RYAN, T. J., … & WYNNE, K. T. (2017). The effect of propensity to trust and perceptions of trustworthiness on trust behaviors in dyads. *Behavior Research Methods, 50*(5), 1906-1920.

ALLPORT, F. H. (1924). *Social psychology.* Boston: Houghton Mifflin

ALLPORT, G. (1954). *The nature of prejudice.* Reading: Addison-Wesley.

AMABILE, T.M. (1996). *Creativity in context.* Boulder, CO: Westview.

AMIR, Y. (1976). The role of intergroup contact in change of prejudice and ethnic relations. In P. A. Katz (Ed.), *Toward the elimination of racism* (pp. 245-308). Elmsford: Pergamon Press.

ANDERSON, C.A., & BUSHMAN, B.J. (2002). Human aggression. *Annual Review of Psychology, 53*, 27-51.

ANSEL, D., & GIRANDOLA, F. (2004). La surconfiance : un mode de réduction de la dissonance par ajout de cognitions consistantes. *Revue Internationale de Psychologie Sociale, 17*, 145-176.

APOSTOLIDIS, T. (2006). *Contexte social et rapport à la santé : une contribution psychosociale.* Aix-en-Provence : Habilitation à diriger des recherches de l'Université de Provence.

APOSTOLIDIS, T. (2019). *Remarques sur la construction sociale de l'amour.* Conférence présentée au Séminaire du Laboratoire de Psychologie Sociale, Aix-en-Provence.

APOSTOLIDIS, T., & DESCHAMPS, J.-C. (2003). Une approche psychosociale de l'amour : logiques normatives et représentations. *Nouvelle Revue de Psychologie sociale, 2*(2), 216-227.

ARON, A., LEWANDOWSKI, G., MASHEK, D., & ARON, E. N. (2013). The s elf-expansion model of motivation and cognition in close relationships (pp. 90-115). In J. A. Simpson, & L. Campbell (Eds.), *Oxford handbook of close relationships.* New York: Oxford.

Aronson, E., & O'Leary, M. (1982-1983). The relative effects of models and prompts on energy conservation. *Journal of Environmental Systems, 12*, 219–224.

Aronson, E., Fried, C., & Stone, J. (1991). Overcoming denial and increasing the intention to use condoms through the induction of hypocrisy. *American Journal of Public Health, 81*, 1636-1638.

Asch, S. E. (1946). Forming impressions of personality. *Journal of Abnormal and Social Psychology, 41*(3), 258-290.

Asch, S. E. (1956). Studies of independence and conformity: I. A minority of one against a unanimous majority. *Psychological monographs: General and applied, 70*(9), 1-70.

Averill, J. R. (1984). The acquisition of emotions during adulthood. In C. Z. Malatesta & C. Izard (Eds.), *Affective processes in adult development* (pp. 23-43). Beverly Hills: Sage. Reprinted In R. Harré (Ed.) (1986). *The Social Construction of Emotions.* Oxford: Basil Blackwell.

Averill, J. R. (1985). The Social Construction of Emotion: With Special Reference to Love. In Gergen K.J., Davis K.E. (Eds.), *The Social Construction of the Person* (pp. 89-109). New York (NY): Springer.

Averill, J. R., & Boothroyd, P. (1977). *On falling in love in conformance with the romantic ideal. Motivation and Emotion, 1*(3), 235–247.

Azzi, A. E., & Klein, O. (2013). *Psychologie sociale et relations intergroupes.* Paris : Dunod.

Baggio, S., & Rouquette, M.-L. (2006). La représentation sociale de l'inondation : influence croisée de la proximité au risque et de l'importance de l'enjeu. *Bulletin de Psychologie, 59*(1), 103-117.

Balliet, D., & Van Lange, P. A. M. (2013). Trust, punishment, and cooperation across 18 societies : A meta-analysis. *Perspectives on Psychological Science, 8*(4), 363-379.

Barbier, M., Moták, L., De Gasquet, C., Girandola, F., Bonnardel, N., & Lo Monaco, G. (2019). Persuasive technology, social representations and ergonomics of interfaces: a new theoretical articulation. In H. Oinas-Kukkonen, K.T. Win, E. Karapanos, P. Karppinen & E.A. Kyza (Eds.), *Persuasive Technology: Development of Persuasive and Behavior Change Support Systems.* Cham: Springer.

Batson, C.D. (2012). A history of prosocial behavior research. In A.W. Kruglanski., & W. Stroebe (Eds.). *Handbook of the history of social psychology* (pp. 243-264). New York: Psychology Press.

Baumrind, D. (1964). Some thoughts on ethics of research: After reading Milgram's "Behavioral study of obedience." *American Psychologist, 19*(6), 421-423.

Bavelas, A. (1951). An experimental approach to organizational communication. *Personnel, 27*, 366-371.

Beauvois, J.-L. (1984). *La psychologie quotidienne.* Paris : Presses Universitaires de France.

Beauvois, J.-L. (2005). De l'interdiction de certaines recherches en sciences du comportement par le totalitarisme libéral : l'alibi de l'éthique. In R. Gori & J.-P. Caverni (Eds.), *Le consentement. Droit nouveau ou imposture ?* (pp. 165-180). Paris : In Press.

Beauvois, J.-L., & Dubois, N. (1988). The norm of internality in the explanation of psychological events. *European Journal of Social Psychology, 18*(4), 299-316.

Beauvois, J.-L., & Dubois, N. (1988). The norm of internality in the explanation of psychological events. *European Journal of Social Psychology, 18*(4), 299-316.

Beauvois, J.-L., & Joule, R.-V. (1999). A radical point of view on dissonance theory. In E. Harmon-Jones, & J. Mills (Eds.), *Cognitive dissonance: progress on a pivotal theory in social psychology* (pp. 43-70). American Psychological Association, Washington, DC.

Becker, J. C., & Tausch, N. (2015). A dynamic model of engagement in normative and non-normative collective action : Psychological antecedents, consequences, and barriers. *European Review of Social Psychology, 26*, 43-92.

Bègue-Shankland, L. (2023). *Psychologie du bien et du mal.* Odile Jacob.

Bègue, L. (2011). *Psychologie du bien et du mal.* Paris : Odile Jacob.

Bègue, L. (2014a). *L'agression humaine.* Paris : Dunod.

Bègue, L. (2014b). *Drogues, alcool et agression.* Paris : Dunod.

Bègue, L., & Desrichard, O. (2013). *Traité de psychologie sociale.* Bruxelles : De Boeck.

Belin-Michinov, E., & Monteil, J.-M. (2001). Attraction et relations interpersonnelles. Approches scientifiques et repères pour l'action. In J.-M. Monteil., & J.-L. Beauvois (Eds.), *Des compétences pour l'application* (pp. 107-120). Grenoble : Presses Universitaires de Grenoble.

Belin, E., & Monteil, J.M. (1999). Functional proximity as an indicator of interpersonal attraction: Pilot studies. *International Review of Social Psychology, 2*, 7-24.

Berry, J. W. (1967). Independence and conformity in subsistence-level societies. *Journal of Personality and Social Psychology, 7*, 415-418.

Bettencourt, B. A., Brewer, M. B., Croak, M. R., & Miller, N. (1992). Cooperation and the reduction of intergroup bias: The role of reward structure and social orientation. *Journal of Experimental Social Psychology, 28*(4), 301-319.

Bierhoff, H. W. (2002). *Prosocial behavior*. Psychology Press.

Bigsby, E., & Albarracín, D. (2022). Self-and response efficacy information in fear appeals : A meta-analysis. *Journal of Communication, 72*(2), 241-263.

Blau, P. M. (1964). *Exchange and Power in social Life.* New York: John Wiley & Sons.

Blondé, J., & Girandola, F. (2016). Faire « appel à la peur » pour persuader ? Revue de la littérature et perspectives de recherches. *L'Année Psychologique, 116*, 67-103.

Bonetto, E., Girandola, & Lo Monaco, G. (2018). Social Representations and Commitment: A Literature Review and an Agenda for Future. *European Psychologist, 23*(3), 233-249.

Borst, G., & Cassotti, M. (2022). *C'est (pas) moi, c'est mon cerveau !* Nathan.

Boster, F. J., Fediuk, T., & Kotowski, M. R. (2001). The effectiveness of an altruistic appeal in the presence and absence of favors. *Communication Monographs, 68*, 340-346.

Bourdieu, P. (1977). La production des croyances : contribution à une économie des biens symboliques. *Actes de la recherche en sciences sociales, 13*, 3-43.

Bourdieu, P. (1979). *La distinction. Critique sociale du jugement.* Paris : Éditions de Minuit.

Bourdieu, P. (1982). *Leçon sur la leçon.* Paris : Éditions de Minuit.

Bourdieu, P. (1998). *La Domination masculine.* Paris : Éditions du Seuil.

Bouriche, B. (2014). Émotions et dynamique des représentations sociales. *Les Cahiers Internationaux de Psychologie Sociale, 2*, 195-232.

Brangier, E., Nemery, A., & Schmitt, S. (2015). Validation expérimentale des critères de persuasion interactive : analyse de leur efficacité à inspecter la persuasion dans des interfaces. *Journal d'Interaction Personne-Système, 4*(1), 85-103.

Brehm, J. W., & Cohen, A. R. (1962). *Explorations in cognitive dissonance.* John Wiley & Sons Inc.

Brewer, M. B., Miller, N. (1984). Beyond the contact hypothesis: Theoretical perspectives on desegregation. In N. Miller & M. B. Brewer (Eds.), *Groups in contact: The psychology of desegregation* (pp. 281-302). Orlando: Academic Press.

Briñol, P., & Petty, R. E. (2009). Insights from the self-validation hypothesis. *In Advances in Experimental Social Psychology* (Vol. 41, p. 69-118). Academic Press

Briñol, P., & Petty, R. E. (2009b). Persuasion: Insights from the self-validation hypothesis. In Zanna, M. P. (Ed.), *Advances in experimental social psychology* (vol. 41, pp. 69-118). New York: Academic Press.

Brock, T. C. (1965). Communicator-recipient similarity and decision-change. *Journal of Personality and Social Psychology, 1*, 650-654.

Brock, T. C. (2008). Negligible scholarly impact of 38-witnesses parable. *American Psychologist, 63*, 561-562.

Brock, T. C., & Balloun, J.L. (1967). Behavioral receptivity to dissonant information. *Journal of Personality and Social Psychology, 6*, 413-428.

Brown, R. (1995). *Prejudice. Its social psychology.* Oxford: Blackwell Publishing.

Brown, R., & Wade, G. (1987). Superordinate goals and intergroup behaviour: The effect of role ambiguity and status on intergroup attitudes and task performance. *European Journal of Social Psychology, 17*(2), 131-142.

Bruner, J. S., & Goodman, C. C. (1947). Value and need as organizing factors in perception. *Journal of Abnormal and Social Psychology, 42*, 33-44.

Bruner, J. S., & Tagiuri, R. (1954). The perception of people. In G. Lindzey (Ed.), *Handbook of social psychology* (vol. 2, pp. 634-654). Cambridge: Addison Wesley.

Bruner, J. S., Goodnow, J. J., & Austin, G. A. (1956). *A study of thinking.* Oxford: John Wiley and Sons.

Cannas Aghedu, F., Jaubert, S., Fonte, D., Graziani, P., Bisiacchi, P.S. & Apostolidis, T. (en cours). Entourage *vs* partner: an exploratory study analyzing normative and counternormative processes about romantic relationships. Manuscript in preparation.

Cantor, J. R., Alfonso, H., & Zillman, D. (1976). The persuasive effectiveness of the peer appeal and a communicator's first-hand experience. *Communication Research, 3*, 293-310.

Carney, D. R., Cuddy, A. J., & Yap, A. J. (2010). Power posing brief nonverbal displays affect neuroendocrine levels and risk tolerance. *Psychological Science, 21*(10), 1363-1368.

Carton, S., Jouvent, R., Widlöcher, D. (1994). Sensation seeking, nicotine dependence, and smoking motivation in female and male smokers. *Addictive Behaviors, 19*, 219-227.

Chaiken, S. (1987). « The Heuristic Model of Persuasion ». In M. P. Zanna, J. Olson & C. P. Herman (Eds), *Social Influence: The Ontario Symposium*, (vol. 5, pp. 3-39). Hillsdale: Erlbaum.

Chartrand, T.L., & Lakin, J.L. (2013). The antecedents and consequences of human behavioral mimicry. *Annual Review of Psychology, 64*, 285-308.

Chaurand, N., & Brauer, M. (2008). What determines social control? People's reactions to counternormative behaviors in urban environments. *Journal of Applied Social Psychology, 38*, 1689–1715.

Chekroun, P. (2008). Pourquoi les individus aident-ils moins autrui lorsqu'ils sont nombreux ? *Revue Électronique de Psychologie Sociale, 2*, 9-16. Disponible à l'adresse suivante: http://RePS.psychologie-sociale.org

Chekroun, P., & Brauer, M. (2002). Reactions to norm violations and the number of bystanders: evidence for the bystander effect in social control behavior. *European Journal of Social Psychology, 32*, 853-867.

Chekroun, P., & Brauer, M. (2004). Contrôle social et effet spectateur: L'impact de l'implication personnelle. *L'Année Psychologique, 104*, 83-102.

Choi, I., & Cha, O. (2019). Cross-cultural examination of the false consensus effect. *Frontiers in Psychology, 10*, Article 2747.

Cialdini, R. (2016). *Persuasion: A revolutionary way to influence and persuade*. London: Penguin Random House.

Cialdini, R. (2017). *Pre-suasion*. First.

Cialdini, R. B., Reno, R. R., & Kallgren, C. A. (1990). A focus theory of normative conduct: Recycling the concept of norms to reduce littering in public places. *Journal of Personality and Social Psychology, 58*, 1015–1028.

Cialdini, R. B., Trost, M. R., & Newsom, J. T. (1995). Preference for consistency : The development of a valid measure and the discovery of surprising behavioral implications. *Journal of Personality and Social Psychology, 69*(2), 318-328.

Clémence, A. (2001). *Social positioning and social representations.* In K. Deaux & G. Philogene (Eds.), *Representations of the social* (pp. 83-95). Malden (MA): Blackwell Publishing.

Conner, M., & Norman, P. (2022). Understanding the intention-behavior gap : The role of intention strength. *Frontiers in Psychology*, 42-49.

Cooper, J. (2019). Cognitive dissonance: where we've been and where we're going. *International Review of Social Psychology, 32*(1), 7.

Cooper, J., & Hogg, M. A. (2007). Feeling the anguish of others: A theory of vicarious dissonance. In Mark P. Zanna & M. P. Zanna (Eds.), *Advances in experimental social psychology* (vol. 39, pp. 359-403). San Diego, CA, US : Elsevier Academic Press.

Cooper, J., & Mackie, D. (1983). Cognitive dissonance in an intergroup context. *Journal of Personality and Social Psychology, 44*, 536-544.

Cooper, J., & Stone, J. (1999). Cognitive dissonance and the social group. In D.J. Terry., & M.A. Hogg (Eds.), *Attitudes, behavior, and social context* (pp. 227-244). Mahwah: Lawrence Erlbaum Associates.

Courbet, D., & Fourquet-Courbet, M.-P. (2003). Réception des images d'une catastrophe en direct à la télévision : Étude qualitative des réactions provoquées par les attentats du 11 septembre 2001 aux États-Unis au travers du rappel de téléspectateurs français. *Revue Européenne de Psychologie Appliquée, 53*(1), 21-42.

Courbet, D., Fourquet-Courbet, M.-P., & Marchioli, A. (2015). Les médias sociaux, régulateurs d'émotions collectives. *Hermès, La Revue-Cognition, communication, politique, 71*, 291-297.

Csíkszentmihályi, M. (1996). *Creativity: flow and the psychology of discovery and invention.* New York: Harpper Colins.

Da Costa, D., Páez, D., Martí-González, D., Díaz, V., & Bouchat, P. (2023). Social movements and collective behavior : An integration of meta-analysis and systematic review of social psychology studies. *Frontier in Psychology, 14*, 1096877.

DANY, L., & ABRIC, J. C. (2007). Distance à l'objet et représentations du cannabis. *Revue Internationale de Psychologie Sociale, 20*(3), 77-104.

DANY, L., & LO MONACO, G. (2013). Approche comparative des conduites à risques : analyse psychosociale, du « risque alcool » chez les jeunes. *Les Cahiers de l'IREB, 23*, 197-201.

DE MONTMOLLIN, G. (1965). Influence des réponses d'autrui dans les jugements perceptifs. *L'Année psychologique, 65*(2), 377-395.

DE VOGLER-EBERSOLE, K., & EBERSOLE, P. (1985). Depth of Meaning in Life: Explicit Rating Criteria. *Psychological Reports, 56*(1), 303-310.

DEAUX, K., & EMSWILLER, T. (1974). Explanations of successful performance on sex-linked tasks: What is skill for the male is luck for the female. *Journal of Personality and Social Psychology, 29*(1), 80-85.

DELHOMME, P., & MEYER, T. (1997). *La recherche en psychologie sociale.* Paris : Armand Colin.

DELOUVÉE, S. (2013). Histoire de la psychologie sociale en Europe. In L. Bègue, & O. Desrichard (Eds.), *Traité de psychologie sociale* (pp. 17-34). Bruxelles : De Boeck.

DESCHAMPS, J.-C., JOULE, R. V., & GUMY, C. (2005). La communication engageante au service de la réduction de l'abstentionnisme électoral : Une application en milieu universitaire. *Revue Européenne de Psychologie Appliquée/European Review of Applied Psychology, 55*(1), 21-27.

DEUTSCH, M., & GERARD, H. B. (1955). A study of normative and informational social influences upon individual judgment. *The Journal of Abnormal and Social Psychology, 51*(3), 629-636.

DEVINE, P. G. (1989). Stereotypes and prejudice: Their automatic and controlled components. *Journal of Personality and Social Psychology, 56*(1), 5-18.

DOISE, W. (1982). *L'explication en psychologie sociale.* Paris : Presses Universitaires de France.

DOISE, W. (1990). Les représentations sociales. In J.-F. Richard, R. Ghiglione, & C. Bonnet (Eds.), *Traité de psychologie cognitive* (vol. III, pp. 113-174). Paris : Dunod.

DOISE, W. (1993). Logiques sociales dans le raisonnement. Delachaux et Niestlé.

DOISE, W., CLÉMENCE, A., & LORENZI-CIOLDI, F. (1992). *Représentations sociales et analyses de données.* Grenoble : Presses Universitaires de Grenoble.

Dolinski, D., & Nawrat, R. (1998). « Fear-then-relief » procedure for producing compliance : Beware when the danger is over. *Journal of Experimental Social Psychology, 34*(1), 27-50.

Dolinski, D., Ciszek, M., Godlewski, K., & Zawadzki, M. (2002). Fear-then-relief, mindlessness, and cognitive deficits. *European Journal of Social Psychology, 32*(4), 435-447.

Dovidio, J.F., Piliavin, J.A., Schroeder, D.A., & Penner, L.A., (2006). *The Social Psychology of Prosocial Behavior*. New York: Psychology Press.

Dubois, N. (2009). *La norme d'internalité et le libéralisme*. Grenoble : Presses Universitaires de Grenoble.

Dubois, N. (2009). *La norme d'internalité et le libéralisme*. Presses Universitaires de Grenoble.

Dubois, N., & Beauvois, J.-L. (2001). Désirabilité et utilité : deux composantes de la valeur des personnes dans l'évaluation sociale. *Orientation Scolaire et Professionnelle, 30*(3), 391-405.

Dubois, N., & Beauvois, J.-L. (2022). *La psychologie sociale : quel enjeu ?* Entremises.

Duncan, B. L. (1976). Differential social perception and attribution of intergroup violence: Testing the lower limits of stereotyping of Blacks. *Journal of Personality and Social Psychology, 34*(4), 590-598.

Durkheim, E. (1898). Représentations individuelles et représentations collectives. *Sociologie et Philosophie*. Paris : Presses Universitaires de France.

Durkheim, E. (1912). *Les formes élémentaires de la vie religieuse*. Paris : Alcan.

Emmons, R. (2008). *Merci ! Quand la gratitude change nos vies*. Paris : Belfond.

Erber, R., & Erber, M. (2017). (3rd Ed.). *Intimate relationships: Issues, theories, and research*. New York: Routledge.

Falkowicz, S., Naveihan, C., & Mr. Contradico (2023). *Au cœur de l'esprit critique : petit guide pour déjouer les manipulations*. Eyrolles.

Fall, E. (Ed.), *Introduction à la pleine conscience*. Paris : Dunod.

Falomir-Pichastor, J. M., & Mugny, G. (2004). *Société contre fumeurs : Une analyse psychosociale de l'influence des experts*. Grenoble : Presses Universitaires de Grenoble.

Farr, R. (1996). *The roots of modern social psychology: 1872-1954*. Oxford: Blackwell Publishers.

Faucheux, C., & Moscovici, S. (1967). Le style de comportement d'une minorité et son influence sur les réponses d'une majorité. *Bulletin du CE.R.P.*, *16*(4), 337-360.

Fawcett, C. A., & Markson, L. (2010). Children reason about shared preferences. *Developmental Psychology*, *46*(2), 299-309.

Fazio, R.H. (1990). Multiple processes by which attitudes guide behavior: the MODE model as an integrative framework. In M.P. Zanna (Ed.), *Advances in experimental social psychology* (vol. 23, pp. 75-109). San Diego, CA: Academic Press.

Félonneau, M. L., & Lecigne, A. (2007). Désirabilité de l'environnement et représentations sociales de la ville idéale. *Bulletin de psychologie*, 6, 567-579.

Festinger, L. (1957). *A theory of cognitive dissonance*. Evanston, IL: Row-Peterson.

Festinger, L. (2017). *Une théorie de dissonance cognitive*. Paris : Enrick B Editions.

Festinger, L., & Aronson, E. (1960/2010). Éveil et réduction de la dissonance dans des contextes sociaux. In A. Lévy, & S. Delouvée (Eds.), *Psychologie sociale : Textes fondamentaux anglais et américains* (pp. 13-28). Paris : Dunod.

Festinger, L., & Carlsmith, J.M. (1959). Cognitive consequences of forced compliance. *Journal of Abnormal and Social Psychology*, *58*, 203-210. doi: 10.1037/h0041593

Festinger, L., Pepitone, A., & Newcomb, T. (1952). Some consequences of de-individuation in a group. *The Journal of Abnormal and Social Psychology*, *47*(2S), 382-389.

Festinger, L., Schachter, S., & Back, K. (1950). *Social pressures in informal groups. A study of human factors in housing*. Palo Alto, California: Stanford University Press.

Festinger, L., Schachter, S., & Riecken, H. (1956, 1993). *L'échec d'une prophétie*. Paris : Presses Universitaires de France.

Fischer-Lokou, J. (2014). *Induction des indices de proximité et facilitation des comportements prosociaux*, Habilitation à diriger des recherches, Université de Bretagne Sud.

Fischer, G.-N. (1990). *Les domaines de la psychologie sociale : le champ du social*. Paris : Dunod.

Fischhoff, B., Slovic, P., & Lichtenstein, S. (1977). Knowing with certainty : The appropriateness of extreme confidence. *Journal of*

Experimental Psychology : Human Perception and Performance, 3(4), 552-564.

FISHBEIN, M., & AJZEN, I. (1975). *Belief, Attitude, Intention, and Behavior: An Introduction to Theory and Research.* Reading, MA: Addison-Wesley.

FISKE, S. T. (2008). *Psychologie sociale.* Bruxelles : De Boeck.

FISKE, S. T., & NEUBERG, S. L. (1990). A continuum of impression formation, from category-based to individuating processes: Influences of information and motivation on attention and interpretation. *Advances in Experimental Social Psychology, 23*, 1-74.

FISKE, S. T., & TAYLOR, S. E. (1984). *Social cognition.* New York: McGraw-Hill.

FISKE, S. T., CUDDY, A. J. C., GLICK, P., & XU, J. (2002). A model of (often mixed) stereotype content: Competence and warmth respectively follow from perceived status and competition. *Journal of Personality and Social Psychology, 82*(6), 878-902.

FLAMENT, C. (1981). L'analyse de similitude : une technique pour la recherche sur les représentations sociales. *Les Cahiers de psychologie cognitive, 1* (4), 375-395.

FLAMENT, C. (1995). Approche expérimentale de type psycho-physique dans l'étude d'une représentation. *Les Cahiers Internationaux de Psychologie Sociale, 28*, 67-76.

FLAMENT, C. (1996). Les valeurs au travail : la psychologie des représentations sociales comme observatoire d'un changement historique. In J.-C. Abric (Ed.), *Exclusion sociale, insertion et prévention* (pp. 113-124). Ramonville Saint-Agne : Erès.

FLAMENT, C. (1999). La représentation sociale comme système normatif. *Psychologie et Société, 1*, 29-54.

FLAMENT, C., & ROUQUETTE, M.-L. (2003). *Anatomie des idées ordinaires. Comment étudier les représentations sociales.* Paris : Armand Colin.

FLAMENT, C., GUIMELLI, C., & ABRIC, J. C. (2006). Effets de masquage dans l'expression d'une représentation sociale. *Les Cahiers Internationaux de Psychologie Sociale, 69*, 15-31.

FLETCHER, G., SIMPSON, J.A., CAMPBELL, L., & OVERALL, N.C. (2013). *The science of intimate relationships.* New York: Wiley-Blackwell.

FOGG, B.J. (2003). *Persuasive technology: Using computers to change what we think and do.* Amsterdam: Morgan Kaufmann Publishers.

Fogg, B.J. (2020). *Tiny habits : Why starting small makes lasting change easy*. Penguin Random House.

Fointiat, V., Girandola, F., & Gosling, P. (2013). *La dissonance cognitive : quand les actes changent les idées*. Paris : Armand Colin.

Freud, S. (1921). *Psychologie collective et analyse du moi*. Paris : Payot.

Gaertner, S. L., Dovidio, J. F., Banker, B. S., Houlette, M., Johnson, K. M., McGlynn, E. A. (2000). Reducing intergroup conflict: From superordinate goals to decategorization, recategorization, and mutual differentiation. *Group Dynamics: Theory, Research, and Practice, 4*(1), 98-114.

Gaertner, S. L., Mann, J., Murrell, A., & Dovidio, J. F. (1989). Reducing intergroup bias: The benefits of recategorization. *Journal of Personality and Social Psychology, 57*(2), 239-249.

Galinsky, A. D., Magee, J. C., Inesi, M. E., & Gruenfeld, D. H. (2006). Power and perspectives not taken. *Psychological Science, 17*(12), 1068-1074.

Galinsky, A.D., Magee, J.C., Gruenfeld, D.H., Whitson, J.A., & Liljenquist, K.A. (2008). Power reduces the press of the situation: implications for creativity, conformity, and dissonance. *Journal of Personality and Social Psychology, 95*(6), 1450-1466.

Gallagher, K.M., & Updegraff, J.A. (2012). Health message framing effects on attitudes, intentions, and behavior. *Annals of Behavioral Medicine, 43*, 101-116.

Garcia, D., & Rimé, B. (2019). Collective emotions and social resilience in the digital traces after a terrorist attack. *Psychological Science, 30*(4), 617-628.

Garnett, C.V., Crane, D., Brown, J., Kaner, E.F.S., Beyer, F.R., Muirhead, C.R., Hickman, M., Beard, E., Redmore, J., de Vocht, F., & Michie, S. (2018). Behavior change techniques used in digital behavior change interventions to reduce excessive alcohol consumption: A meta-regression. *Annual Review of Medicine, 52*, 530-434.

Gelfand, M.J., Raver, J.L., Nishii, L., Leslie, L.M., Lun, J., Lim, B.C., Duan, L, *et al.* (2011). Differences between tight and loose cultures: a 33-nation study. *Science, 27*, 332.

Gilbert, D. T. (1989). Thinking lightly about others: Automatic components of the social inference process. In J. S. Uleman & J.

A. Bargh (Eds.), *Unintended thought* (pp. 189-211). New York: Guilford Press.

Gilbert, D. T., & Hixon, J. G. (1991). The trouble of thinking: activation and application of stereotyping beliefs. *Journal of Personality and Social Psychology, 60*(4), 509-517.

Girandola, F. (2004). Violence dans les médias : quelle influence sur les comportements ? *Questions de Communications, 5*, 55-68.

Girandola, F., & Fointiat, V. (2016). *Attitudes et comportements : comprendre et changer*. Grenoble : Presses Universitaires de Grenoble.

Girandola, F., & Joule, R. V. (2012). La communication engageante : aspects théoriques, résultats et perspectives. *L'Année psychologique, 112*(1), 115-143.

Girandola, F., & Joule, R.-V. (2022). La communication engageante : théories et pratiques, nouvelles perspectives. In M.-F. Agnoletti, & E. Salès-Wuillemin (Eds.), *Communication réelles et virtuelles : Nouvelles perspectives en psychologie sociale de la communication et du langage* (p. 213-234). Éditions Universitaires de Dijon.

Girandola, F., & Roussiau, N. (2003). L'engagement comme source de modifications à long terme. *Les Cahiers Internationaux de Psychologie Sociale, 57*, 83-101.

Girandola, F., Jaubert, S., & Souchet, L. (sous presse). Du changement des attitudes au changement des comportements. In L. Bègue-Schankland (Ed.), *Nouveau traité de psychologie sociale*. De Boeck

Girandola, F., Souchet, L., & Jaubert, S. (sous presse). Attitudes, persuasion et changement des attitudes. In L. Bègue-Schankland (Ed.), *Nouveau traité de psychologie sociale*. De Boeck

Göckeritz, S., Schultz, P.W., Rendon, T., Cialdini, R.B., Goldstein, N.J., & Griskevicius, V. (2010). Descriptive normative beliefs and conservation behavior: the moderating roles of personal involvement and injunctive normative beliefs. *European Journal of Social Psychology, 40*(3), 514-523.

Goldstein, J. A., Chao, J., Grossman, S., Stamos, A., & Tomz, M. (2024). How persuasive is AI-generated propaganda ? *PNAS Nexus, 3*(2), p. 034.

Goldstein, N. J., Cialdini, R. B., & Griskevicius, V. (2008). A room with a viewpoint: Using social norms to motivate environmental conservation in hotels. *Journal of Consumer Research, 35*(3), 472-482.

Goldstein, N.J., Martin, S.J., & Cialdini, R.B. (2008). *Yes! 50 scientifically proven ways to be persuasive.* New York: Psychology Press.

Gosling, P., Denizeau, M., & Oberlé, D. (2006). Denial of responsibility: A new mode of dissonance reduction. *Journal of Personality and Social Psychology, 90,* 722-733.

Gouldner, A. The norm of reciprocity: A preliminary statement. *American Sociological Review*, 25, 161-178.

Goutas, N., Girandola, F., & J.-P. Minary (2003). Le sentiment d'injustice subie : un nouveau regard sur l'agression. *Revue Internationale de Psychologie Sociale, 16,* 125-149.

Green, W. P., & Giles, H. (1973). Reactions to a stranger as a function of dress style: The tie. *Perceptual and Motor Skills, 37,* 676-692.

Guéguen, N. (2011). *Psychologie de la manipulation et de la soumission.* Paris : Dunod.

Guéguen, N. (2014). *Psychologie de la séduction.* Paris : Dunod.

Guimelli, C. (1988). *Agression idéologique, pratiques nouvelles et transformation progressive d'une représentation sociale : la représentation de la chasse et de la nature chez des chasseurs languedociens.* Aix-en-Provence : thèse de doctorat de l'Université de Provence.

Guimelli, C. (1989). Pratiques nouvelles et transformation sans rupture d'une représentation sociale : l'exemple de la représentation de la chasse et de la nature. In J.-L. Beauvois, R.-V. Joule & J.-M. Monteil (Eds.), *Perspectives cognitives et conduites sociales. Représentations et processus cognitifs* (vol. 2, pp. 117-138). Cousset : Del Val.

Guimelli, C. (1998a). *Représentations sociales des Gitans et effet de contexte sur la production d'associations verbales.* Deuxième Congrès International de Psychologie Sociale de Langue Française. Turin, Italie.

Guimelli, C. (1998b). *Implication, perception de la situation et représentations sociales : Étude expérimentale.* Deuxième Colloque International de Psychologie Sociale en Langue Française, Turin, Italie.

Guimelli, C. (1999). *La pensée sociale.* Paris : Presses Universitaires de France.

GUIMELLI, C. (2001). Étude expérimentale de la représentation sociale comme guide pour l'action : effets de l'implication et de la perception de la situation. In M. Lebrun (Ed.), *Les représentations sociales, des méthodes de recherche aux problèmes de société* (pp. 93-108). Québec : les Éditions logiques.

GUIMELLI, C. (2002). Étude expérimentale du rôle de l'implication de soi dans les modalités de raisonnement intervenant dans le cadre des représentations sociales. *Revue Internationale de Psychologie Sociale, 15*(1), 129-162.

GUIMELLI, C., & ABRIC, J.-C. (2007). La représentation sociale de la mondialisation : rôle de l'implication dans l'organisation des contenus représentationnels et des jugements évaluatifs. *Bulletin de Psychologie, 60*(1), 49-58.

GUIMELLI, C., & LO MONACO, G. (2016). Zone muette, légitimation institutionnelle et manifestations comportementales des effets de masquage : deux illustrations empiriques. In G. Lo Monaco, S. Delouvée & P. Rateau (Eds.), *Les représentations sociales* (pp. 517-522). Bruxelles : De Boeck.

GUIMELLI, C., & ROUQUETTE, M.-L. (1992). Contribution du modèle associatif des schèmes cognitifs de base à l'analyse structurale des représentations sociales, *Bulletin de Psychologie, 45* (405), 196-202.

GUIMELLI, C., LO MONACO, G., & DESCHAMPS, J.-C. (2010). The lawsuit against "Charlie Hebdo" and its effects on the social representations of the Muslim Community. *International Review of Social Psychology, 23*(3), 5-36.

GUINOTE, A. (2017). How power affects people: activating, wanting, and goal seeking. *Annual Review of Psychology, 68*, 14.1-14.29.

HAAG, C. (2019). *La contagion émotionnelle.* Paris : Albin Michel.

HAAS, V., & MASSON, E. (2006). La relation à l'autre comme condition à l'entretien. *Les Cahiers Internationaux de Psychologie Sociale, 3*, 77-88.

HAGGER, M. S. AND HAMILTON, K. (2023). Longitudinal tests of the theory of planned behaviour : A meta-analysis. *European Review of Social Psychology, 35*(1), 198-254.

HARRINGTON, J. R., & GELFAND, M. J. (2014). *Tightness – looseness across the 50 united states.* Proceedings of the National Academy of Sciences,

HASLAM, S. A., REICHER, S. D., MILLARD, K., & MCDONALD, R. (2015). 'Happy to have been of service': The Yale archive as a window into the engaged followership of participants in Milgram's 'obedience' experiments. *British Journal of Social Psychology, 54*(1), 55-83.

Haslam, S.A., Adarves-Yorno, I., Postmes, T., & Jans, L. (2013). The collective origins of valued originality: a social identity approach to creativity. *Personality and Social Psychology Review, 17*, 384-401.

Haslam, S.A., Adarves-Yorno, I., Steffens, N.K., & Postmes, T. (2019). Inspired and appreciated by the group: The social identity approach to creativity. In P.B. Paulus., & B.A. Nijstad (Eds.), *The Oxford handbook of group creativity and innovation* (pp. 119-132). Oxford: Oxford University Press.

Heider, F. (1927). Ding und Medium. *Symposium*, I, 109-157.

Heider, F. (1946). Attitudes and cognitive organization. *The Journal of psychology, 21*(1), 107-112.

Helferich, M., Thogersen, J., & Berquist, M. (2023). Direct and mediated impacts of social norms on pro-environmental behavior. *Global Environment Change, 80*, 102680.

Hewstone, M., & Brown, R. (1986). Contact is not enough: An intergroup perspective on the "contact hypothesis". In M. Hewstone & R. Brown (Eds.), *Social psychology and society. Contact and conflict in intergroup encounters* (pp. 1-44). Cambridge: Basil Blackwell.

Hoffman, M. (2008). *Empathie et développement moral : les émotions morales et la justice.* PUG.

Hogg, M. A., & Vaughan, G. M. (2018). *Social psychology.* New York: Pearson.

Holt-Lunstad, J., Smith, T.B., & Layton, J.T. (2010). Social relationships and mortality risk: a meta-analysis review. *PLoS Med* 7(7): e1000316.

Homans. G.C. (1961). *Social behavior.* NY: Harcourt Brace.

Hornsey, M. J., Harris, E. A., & Fielding, K. S. (2018). The psychological roots of anti-vaccination attitudes : A 24-nation investigation. *Health Psychology, 3*, 307-315.

Hove, M.J., & Risen, J.L. (2009). It's all in the timing: interpersonal synchrony increases affiliation. *Social Cognition, 27*(6), 949-961.

Howard, D. J., Gengler, C., & Jain, A. (1995). What's in a name? A complimentary means of persuasion. *Journal of Consumer Research, 22*, 200-211.

Howlett, N., Pine, K., Orakçioglu, I., & Fletcher, B. (2013). The influence of clothing on first impressions: Rapid and positive responses to minor changes in male attire. *Journal of Fashion Marketing and Management: An International Journal, 17*, 38-48.

JAUBERT, S., FILLON, A., SOUCHET, L., & GIRANDOLA, F. (sous presse). Vicarious dissonance : A pre-registered meta-analysis. *Personality and Social Psychology Bulletin.*

JAUBERT, S., GIRANDOLA, F., & SOUCHET, L. (2020). Vicarious dissonance : Reasons and functions of attitude change. *European Psychologist, 27*(1), 1-19.

JEAN-BLAISE, G., VERGÈS, P., & SILEM, A. (1987). *Salariés face aux nouvelles technologies. Vers une approche socio-logique des représentations sociales.* Paris : CNRS.

JERNG J. S., HUANG S. F., LIANG H. W., CHEN L. C., LIN C. K., HUANG H. F., *ET AL.* (2017) Workplace interpersonal conflicts among the healthcare workers : Retrospective exploration from the institutional incident reporting system of a university-affiliated medical center. *PLoS ONE, 12*(2), e0171696.

JONES, E. E., & DAVIS, K. E. (1965). From acts to dispositions the attribution process in person perception. *Advances in experimental social psychology* (vol. 2, pp. 219-266). Academic Press.

JONES, E. E., & DAVIS, K. E. (1965). From Acts To Dispositions The Attribution Process In Person Perception. *Advances in Experimental Social Psychology,* 219–266.

JONES, E. E., & HARRIS, V. A. (1967). The attribution of attitudes. *Journal of Experimental Social Psychology, 3*(1), 1-24.

JONES, E. E., & NISBETT, R. E. (1972). Attribution: Perceiving the causes of behavior. In E. E. Jones, D.E. Kanouse, H. H. Kelley, R. E. Nisbett, S. Valins, & B. Weiner (Eds.), *Contemporary Psychology* (pp. 47-62). Morristown, NJ: General Learning.

JOST, J. T. (2011). System justification theory as compliment, complement, and corrective to theories of social identification and social dominance. In D. Dunning, *Social motivati*on (p. 223-263). Psychology Press.

JOST, J. T. (2019). A quarter century of system justification theory : Questions, answers, criticisms, and societal applications. *British Journal of Social Psychology, 58*(2), 263-314.

JOST, J. T., & BANAJI, M. R. (1994). The role of stereotyping in system-justification and the production of false consciousness. *British Journal of Social Psychology, 33*(1), 1-27.

JOULE, R.-V. (2006). Acceptabilité sociale et savoirs scientifiques. *Cahiers Internationaux de Psychologie Sociale, 70*, 85-88.

JOULE, R.-V., & BEAUVOIS, J.-L. (1998). *La soumission librement consentie.* Paris : PUF.

JOULE, R.-V., & BEAUVOIS, J.-L. (2014). *Petit traité de manipulation à l'usage des honnêtes gens.* Grenoble : Presses Universitaires de Grenoble.

JOULE, R.-V., & BEAUVOIS, J.-L. (2024). *Petit traité de manipulation à l'usage des honnêtes gens.* PUG.

JOULE, R.-V., GIRANDOLA, F. & BERNARD, F. (2007). How can people be induced to willingly change their behavior? The path from persuasive communication to binding communication. *Social and Personality Psychology Compass, 1*, 493-505.

KATZ, D., & BRALY, K. W. (1933). Racial stereotypes of one hundred students. *Journal of Abnormal and Social Psychology, 28*, 280-290.

KEIZER, K., LINDENBERG, S., & STEG, L. (2013). The importance of demonstratively restoring order. *Plos One, 8*, 65137.

KELLEY, H. H. (1967). Attribution theory in social psychology. In D. Levine (Ed.), *Nebraska Symposium on Motivation* (vol. 15). Lincoln : University of Nebraska Press.

KELLEY, H. H. (1973). The processes of causal attribution. *American Psychologist, 28*(2), 107-128.

KELMAN, H. C. (1958). Compliance, identification, and internalization three processes of attitude change. *Journal of Conflict Resolution, 2*(1), 51-60.

KELTNER, D., GRUENFELD, D. H., & ANDERSON, C. (2003). Power, approach, and inhibition. *Psychological Review, 110*(2), 265-284.

KELTNER, D., GRUENFELD, D.H., & ANDERSON, C. (2003). Power, approach, and inhibition. *Psychological Review, 110*(2), 265-284.

KESSLER, T., & MUMMENDEY, A. (2001). Is there any scapegoat around? Determinants of intergroup conflicts at different categorization levels. *Journal of Personality and Social Psychology, 81*(6), 1090-1102.

KIESLER C. A. (1971). *The psychology of commitment. Experiments linking behavior to beliefs.* New York: Academic Press.

KLIMECKI, O. M. (2019). The role of empathy and compassion in conflict resolution. *Emotion Review, 11*(4), 310-325.

LAKIN, J. L., JEFFERIS, V. E., CHENG, C. M., & CHARTRAND, T. L. (2003). The chameleon effect as social glue: evidence for the evolutionary significance of nonconscious mimicry. *Journal of Nonverbal Behavior, 27*(3), 145–162.

LAMY, L. (2006). *L'amour ne doit rien au hasard.* Paris : Eyrolles.

LAMY, L. (2008). *Pourquoi les hommes ne comprennent rien aux femmes… et réciproquement.* Paris : Eyrolles.

LAMY, L. (2010). *Un renversement de perspective : l'amour comme variable indépendante.* Habilitation à Diriger des Recherches, Université de Bretagne Sud.

LAMY, L. (2012). *Les vrais signes de l'amour naissant en 50 expériences.* Paris : Payot.

LATANÉ, B., & DARLEY, J. M. (1976). Help in a crisis: Bystander response to an emergency. In J. W. Thibaut & J. T. Spence (Eds.), *Contemporary topics in social psychology* (pp. 309-332). Morristown, NJ: General Learning Press.

LATANÉ, B., & NIDA, S. (1981). Ten years of research on group size and helping. *Psychological Bulletin, 89*, 308-324

LAURENS, S., BALLOT, M., & SAENCO, A. (2018). Solomon Asch, critique de la doctrine de la suggestion et des influences arbitraires aliénantes. *Les Cahiers Internationaux de Psychologie Sociale, 1*, 25-45.

LE BON, G. (1895). *Psychologie des foules.* Paris : Presses Universitaires de France.

LE TEXIER, T. (2018). *Histoire d'un mensonge : enquête sur l'expérience de Stanford.* Paris : Zones.

LÉGAL, J.-B., & DELOUVÉE, S. (2015). *Stéréotypes, préjugés et discrimination.* Paris : Dunod.

LEISEROWITZ, A., MAIBACH, E., ROSENTHAL, S., KOTCHER, J., CARMAN, J., NEYENS, L., MYERS, T., GOLDBERG, M., CAMPBELL, E., LACROIX, K., MARLON, J. (2022). *Climate change in the American mind.* Yale University and George Mason University, Yale Program on Climate Change Communication

LERNER M.J. (1965). Evaluation of performance as a function of performer's reward and attractiveness. *Journal of Personality and Social Psychology, 1*, 355-360.

LERNER, M.J. (1980). *The belief in a just world: A fundamental delusion.* New York: Plenum Press.

LEVEY, A. B., & MARTIN, I. (1975). Classical Conditioning of Human Evaluative Responses. *Behavioral Research & Therapy, 13*, 221-226.

LEYENS, J.-P. (2015). *L'humanité écorchée: Humanité et infrahumanisation* Grenoble: Presses Universitaires de Grenoble.

LEYENS, J.-P., YZERBYT, V., & SCHADRON, G. (1996). *Stéréotypes et cognition sociale*. Bruxelles: Mardaga.

LIKERT, R. (1932). A technique for measurement of attitudes. *Archives of Psychology, 140*, 1-55.

LIPPMANN, W. (1922). *Public opinion*. New York: Harcourt.

LO MONACO, G., & GUIMELLI, C. (2008). Représentations sociales, pratique de consommation et niveau de connaissance: le cas du vin. *Les Cahiers Internationaux de Psychologie Sociale, 78*, 35-50.

LO MONACO, G., & GUIMELLI, C. (2011). Hegemonic and polemical beliefs: culture and consumption in the social representation of wine. *The Spanish Journal of Psychology, 14*(1), 232-245.

LO MONACO, G., & RATEAU, P. (2016). Les méthodes d'étude de l'approche structurale des représentations sociales. In G. Lo Monaco, S. Delouvée & P. Rateau (Eds.), *Les représentations sociales* (pp. 135-144). Bruxelles: De Boeck.

LO MONACO, G., APOSTOLIDIS, T., & DANY, L. (2013). De l'implication « personnelle » à l'implication « psychosociale : bilan, approche critique et nouvelles propositions. *Revista Internacional de Ciencias Sociales y Humanidades SOCIOTAM, 23*(1-2), 107-130.

LO MONACO, G., GIRANDOLA, F., & GUIMELLI, C. (2016). Experiments inter-connecting the structure of social representations, cognitive dissonance, commitment and persuasion: past, present and future. *Papers on Social Representations, 26*(2), 5.1-5.25.

LO MONACO, G., LHEUREUX, F., & HALIMI-FALKOWICZ, S. (2008). Le test d'indépendance au contexte (TIC): une nouvelle technique d'étude de la structure représentationnelle. *Swiss Journal of Psychology, 67*(2), 119-123.

LO MONACO, G., LHEUREUX, F., CHIANÈSE, L., CODACCIONI, C., HALIMI-FALKOWICZ, S., & CANO, P. (2009). Contexte d'expression, statut social des intervenants de santé et production d'un discours normatif: le cas de l'alcool et des jeunes. *Pratiques psychologiques, 15*(3), 367-386.

LO MONACO, G., PIERMATTÉO, A., RATEAU, P., & TAVANI, J. L. (2017). Methods of study of the structure of social representations: a critical review and an agenda for research. *Journal for the Theory of Social Behaviour, 47*(3), 306-331.

Lokhorst, A.-M., Werner, C., Staats, H., van Dijk, E., & Gale, J.L. (2013). Commitment and behavior change: A meta-analysis and critical review of commitment-making strategies in environmental research. *Environment & Behavior, 45*, 3-34.

Lorenzi-Cioldi, F., & Clémence, A. (2001). Group processes and the construction of social representations. In M. A. Hogg & S. Tindale (Eds.), *Handbook of social psychology: Group processes* (pp. 311-333). Oxford: Blackwell.

Lorenzi-Cioldi, F., & Clémence, A. (2010). Social representations. In J. M. Levine, & M.A. Hogg (Eds.), *Encyclopedia of Group Processes and Intergroup Relations* (pp. 823-826). Los Angeles: Blackwell.

Lubart, T. (2018). (Ed.). *The Creative Process: Perspectives from multiple domains.* New York: Palgrave Macmillan.

Maisonneuve, J. (1966). *Psycho-sociologie des affinities.* Paris: Presses Universitaires de France.

Maisonneuve, J. (1973). *Introduction à la psychosociologie.* Paris: Presses Universitaires de France.

Maisonneuve, J. (1979). *Recherches diachroniques sur une représentation sociale. Persistance et changement dans la caractérisation de l'homme sympathique.* Paris : CNRS Editions.

Maisonneuve, J. (1991). L'attraction interpersonnelle, article encyclopédique (sous la direction de S. Moscovici), *Grand Dictionnaire de Psychologie.* Paris: Larousse.

Maisonneuve, J., & Lamy, L. (1993). *Psychosociologie de l'amitié.* Paris: Presses Universitaires de France.

Malle, B. F. (1999). How people explain behavior: A new theoretical framework. *Personality and Social Psychology Review, 3*, 23-48.

Malle, B. F. (2004). *How the mind explains behavior: Folk explanations, meaning, and social interaction.* Cambridge, MA: MIT Press.

Manning, R., Levine, M., & Collins, A. (2007). The Kitty Genovese murder and the social psychology of helping: the parable of the 38 witnesses. *American Psychological, 62*(6), 555-562.

Manning, R., Levine, M., & Collins, A. (2008). The legacy of the 38 witnesses and the importance of getting history right. *American Psychologist, 63*, 562.

Marková, I., & Marková, I. (2003). *Dialogicality and social representations: The dynamics of mind.* Cambridge University Press.

Marques, J. M., Yzerbyt, V., & Leyens, J.-P. (1988). The "Black sheep effect": Extremity of judgments towards in-group members as a function of group identification. *European Journal of Social Psychology, 18*, 1-16.

Martinot, D. (2002). *Le Soi. Les approches psychosociales.* Grenoble : Presses Universitaires de Grenoble.

McArthur, L. A. (1972). The how and what of why: Some determinants and consequences of causal attribution. *Journal of personality and Social Psychology*, *22*(2), 171-193.

McDougall, W. (1908). *An Introduction to social psychology.* London : Methuen & Co.

McEachan, R., Taylor, N., Harrison, R., Lawton, R., Gardner, P., & Conner, M. (2016). Meta-Analysis of the Reasoned Action Approach (RAA) to Understanding Health Behaviors. *Annals of Behavioral Medicine*, *50*(4), 592–612.

McGuire, W. J. (1964). Inducing resistance to persuasion. Some contemporary approaches. In C. C. Haaland & W. O. Kaelber (Eds.), *Self and society. An anthology of readings*, Lexington, Mass (p. 192-230). Ginn Custom Publishing.

McGuire, W. J. (1989). The structure of individual attitudes and attitude systems. In A. R. Pratkanis, S. J. Breckler, & A. G. Greenwald (Eds.), *Attitude structure and function* (p. 37-69). Lawrence Erlbaum Associates, Inc.

Mead, G. H. (1934). *L'esprit, le soi et la société.* Paris : Presses Universitaires de France.

Metzler, H., Rimé, B., Pellert, M., Niederkrotenthaler, T., Di Natale, A., & Garcia, D. (2023). Collective emotions during the COVID-19 outbreak. *Emotion, 23*(3), 844-858.

Michie, S., Richardson, M., Johnston, M., Abraham, C., Francis, J., Harderman, W., Eccles, M.P., Cane, J., & Wood, C.E. (2013). The behavior change techniques taxonomy (v1) of 93 hierarchically clustered techniques: building an international consensus for the reporting of behavior change interventions. *Annual Behavioral Medicine.*

Michie, S., Van Stralen, M. M., & West, R. (2011). The behaviour change wheel: a new method for characterising and designing behaviour change interventions. *Implementation science, 6*(1), 42.

Michinov, E. (2001). L'attraction interpersonnelle : un concept en évolution. *Les Cahiers Internationaux de Psychologie Sociale, 50*, 11-26.

Michinov, E. & Michinov, N. (2001). The similarity-attraction relationship: A test of the moderating role of social comparison orientation. *European Journal of Social Psychology, 31*, 549-555.

Michinov, E. & Monteil, J.M. (2002). The Similarity-Attraction Relationship Revisited: Divergence between the affective and behavioral facets of attraction. *European Journal of Social Psychology, 32*, 485-500.

Michinov, E., & Monteil, J.M. (2003). Attraction personnelle et attraction sociale : lorsque la saillance catégorielle annule la relation similitude-attraction. *Canadian Journal of Behavioural Science, 35*, 305-315.

Milgram, S. (1974). *Soumission à l'autorité.* Paris : Calmann-Lévy.

Milgram, S., Bickman, L., & Berkowitz, L. (1969). Note on the drawing power of crowds of different size. *Journal of Personality and Social Psychology, 13*(2), 79-82.

Moliner, P. (1988). *La représentation sociale comme grille de lecture.* Aix-en-Provence : thèse de doctorat de l'Université de Provence.

Moliner, P. (1989). Validation expérimentale de l'hypothèse du noyau central des représentations sociales. *Bulletin de Psychologie, 41*, 759-762.

Moliner, P. & Lo Monaco, G. (2017). *Méthodes d'association verbal pour les sciences humaines et sociales.* Grenoble : Presses Universitaires de Grenoble.

Moliner, P., & Guimelli, C. (2015). *Les représentations sociales.* Grenoble : Presses Universitaires de Grenoble.

Mooijman, M. (2023). Power dynamics and the reciprocation of trust and distrust. *Journal of Personality and Social Psychology, 125*(4), 779-802.

Moscovici, S. (1961, 1976). *La psychanalyse, son image et son public.* Paris : Presses Universitaires de France.

Moscovici, S. (1972). *Introduction à la psychologie sociale.* Paris : Presses Universitaires de France.

Moscovici, S. (1979). *La psychologie des minorités actives.* Paris: Presses Universitaires de France.

Moscovici, S. (1980). Toward a theory of conversion behavior. In *Advances in experimental social psychology* (vol. 13, pp. 209-239). New York (NY): Academic Press.

Moscovici, S. (1984). *Psychologie sociale.* Paris: Presses Universitaires de France.

Moscovici, S. (1993). Introductory address. *Papers on Social Representations, 2*, 160-170.

Moscovici, S., & Ricateau, P. (1972). Conformité, minorité et influence sociale. In S. Moscovici (Ed.), *Introduction à la psychologie sociale* (vol. 1, pp. 139-191). Paris: Presses Universitaires de France.

Moscovici, S., Lage, E., & Naffrechoux, M. (1969). Influence of a consistent minority on the responses of a majority in a color perception task. *Sociometry*, 365-380.

Moscovici, S., Mugny, G., & Papastamou, S. (1981). "Sleeper effect" et/ou effet minoritaire ? Étude théorique et expérimentale de l'influence sociale à retardement. *Cahiers de Psychologie Cognitive, 4*, 199-221.

Myers, D. G., & Lamarche, L. (1992). *Psychologie Sociale.* Montréal: McGraw-Hill.

Nolan, J. M., Schultz, P. W., Cialdini, R. B., Goldstein, N. J., & Griskevicius, V. (2008). Normative social influence is underdetected. *Personality and Social Psychology Bulletin, 34*, 913-923.

Norton, M. I., Monin, B., Cooper, J., & Hogg, M. A. (2003). Vicarious dissonance: Attitude change from the inconsistency of others. *Journal of Personality and Social Psychology, 85*(1), 47-62.

Oberlé, D. (1995). L'attraction interpersonnelle. In G. Mugny, D. Oberlé, & J.L. Beauvois (Eds.), *Relations humaines, groupes et influences sociales* (pp. 59-73). Grenoble: PUG.

Oberlé, D. (2015). *La dynamique des groupes.* Grenoble: Presses Universitaires de Grenoble.

Oettingen, G. (2014). *Rethinking positive thinking: Inside the new science of motivation.* New York, NY: Penguin Random House.

Okdie, B.M., & Ewoldsen, D.R. (2018). To boldly go where no relationship has gone before: commentary on interpersonal relationships in the digital age. *The Journal of Social Psychology, 158*(4), 508-413.

Orne, M. T. (1962). On the social psychology of the psychological experiment : With particular reference to demand characteristics and their implications. *American Psychologist, 17*(11), 776-783.

Osgood, C.E, Suci, G.J., & Tannenbaum, P.H. (1957). *The measurement of meaning.* Urbana, IL: University of Illinois Press.

Ouellette, J. A., & Wood, W. (1998). Habit and intention in everyday life : the multiple processes by which past behavior predicts future behavior. *Psychological Bulletin, 124*(1), 54-74.

Páez, D., & Rimé, B. (2014). Collective emotional gatherings. Their impact upon identity fusion, shared beliefs and social integration. In C. von Scheve., & M. Salmeda (Eds.), *Collective emotions: perspectives from psychology: philosophy, and sociology* (pp. 204-216). Oxford, UK: Oxford University Press.

Paez, D., Rimé, B., Basabe, N., Wlodarczyk, A., & Zumeta, L. (2015). Psychosocial effects of perceived emotional synchrony in collective gatherings. *Journal of Personality and Social Psychology, 108*(5), 711-729.

Páez, D., Rimé, B., Basabe, N., Woldarczyk, A., & Zumeta, L. (2015). Psychosocial effects of perceived emotional synchrony in collective gatherings. *Journal of Personality and Social Psychology, 108*, 711-729.

Paicheler, H. (1984). L'épistémologie du sens commun. De la perception à la connaissance de l'Autre. In S. Moscovici (Ed.), *Psychologie sociale* (p. 277-307). Paris : PUF.

Palmonari, A., & Emiliani, F. (2016). Le modèle socio-dynamique. In G. Lo Monaco, S. delouvée, & P. Rateau (Eds.), *Les représentations sociales. Théories, méthodes et applications* (pp. 149-160). Bruxelles : De Boeck.

Parant, A. (2014). *Préserver la distinctivité pour améliorer les relations intergroupes par la recatégorisation : d'un Common Ingroup à un Common Outgroup.* Bordeaux : thèse de doctorat de l'Université de Bordeaux 2.

Penner, L.A., Dovidio, J.F., Piliavin, J.A., & Schroeder, D.A. (2005). Prosocial behavior : a multilevel approach. *Annual Review of Psychology, 56*, 365-392.

Pérez, J. A., & Mugny, G. (1993). *Influences sociales. La théorie de l'élaboration du conflit.* Neuchâtel : Delachaux & Niestlé.

Pétard, J. P. (2007). *Psychologie sociale.* Paris : Bréal.

Pettigrew, T. F. (1998). Intergroup contact theory. *Annual Review of Psychology, 49*, 65-85.

Pettigrew, T. F., & Tropp, L. R. (2006). A meta-analytic test of intergroup contact theory. *Journal of Personality and Social Psychology, 90*(5), 751-783.

Petty, R. E., & Briñol, P. (2012). The Elaboration Likelihood Model. In P. A. M. Van Lange, A. Kruglanski, & E. T. Higgins (Eds.), *Handbook of theories of social psychology* (vol. 1, pp. 224-245). London, England: Sage.

Petty, R. E., Wells, G. L., Heesacker, M., Brock, T. C., & Cacioppo, J. T. (1983). The effects of recipient posture on persuasion : A cognitive response analysis. *Personality and Social Psychology Bulletin, 9*, 209-222.

Petty, R.E., & Briñol, P. (2009). Implicit ambivalence : a meta-cognitive approach. In R.E. Petty, R.H. Fazio, & P. Briñol (Eds.), *Attitudes : Insights from the new implicit measures*. New York: Psychology Press.

Petty, R.E., & Krosnick, J.A. (1995). *Attitude strength: antecedents and consequences*. Lawrence Erlbaum Associates : Mahwah, NJ.

Piehlmaier, D. (2022). The one-man show : The effect of joint-decision-making on investor overconfidence. *Journal of Consumer Research, 50*, 426-446.

Piermattéo, A., & Guimelli, C. (2012). Expression de la zone muette des représentations sociales en situation d'entretien et structure discursive : une étude exploratoire. *Les Cahiers Internationaux de Psychologie Sociale, 2*, 223-247.

Piermattéo, A., Lo Monaco, G., & Girandola, F. (2016). When commitment can be overturned: Anticipating environmental program dropouts through social representations. *Environment and Behavior, 48*(10), 1270-1291.

Piermattéo, A., Lo Monaco, G., Moreau, L., Girandola, F., & Tavani, J. L. (2014). Context variations and pluri-methodological issues concerning the expression of a social representation: the example of the Gypsy Community. *The Spanish Journal of Psychology, 17*, 1-12.

Piff, P. K., Stancato, D. M., Côté, S., Mendoza-Denton, R., & Keltner, D. (2012). Higher social class predicts increased unethical behavior. *Proceedings of the National Academy of Sciences, 109*(11), 4086-4091.

Pinto, I. R., & Marques, J. M. (2008). L'Effet Brebis Galeuses : réactions à la déviance en contextes entre groupes. *Revue Electronique de Psychologie Sociale, 3*, 25-39.

Pizarro, J. J., Zumeta, L.N., Bouchat, P. Włodarczyk, A., Rimé, B., Basabe, N., Amutio, A., & Páez, D. (2022). Emotional processes, collective behavior, and social movements : A meta-analytic review of collective effervescence outcomes during collective gatherings and demonstrations. *Frontier in Psychology, 13*, 974683.

Postmes, T., & Spears, R. (1998). Deindividuation and antinormative behavior: A meta-analysis. *Psychological bulletin, 123*(3), 238-259.

Praseto, P., & Ratnawati, S.K. (2023). The impact of disposition effect, herding and overconfidence on investment decision making moderated by financial literacy. *International Journal of Research on Business and Social Science*, 2147-4478.

Pratkanis, A. R., & Greenwald, A. G. (1989). A Sociocognitive Model of Attitude Structure and Function. *Advances in Experimental Social Psychology* (vol. 22, pp. 45–285). New York: Academic Press.

Pratto, F., Sidanius, J., & Levin, S. (2006). Social dominance theory and the dynamics of intergroup relations : Taking stock and looking forward. *European Review of Social Psychology, 17*(1), 271-320.

Pratto, F., Sidanius, J., Stallworth, L. M., & Malle, B. F. (1994). Social dominance orientation : A personality variable predicting social and political attitudes. *Journal of Personality and Social Psychology, 67*(4), 741-763.

Pratto, F., Stallworth, L. M., & Conway-Lanz, S. (1998). Social dominance orientation and the ideological legitimization of social policy. *Journal of Applied Social Psychology, 28*(20), 1853-1875.

Prentice, D. A., & Miller, D. T. (1993). Pluralistic ignorance and alcohol use on campus : Some consequences of misperceiving the social norm. *Journal of Personality and Social Psychology, 64*(2), 243-256.

Priolo, D., Pelt, A., Bauzel, R. S., Rubens, L., Voisin, D., & Fointiat, V. (sous presse, 2019). Three Decades of Research on Induced Hypocrisy: A Meta-Analysis. *Personality and Social Psychology Bulletin.*

Rateau, P. & Lo Monaco, G. (2016). La théorie structurale ou l'horlogerie des nuages. In G. Lo Monaco, S. Delouvée, & P. Rateau (Eds.), *Les représentations sociales. Théories, méthodes et applications* (pp. 113-130). Bruxelles : De Boeck.

Rateau, P., & Lo Monaco, G. (2013). La théorie des représentations sociales : orientations conceptuelles, champs d'application et méthodes. *Revista CES Psicologia*, *6*(1), 1-21.

Regan, D. T. (1971). Effects of a favor and liking on compliance. *Journal of Experimental Social Psychology, 7*, 627-639.

Regan, D.T. (1971). Effects of a favor and liking on compliance. *Journal of Experimental Social Psychology, 7*, 627-639.

Reicher, S. D., Spears, R., & Postmes, T. (1995). A social identity model of deindividuation phenomena. *European review of social psychology*, *6*(1), 161-198.

Rennung, M., & Goritz, A.S. (2016). Prosocial consequences of interpersonal synchrony. *Zeitschrift fur Psychologie, 224*(3), 168-189.

Rimé, B. (2009). *Le partage social des émotions*. Paris : Presses Universitaires de France.

Rimé, B. (2019). *Emotions et partage social des émotions : Effets interpersonnels et collectifs*. Conférence présentée au Séminaire du Laboratoire de Psychologie Sociale (Aix-Marseille Université, site Schuman, Aix-en-Provence).

Robinson, E., Fleming, A., Higgs, S. (2014). Prompting healthier eating: testing the use of health and social norm based messages. *Health Psychology, 33*, 1057-1064.

Roozenbeek, J., & Van der Linden, S. (2024). *The psychology of misinformation*. Cambridge University Press.

Rosenberg, M. J., & Hovland, C. I. (1960). *Attitude organization and change: An analysis of consistency among attitude components* (vol. 3). New Haven, CT: Yale University Press.

Rosenthal, R., & Jacobson, L. (1968). Pygmalion in the classroom. *The urban review*, *3*(1), 16-20.

Ross, E.A. (1908). *Social psychology: An outline and source book*. New York: The Macmillan Company.

Ross, L. D., Amabile, T. M., & Steinmetz, J. L. (1977). Social roles, social control, and biases in social-perception processes. *Journal of personality and social psychology, 35*(7), 485-494.

Ross, L., Greene, D., & House, P. (1977). The false consensus effect : An egocentric bias in social perception and attribution processes. *Journal of Experimental Social Psychology, 13*(3), 279-301.

Rotter, J. B. (1966). Generalized expectancies for internal versus external control of reinforcement. *Psychological monographs: General and applied*, *80*(1), 1-28.

Rouquette, M. L. (1990). Le syndrome de rumeur. *Communications*, *52*(1), 119-123.

Rouquette, M.-L. (1973). La pensée sociale. In S. Moscovici (Ed.), *Introduction à la psychologie sociale*, tome 2 (pp. 298-327). Paris : Larousse.

Rouquette, M.-L. (1980). *La pensée sociale et les phénomènes de rumeurs*. Aix-en-Provence : Thèse de Doctorat d'État de l'Université de Provence.

Rouquette, M.-L. (1994a). Une classe de modèle pour l'analyse des relations entre cognèmes. In C. Guimelli (Ed.), *Structures et transformations des représentations sociales* (pp. 153-170). Neuchâtel : Delachaux et Niestlé.

Rouquette, M.-L. (1994b). *Sur la connaissance des masses. Essai de psychologie politique*. Grenoble : Presses Universitaires de Grenoble.

Rouquette, M.-L. (1994c). *Chaînes magiques. Les maillons de l'appartenance*. Neuchâtel : Delachaux et Niestlé.

Rouquette, M.-L. (1996). Représentations sociales et idéologie. In J.-C. Deschamps & J.-L. Beauvois (Eds.), *Des attitudes aux attributions. Sur la construction de la réalité sociale* (pp. 163-173). Grenoble : Presses Universitaires de Grenoble.

Rouquette, M.-L. (1997). *La chasse à l'immigré : violence, mémoire et représentations*. Liège : Mardaga.

Rouquette, M.-L. (2009). *La pensée sociale. Perspectives fondamentales et recherches appliquées*. Toulouse : Erès.

Rouquette, M.-L., & Guimelli, C. (1995). Les « canevas de raisonnement » consécutifs à la mise en cause d'une représentation sociale : essai de formalisation et étude expérimentale. *Les Cahiers Internationaux de Psychologie Sociale*, *28*, 32-43.

Rouquette, M.-L., & Rateau, P. (1998). *Introduction à l'étude des représentations sociales*. Grenoble : Presses Universitaires de Grenoble.

Rousseau, D. M., Sitkin, S. B., Burt, R. S., & Camerer, C. (1998). Introduction to special topic forum : Not so different after all : A cross-discipline view of trust. *The Academy of Management Review*, *23*(3), 393-404.

Rubin, Z. (1973). *Liking and loving: An invitation to social psychology.* New York, NY: Holt, Rinehart & Winston.

Russell, B. (1938/2003). *Le pouvoir.* Paris : Syllepse.

Salesses, L. (2004). *Rôle du niveau de connaissance dans le processus de structuration d'une représentation sociale : l'exemple d'Internet.* Aix-en-Provence : thèse de doctorat de l'Université de Provence.

Salesses, L. (2005). Rôle du niveau de connaissance dans le processus de structuration d'une représentation sociale, *Cahiers Internationaux de Psychologie Sociale, 66,* 25-42.

Sanbonmatsu, D. M., & Fazio, R. H. (1990). The role of attitudes in memory-based decision making. *Journal of Personality and Social Psychology, 59*(4), 614-622.

Saroglou, V. (2013). Religion. In L. Bégue., & O. Desrichard, O. (Eds.). *Traité de psychologie sociale : La science des interactions humaines* (pp. 585-616). Bruxelles : De Boeck.

Schultz, P. W., Khazian, A., & Zaleski, A. (2008). Using normative social influence to promote conservation among hotel guests. *Social Influence, 3,* 4-23.

Schultz, W. (1999) Changing behavior with normative feedback interventions: a field experiment on curbside recycling. *Basic and Applied Social Psychology, 21*(1), 25-36.

Schwartz, S.H., & Gottlieb, A. (1976). Bystander reactions to a violent theft: Crime in Juresalem. *Journal of Exprimental Social Psychology, 5,* 189-202.

Shamay-Tsoory, S.G, Saporta, N., Marton-Alpr, I.Z., & Gvirts, H.Z. (sous presse). Herding brains: a core neural mechanism for social alignment. *Trends In Cognitive Sciences.*

Shankland, R. (2012). *La psychologie positive.* Paris : Dunod.

Shankland, R. (2016). *Les pouvoirs de la gratitude.* Paris : Odile Jacob.

Shankland, R., Durand, J.-P., Paucsik, M., Kotsou, I., & André, C. (2018). *Mettre en œuvre un programme de psychologie positive : Programme Care.* Paris : Dunod.

Shankland, R., Lantheaume, S. (2018). *La psychologie positive : 10 fiches pour comprendre.* Paris : In Press.

Sheeran, P. (2002). Intention-behavior relations: a conceptual and empirical review. *European Review of Social Psychology, 12,* 1-36.

Shelly, A.H., & Chaiken, S. (2007). The Advantages of an Inclusive Definition of Attitude. *Social Cognition, 25,* 582-602.

Sherif, M. (1935). A study of some social factors in perception. *Archives of Psychology (Columbia University), 187,* 60-82.

Sherif, M. (1936). *The psychology of social norms.* New York: Harper.

Sherif, M. (1966). *In common predicament: Social psychology of intergroup conflict and cooperation.* Boston: Houghton-Mifflin.

Sherif, M., Harvey, O. J., White, B. J., Hood, W., & Sherif, C. W. (1961). *Intergroup conflict and cooperation: The Robbers Cave experiment.* Norman: The University Book Exchange.

Sidanius, J., & Pratto, F. (1993). The inevitability of oppression and the dynamics of social dominance. In P. M. Sniderman, P. E. Tetlock, & E. G. Carmines, *Prejudice, politics, and the American dilemma* (p. 173-211). Stanford University Press.

Sidanius, J., & Pratto, F. (1999). *Social dominance: an intergroup theory of social hierarchy and oppression.* New York: Cambridge University Press.

Sidanius, J., Pratto, F., & Devereux, E. (1992). A comparison of symbolic racism theory and social dominance theory as explanations for racial policy attitudes. *The Journal of Social Psychology, 132*(3), 377-395.

Sidanius, J., Pratto, F., Van Laar, C., & Levin, S. (2004). Social dominance theory : Its agenda and method. *Political Psychology, 25*(6), 845-880.

Simon, L., Greenberg, J., & Brehm, J. (1995). Trivialization: the forgotten mode of dissonance reduction. *Journal of Personality and Social Psychology, 68*(2), 247-260.

Smith, E. E., & Medin, D. L. (1981). *Categories and concepts.* Cambridge: Harvard University Press.

Sparkman, G., & Walton, G. M. (2019). Witnessing change : Dynamic norms help resolve diverse barriers to personal change. *Journal of Experimental Social Psychology, 82*, 238-252.

Spears, R., & Lea, M. (1994). Panacea or panopticon? The hidden power in computer-mediated communication. *Communication Research, 21*(4), 427-459.

Stadler, G., Oettingen, G., & Gollwitzer, P. M. (2010). Intervention effects of information and self-regulation on eating fruits and vegetables over two years. *Health Psychology, 29*,274-283.

Staerklé, C., Delay, C., Gianettoni, L., & Roux, P. (2007). *Qui a droit à quoi ? Représentations et légitimation de l'ordre social.* Grenoble : Presses Universitaires de Grenoble.

Stangor, C., Van Allen, K. L., Swim, J. K., & Sechrist, G. B. (2002). Reporting discrimination in public and private contexts. *Journal of Personality and Social Psychology, 82*(1), 69-74.

Steele, C. M., & Aronson, J. (1995). Stereotype threat and the intellectual test performance of African Americans. *Journal of Personality and Social Psychology, 69*(5), 797-811.

Steffens, N.K., Goclowska, M.A., Cruwys, T., & Galinsky, A.D. (2016). How multiple social identities are related to creativity. *Personality and Social Psychology Bulletin, 42*(2), 188-203.

Sternberg, R. (1986). A Triangular Theory of Love. *Psychological Review, 93*(2), 119-135.

Stewart, I. (2000). *Effets de contexte dans l'activation des représentations sociales : schéma de genre et professions.* Paris : thèse de doctorat de l'Université Paris 8.

Stok, F.M., De Ridder, DTD, De vet, E., De Wit, JBF. (2014). Don't tell me what I should do, but what others do: Th influence of descriptive and injunctive peer norms on fruit consumption in adolescents. *British Journal of Social Psychology, 19*, 52-64.

Stone, J., & Cooper, J. (2001). A self-standard model of cognitive dissonance. *Journal of Experimental Social Psychology, 37*, 228-243.

Stone, J., Aronson, E., Crain, A. L., Winslow, M. P., & Fried, C. B. (1994). Inducing hypocrisy as a means for encouraging young adults to use condoms. *Personality and Social Psychology Bulletin, 20*, 116-128.

Strathman, A., Gleicher, F., Boninger D.S., & Edwards, C.S. (1994). The consideration of future consequences: weighing immediate and distant outcomes of behavior. *Journal of Personality and Social Psychology, 66*, 742-752.

Stroebe, W., & Diehl, M. (1981). Conformity and counterattitudinal behavior: the effect of social support on attitude change. *Journal of Personality and Social Psychology, 41*, 876-889.

Stroebe, W., & Diehl, M. (1988). When social support fails: supporter characteristics in compliance-induced attitude change. *Personality and Social Psychology Bulletin, 14*, 136-144.

SUCHIER, J. (2021). Justification du système, idéologies et jugement social : Étude de la modernisation écologique selon une perspective de psychologie sociale. [Thèse de doctorat non publiée]. Université d'Aix-Marseille.

SUCHIER, J., LEROY, A. & DEMARQUE, C. (2022). Nos prises de position environnementales : une question d'inégalités sociales ? *In-Mind, 3.* https://fr.in-mind.org/fr/article/nos-prises-de-position-environnementales-une-question-dinegalites-sociales

TAFANI, E. (1997). *Attitudes et approche structurale des représentations sociales : De l'ancrage psychologique à l'ancrage sociologique.* Aix-en-Provence : thèse de doctorat, Université de Provence.

TAFANI, E., & BELLON, S. (2001). Principe d'homologie structurale et dynamique représentationnelle. In P. Moliner (Ed.), *La dynamique des représentations sociales* (pp. 163-193). Grenoble : Presses Universitaires de Grenoble.

TAFANI, E., & BELLON, S. (2003). L'étude expérimentale des représentations sociales. In J.-C. Abric (Ed.), *Méthodes d'étude des représentations sociales* (pp. 255-277). Saint-Agne : Erès.

TAFANI, E., BELLON, S., & APOSTOLIDIS, T. (2002). Théorie des champs sociaux et dynamique représentationnelle : approche expérimentale des effets des asymétries positionnelles sur la structure d'une représentation sociale. *Revue Internationale de Psychologie Sociale, 15* (2), 57-90.

TAJFEL, H., & TURNER, J.C. (1979). An integrative theory of intergroup conflict. In S. Worchel & W. Austin (Eds.), *The social psychology of intergroup relations* (pp. 33-48). Pacific Grove: Brooks/Cole.

TAJFEL, H., & TURNER, J.C. (1986). The social identity theory of intergroup behavior. In S. Worchel & W. Austin (Eds.), *Psychology of intergroup relations* (pp. 7-24). Chicago: Nelson-Hall.

TAJFEL, H., & WILKES, A. (1963). Classification and quantitative judgement. *British Journal of Psychology, 54,* 101-114.

TAJFEL, H., BILLIG, M. G., BUNDY, R. P., & FLAMENT, C. (1971). Social categorization and intergroup behaviour. *European Journal of Social Psychology, 1*(2), 149-178.

TANNENBAUM, M.B., HEPLER, J., ZIMMERMAN, R.S., SAUL, L., JACOBS, S., WILSON, K., & ALBARRACIN, D. (2015). Appealing to fear: a meta-analysis of fear appeal effectiveness and theories. *Psychological Bulletin, 141,* 1178-204.

TARDE, G. (1890). *Les Lois de l'imitation : étude sociologique.* Paris : Félix Alcan.

TARDE, G. (1898). *Études de psychologie sociale.* Paris : Hachette Livre.

TAUSCH, N., BECKER, J. C., SPEARS, R., CHRIST, O., SAAB, R., SINGH, P., & SIDDIQUI, R. N. (2011). Explaining radical group behavior : Developing emotion and efficacy routes to normative and non normative collective action. *Journal of Personality and Social Psychology, 101*(1), 129-148.

TERRACCIANO, A., ABDEL-KHALAK, A. M., ÁDÁM, N., ADAMOVOVÁ, L., AHN, C.-K., AHN, H.-N., *ET AL.* (2005). National character does not reflect mean personality trait levels in 49 cultures. *Science, 310*, 96-100.

TERRY, D. J., & HOGG, M. A. (1996). Group norms and the attitude-behavior relationship: A role for group identification. *Personality and Social Psychology Bulletin, 22*(8), 776-793.

THALER, R., & SUNSTEIN, C. (2008). *Nudge : La méthode douce pour inspirer la bonne décision.* Paris : Vuibert.

THIBAUT, J. W., & RIECKEN, H. W. (1955). Some determinants and consequences of the perception of social causality. *Journal of Personality, 24*, 113-133.

THIBAUT, J.W., & KELLEY, H.H. (1959).*The social psychology of groups.* New York: John Wiley and Sons.

THOMAS, W. I. & ZNANIECKI, F. (1918). *The Polish peasant in Europe and America.* Boston: Badger.

THURSTONE, L.L. (1928). Attitudes can be measured. *American Journal of Sociology, 33*, 529-554.

TREPTE, S., MASUR, P.K., & SCHARKOW, M. (2018). Mutual friends' social support and self-disclosure in face-to-face and instant messenger communication. *The Journal of Social Psychology, 158*, 430-445.

TRIPLETT, N. (1898). The dynamogenic factors in pacemaking and competition. *American Journal of Psychology, 9*, 507-533.

TURNER, J. C, HOGG, M. A., OAKES, P. J., REICHER, S. D., & WETHERELL, M. S. (1987). *Rediscovering the social group: The self-categorization theory.* New York: Basil Blackwell.

VAIDIS, D. C., SLEEGERS, W. W. A., [...], PRIOLO, D. (2024). A multi-lab replication of the induced compliance paradigm of cognitive dissonance. *Advances in Methods and Practices in Psychological Science, 7*(1), 1-26.

VAIDIS, D., & GOSLING, P. (2011). Is Commitment Necessary for the Arousal of Informational Dissonance? *International Review of Social Psychology, 24*, 33-63.

VALENTE, S., & LOURENÇO, A. A. (2020). Conflict in the classroom : How teachers' emotional intelligence influences conflict management. *Frontiers in Education, 5.*

VAN BAVEL, J. J., & PACKER D. J. (2021). *The power of us.* Little, Brown Spark.

VAN BAVEL, J. J., HARRIS, E. A., PARNAMETS, P., RATHJE, S., DOELL, K. C., & TUCKER, J. A. (2021). Political psychology in the digital (mis) information age : A model of news belief and sharing. *Social Issues and Policy Review, 15*(1), 84-113.

VAN DER LINDEN, S. (2023). *Foolproof : Why we fall for misinformation and how to build immunity.* Fourth Estate Ltd.

VAN DER LINDEN, S., & ROOZENBEEK, J. (2022). A psychological « vaccine » against fake news :From the lab to worldwide implementation. In N. Mazar & D. Soman (Eds.), *Behavioral Science in the Wild* (p. 20-28). University Toronto Press.

VERGÈS, P. (1992). L'évocation de l'argent. Une méthode pour la définition du noyau central d'une représentation. *Bulletin de psychologie, 45*, 203-209.

VERPLANKEN, B., & AARTS, H. (1999). Habit, attitude, and planned behavior: Is habit an empty construct or an interesting case of goal-directed automaticity? In W. Stroebe & M. Hewstone (Eds.), *European review of social psychology* (pp. 101–134). Chichester, England: Wiley.

VIAUD, J. (1999). Principes organisateurs et représentations sociales de l'économie : genèse et dynamique, *Revue Internationale de Psychologie Sociale, 12*(2), 79-105.

VIAUD, J. (2006). Singularités de la vulgarisation scientifique. De la transgression de l'interdit aux figures de l'écrivain. In C. Fraïssé (Ed.), *Les représentations de la vache folle. Regards sur une crise* (pp. 15-56). Paris : Zagros.

VOISIN, D., GIRANDOLA, F., & DORIDOT, J. (2013). Le rôle du soi dans la théorie de la dissonance cognitive. In Fointiat, V., Girandola, F., & Gosling, P. (Eds.), *La dissonance cognitive : Quand les actes changent les idées* (pp. 147-164). Paris : Armand Colin.

VORAUER, J. D., & PETSNIK, C. (2024). Empathy and perspective-taking interventions in intergroup contexts : Catalysts, caveats, and contraindications. In E. Halperin, B. Hameiri., & R. Littman (Eds.), *Psychological intergroup interventions : evidence-based approaches to improve intergroup relations* (p. 31-44). London : Routledge.

WAGNER, W., DUVEEN, G., FARR, R., JOVCHELOVITCH, S., LORENZI-CIOLDI, F., MARKOVÁ, I., & ROSE, D. (1999). Theory and method of social representations. *Asian journal of social psychology*, *2*(1), 95-125.

WAGNER, W., VALENCIA, J., & ELEJABARRIETA, F. (1996). Relevance, discourse and the «hot» stable core of social representation. A structural analysis of word associations. *British Journal of Social Psychology*, *35*, 331-352.

WAKSLAK, C. J., JOST, J. T., TYLER, T. R., & CHEN, E. S. (2007). Moral outrage mediates the dampening effect of system justification on support for redistributive social policies. *Psychological Science, 18*(3), 267-274.

WALSTER, E., WALSTER, G. W., & BERSCHEID, E. (1978). *Equity Theory and research*. Boston: Allyn and Bacon, Inc.

WANG, Z., JETTEN, J., & STEFFENS, N. K. (2019). The more you have, the more you want ? Higher social class predicts a greater desire for wealth and status. European Journal of Social Psychology, 50(2), 360-375.

WEBB, T.L., & SHEERAN, P. (2006). Does changing behavioural intentions engender behavior change? A meta-analysis of the experimental evidence. *Psychological Bulletin*, *132*, 249-268.

WEINER, B. (1985). An attributional theory of achievement motivation and emotion. *Psychological Review*, *92*(4), 548-573.

WHITLEY, B., & KITE, M. (2013). *Psychologie du préjugé et de la discrimination*. Bruxelles : De Boeck.

WILDER, D. A. (1984). Predictions of belief homogeneity and similarity following social categorization. *British Journal of Social Psychology*, *23*, 323-333.

WILTERMUTH, S., & HEATH, C. (2009). Synchrony and cooperation. *Psychological Science*, *20*, 1-9.

WITTE, K., & ALLEN, M. (2000). A meta-analysis of fear appeals: implications for effective public health campaigns. *Health Education & Behavior*, *27*, 591-615.

WOOD, W. (2019). *Good habits, bad habits*. McMillan.

WORD, C. O., ZANNA, M. P., & COOPER, J. (1974). The nonverbal mediation of self-fulfilling prophecies in interracial interaction. *Journal of Experimental Social Psychology, 10*(2), 109-120.

WUNDT, W. (1920). *Völkerpsychologie, zehnter Band Kultur und Geschichte.* Leipzig : Alfred Kröner Verlag.

YAP, A.J., MASON, M.F., & AMES, D.R. (2013). The powerful size others down: the link between power and estimates of others'size. *Journal of Experimental Social Psychology, 49*, 591-594.

ZAJONC, R. B. (1968). Attitudinal effects of mere exposure. *Journal of Personality and Social Psychology, 9*(2), 1-27.

ZANNA, M.P. & REMPEL, J.K. (1988) Attitudes: A New Look at an Old Concept. In D. Bar-Tal, & A.W. Kruglanski (Eds.), *The Social Psychology of Knowledge* (pp. 315-334). Cambridge: Cambridge University Press.

ZANNA, M.P. & SANDE, G.N. (1987). The effects of collective actions on the attitudes of individual group members: A dissonance analysis. In M.P. Zanna & J.M. Olson (Eds.) *Social Influence: The Ontario symposium* (pp. 151-163). Hillsdale, NJ: Lawrence Erlbaum.

ZIMBARDO, P. G., HANEY, C., BANKS, W. C., & JAFFE, D. (1971). *Stanford prison experiment.* Zimbardo, Incorporated.

Chapitre 1

Exercice 1

1. Béhaviorisme
2. Holisme
3. Gestaltisme
4. Imitation
5. Lewin
6. Expérimentation
7. Alter
8. Doise
9. Moscovici
10. Comte
11. Idéologique
12. Mead
13. Durkheim
14. Reproductibilité

Exercice 2

1F – 2V – 3F – 4F – 5V– 6F – 7V – 8F – 9V – 10F – 11V – 12V.

Chapitre 2

Exercice 1

Les situations 2, 3, 4 sont équilibrées.

Exercice 2

1f – 2b et e – 3a et c – 4d – 5g – 6h.

Chapitre 3

Exercice 1

1c– 2b– 3b– 4b– 5b– 6b– 7a– 8b– 9b– 10b.

Exercice 2

a8 – b10 – c4 – d3 – e10 – f2 – g5 – h1 – i6 – j7.

Chapitre 4

Exercice

1V – 2F – 3F – 4V – 5V – 6F – 7V – 8F – 9V – 10V – 11F – 12V –13F –14F – 15F – 16F – 17V – 18F – 19V – 20V.

Exercice 2

1h – 2g – 3f – 4e – 5d – 6c – 7b – 8a.

Chapitre 5

Exercice 1

Exercice 2

1c – 2a – 3c – 4a – 5c – 6d – 7c – 8a – 9c – 10b – 11c – 12c – 13a – 14b – 15b.

Chapitre 6

Exercice 1

Quelles sont les trois formes de conformisme décrites par Kelman (1958) ?

1. Complaisance / Compliance.

2. Identification.

3. Intériorisation.

Exercice 2

Reliez les notions aux auteurs :

1b – 2a – 3e – 4d – 5c.

Exercice 3

1F – 2V – 3F – 4V – 5F – 6V – 7F.

Chapitre 7

Exercice 1

1V – 2F – 3V – 4V – 5F– 6F– 7V – 8V– 9F – 10F – 11V – 12F.

Exercice 2

- L'égalité de statut entre Kowalski et ses voisins lors de leurs interactions.
- La coopération : ils cherchent ensemble à se défendre des membres d'une bande violente.
- Le potentiel de connaissance (ou qualité du contact) : Kowalski et ses voisins vont se mettre à entretenir des rapports réguliers sur des durées relativement longues (p. ex. une fête de famille), leur proximité grandissant au cours du film.

En revanche, rien n'est dit sur un quelconque soutien institutionnel.

Chapitre 8

Exercice 1

1b ; 2a ; 3c.

Exercice 2

Cet exemple est une illustration d'une stratégie de **créativité sociale**, dont l'objectif est de modifier les valeurs attribuées aux caractéristiques de l'endogroupe, de manière à rendre la comparaison avec l'exogroupe plus favorable.

Chapitre 9

Exercice 1

1. Dispersion de l'information.
2. Focalisation.
3. Pression à l'inférence.

Exercice 2

1a, e, j, k, l – 2d, i – 3f, g – 4c – 5g – 6b.

Exercice 3

1F – 2V – 3F – 4F – 5V – 6F – 7F – 8F – 9V – 10F – 11F – 12F – 13F – 14F – 15V – 16F.

86952 - (I) - OSB 70° - PCA – P313 - CMU
Dépôt légal : septembre 2024
Imprimé en Espagne par Unigraf